美在自然

再版
前言

　　這套「中國美學範疇叢書」初版於二〇〇一年，時隔十五年再版，作為編委與作者，依然感到書不盡言，言不盡意。

　　中國美學範疇，顧名思義，是對中國數千年源遠流長的美學與文藝史理論的概括。範疇這個術語本是從西方哲學引進的。西方所謂範疇是指人類主體對事物普遍本質的認識與把握。它與概念不同，概念一般反映某個具體事物的類屬性，而範疇則是對事物總體本質的認識與把握。中國美學的範疇與西方美學相比，富有體驗性與感知性，善於在審美感興中直擊對象，這種範疇把握，融情感與認識、哲理與意興於一體，正如嚴羽《滄浪詩話》所說「唐人尚意興而理在其中」。中國美學範疇，實際上是中國古代美學與哲學智慧的彰顯，也是藝術精神的呈現。諸如感興、意象、神思、格調、情志、知音等美學範疇，既是對中國美學與文藝活動的總結與概括，也是人們從事藝術批評時的器具。對中國美學範疇的認識與研究，不僅是一種學術研究與認識，而且還是一種體驗與濡染的精神活動。中國美學範疇的生成與闡述，與個體生命的活動息息相關，這種美學範疇在社會形態日漸工具化的今天，其精神價值與藝術價值越發顯得重要。中國當代美學範疇與精神的構建，毫無疑問應當從中國傳統美學範疇中汲取滋養。

　　這套叢書緣起於一九八七年，當時正是國內人文思潮湧動的時

候，那時我還是在中國人民大學哲學系美學教研室任教的一名年輕副教授。吾師蔡鍾翔教授與中國人民大學中文系的同事成復旺、黃保真教授一起編寫出版了《中國文學理論史》，接著又發起與組織編寫了「中國美學範疇叢書」，歷時十三年，於二〇〇一年由百花洲文藝出版社出版了第一輯，有《美在自然》、《文質彬彬》、《和：審美理想之維》、《興：藝術生命的激活》、《原創在氣》、《因動成勢》、《風骨的意味》、《意境探微》、《意象範疇的流變》、《雄渾與沉鬱》等十本。我承擔了其中的《和：審美理想之維》、《興：藝術生命的激活》兩本。

在編寫這套叢書時，蔡老師作為主編，撰寫了總序，確定了基本的編寫思想，對於什麼是中國美學範疇及其特點，作出了闡釋，將其歸納為：一、多義性與模糊性；二、傳承性與變易性；三、通貫性與互滲性；四、直覺性與整體性；五、靈活性與隨意性。這五點是中國美學範疇的特點。強調中國美學範疇的認識與體驗、情感與理性、個體與總體的有機融合。另外，蔡師也強調「中國美學範疇叢書」的編寫與出版，是隨著中國美學的研究深入而催生的。在上個世紀八十年代初的美學熱中，對於中國美學史的興趣成為當時亮麗的風景線，我在當時也開始寫作《六朝美學》一書。而隨著中國美學史研究的深入，人們越來越對中國美學範疇產生了濃厚的興趣，在當時，意象、意境、境界、神思、比興、妙悟等範疇成為人們的談資，時見於論文與著作中，也是文藝學與美學中的熱門話題。正是有鑑於此，彙集這方面的專家與學者，編寫一套專門研究中國美學範疇的高水平叢書的策劃，便應運而生。正如蔡師在全書總序中所說：「『叢書』選題主要是

元範疇和核心範疇，也包括少量重要的衍生範疇，在這些範疇之內涵蓋若干相關的次要範疇。這是對中國傳統美學範疇的一次全面深入的調查，工程是浩大的、艱難的，但確是意義深遠的，它將為中國美學和中國文論的史的研究和體系研究打下堅實的基礎。」

這套書從策劃到編寫，再到出版，歷經十多年，作為撰寫者與助手的我，見證了蔡師的嘔心瀝血，不辭辛勞。比如揚州大學古風教授撰寫的《意境探微》一書，傾注了蔡老師審稿時的大量心血。儘管古教授當時已經在《中國社會科學》、《文藝研究》、《文學評論》等刊物發表了相關論文，在這方面成果不少，但是蔡老師本著精益求精的方針，反覆與他通信商談書稿的修改，經過多次打磨與修改之後，最後形成了目前出版的書稿。記得那時我和蔡老師都住在人民大學校內，每次我去他家拜訪時，總是見到他在昏黃的檯燈下伏案看稿與改稿，聊天時也是談書稿的事。有時他對作者書稿的質量與修改很是著急與焦慮，我也只好安慰他幾句。

本叢書體現這樣的學術立場與宗旨。這就是：一、追求「究天人之際，通古今之變，成一家之言」的學術旨趣。每本書都以範疇的歷史演變與範疇的結構解析為基本框架，同時，立足於探討中國美學範疇的當代價值與當代轉化。作者在遵循基本體例的同時，又有著鮮明的個性與觀點，彰顯「和而不同」的學術自由精神。二、本著「萬物並育而不相害，道並行而不相悖」的兼容並包之襟懷，融會中西，將中國美學範疇與西方美學與文化相比較，盡量在比較中進行闡釋，避免全盤西化或者唯古是好的偏執態度。

　　值得一提的是，叢書的第一輯出版後，在二〇〇二年五月二十五日，叢書編委會與江西百花洲文藝出版社在中國人民大學中文系舉行了第一輯的出版座談會，當時在京的一些著名學者侯敏澤、葉朗、童慶炳、張少康、陳傳才，以及詹福瑞、韓經太、左東嶺、朱良志、張晶、張方等學者參加了座談會並作了發言，我也有幸與會。學者們充分肯定了這套叢書的出版對於推動中國美學的研究，有著積極的意義，認為這套書具有很高的學術水準。與會者讚揚這套書體現了古今融會、歷史的演變與範疇的解析相貫通的學術特色，同時也提出了中肯的意見。正是在這些鼓勵之下，叢書的編委會與作者經過五年的繼續努力，於二〇〇六年底出版了叢書第二輯的十本，即《美的考索》、《志情理：藝術的基元》、《正變‧通變‧新變》、《心物感應與情景交融》、《神思：藝術的精靈》、《大音希聲—妙悟的審美考察》、《虛實掩映之間》、《清淡美論辨析》、《雅論與雅俗之辨》、《藝味說》等。第二輯與第一輯相比，內容更加豐富，涉及中國美學與藝術的一些深層範疇，寫法愈加靈動，與藝術創作的結合也更加明顯。顯然，中國美學範疇研究的水平隨著叢書的推進也得到相應的提升。

　　從二〇〇六年叢書第二輯出版至今天，一晃又過去了十年。令人哀傷的是，蔡老師因病於二〇〇九年去世了。原先設想的出版三十本的計劃也終止了。在這十年中，中國美學範疇的研究有了很大的進展，比如將中國美學範疇與中國文化、中國哲學相連繫的論著問世不少，將中西美學範疇進行比較研究的成果也頗為可觀。但是這套叢書的學術價值歷經時間的考驗，不但沒有過時，相反更顯示出它的內在

價值與水平。時值當下對中國傳統文化與國學的研究與討論的熱潮，這套叢書的實事求是的治學態度，認真負責的撰寫精神，以及浸潤其中的追求人文與學術統一、古今融會、中西交融的學術立場，不追逐浮躁，潛心問學的心志，在當前越發彰顯其意義與價值。在當前研究中國美學的書系中，這套叢書的地位與價值是不可替代的，在今天再版，實在是大有必要。在這十年中，發生了許多變故，叢書的顧問王元化、王運熙先生，副主編陳良運先生，編委黃保真先生，作者郁沅先生等，以及當初關心與幫助過這套叢書的著名學者侯敏澤、童慶炳先生，還有責任編輯朱光甫先生，已經離世，令人傷懷。對於他們的辛勞與幫助，我們將永遠銘記在心。今天，這套叢書的再版，也蘊含著紀念這些先生的意義在內。

　　本次再版，百花洲文藝出版社本著弘揚優秀傳統文化的宗旨，經過與作者協商，在重新校訂與修訂的基礎之上，將原來的叢書出版，個別書目因各種原因，未納入再版系列。相信此次再版，將在原來的基礎之上，提升叢書的水平與質量。至於書中的不足，也有待讀者的批評與指正。

袁濟喜

二〇一六年十二月三十一日

## 總序

　　範疇，是對事物、現象的本質連繫的概括。範疇在認識過程中的作用，正如列寧所指出的，它「是區分過程中的梯級，即認識世界的過程中的梯級，是幫助我們認識和掌握自然現象之網的網上紐結」（《哲學筆記》）。人類的理論思維，如果不憑藉概念、範疇，是無法展開也無從表達的。美學範疇，同哲學範疇一樣，是理論思維的結晶和支點。一部美學史，在一定意義上也可以說是一部美學範疇發展史，新範疇的出現，舊範疇的衰歇，範疇含義的傳承、更新、嬗變，以及範疇體系的形成和演化，構成了美學史的基本內容。

　　中國傳統美學範疇，由於文化背景的特殊性，呈現出與西方美學範疇迥然不同的面貌，因而在世界美學史上具有獨特的價值。中國現代美學的建設，非常需要吸納融匯古代美學範疇中凝聚的審美認識的精粹。自二十世紀八〇年代後期以來的十餘年中，美學範疇日益受到我國學界的重視，古代美學和古代文論的研究重心，在史的研究的基礎上，有逐漸向範疇研究和體系研究轉移的趨勢，這意味著學科研究的深化和推進，預計在二十一世紀這種趨勢還會進一步加強。到目前為止，研究美學、文藝學範疇的論文已大量湧現，專著也有多部問世，但嚴格地說，系統研究尚處在起步階段，發展的前景和開拓的空間是十分廣闊的。中國傳統美學範疇的特點是很突出的，根據現有的

研究成果，大致可以歸結為以下幾點：

一、多義性和模糊性。範疇中的大多數，古人從來沒有下過明確的定義或界說，因此，這些範疇就具有多種義項，其內涵和外延都是模糊的。如「境」這個範疇，就有好幾種含義。標榜「神韻」說的王士禛，卻缺乏對「神韻」一詞的任何明晰的解說。不僅對同一範疇不同的論者有不同的理解，同一個論者在不同的場合其用意也不盡相同。一個影響很大、出現頻率很高的範疇，使用者和接受者也只是仗著神而明之的體悟。

二、傳承性和變易性。範疇中的大多數，不限於一家一派，而是從創建以後便一代一代地傳承下去，成為歷代通行的範疇，但於其傳承的同時，範疇的內涵卻發生著歷史性的變化，後人不斷在舊的外殼中注入新義，大凡傳承愈久，變易就愈多，範疇的內涵也就變得十分複雜。如「興」這個範疇，始自孔子，本是屬於功能論的範疇，而後來又補充進「感興」「興會」「興寄」「興托」等含義，則主要成為創作論的範疇了。

三、通貫性和互滲性。古代美學中有相當數量的範疇是帶有通貫性的，即貫通於審美活動的各個環節。如「氣」這個範疇，既屬本體論，又屬創作論；既屬作品論，也屬作家論，又屬批評、鑑賞論。至於各個範疇之間的互滲，如「趣」和「味」的互滲，「清」和「淡」的互滲，包括對立的互轉，如「巧」和「拙」的互轉，「生」和「熟」的互轉，就更加普遍。因而範疇之間千絲萬縷、交叉糾纏的關係，形成一個複雜的網絡。

　　四、直覺性和整體性。許多範疇是直覺思維的產物，其美學內涵究竟是什麼，只可意會，不可言傳。典型的例子如「味」這個範疇，什麼樣的作品是有滋味的，如何賞鑑作品才是品「味」，怎樣才是「辨於味」，「味外味」又何所指等等，都是不可能用言語來指實，只能是一種心領神會的直覺解悟。既然是直覺的，即不經過知性分析的，就必然是整體的把握。如風格論中的許多範疇，何謂「雄渾」，何謂「沖淡」，何謂「沉著痛快」，何謂「優游不迫」，都不可條分縷析。直覺性與模糊性無疑是有不可分割的連繫的。

　　五、靈活性和隨意性。漢語中存在大量的單音詞，其組合功能極強，一個單音詞和另一個單音詞組合便構成一個新的複音詞。中國古代美學利用組詞的靈活性，創建了許多新的範疇，如「韻」和「氣」組合構成「氣韻」，「韻」和「神」組成「神韻」，「韻」和「味」組成「韻味」，等等。而這種靈活性可以說達到了隨意的程度，一個主幹範疇能繁育滋生出一個龐大的範疇群或範疇系列，舉其極端的例子而言，如「氣」，不僅構成了「氣韻」、「氣象」、「氣勢」、「氣格」、「氣味」、「氣脈」、「氣骨」，還演化成「元氣」、「神氣」、「逸氣」、「奇氣」、「清氣」、「靜氣」、「老氣」、「客氣」、「孱氣」、「傖氣」、「山林氣」、「官場氣」等等，當然這些衍生的名稱未必都算得上範疇，但確有一部分上升到了範疇的地位。

　　上述這些傳統美學範疇的特點，也就是研究中的難點，要給予傳統美學範疇以現代詮釋，而不是以古釋古，難度是很大的。根本的問題在於古今思維方式的差異。我們現代的思維方式，基本上是採納了

西方的思維方式，因此在詮釋中很難找到對應的現代語彙，要將傳統美學範疇裝進現代邏輯的理論框架，便會感到方枘圓鑿，扞格難通。中國的傳統思維，經歷了不同於西方的發展道路，即沒有同原始思維決裂，相反地卻保留了原始思維的若干因素。我們不能同意西方某些人類學家的論斷，認為中國的傳統思維還停留在原始思維的水平。中國古人的理論思維在先秦時代已達到很高的水平，所保留的原始思維的痕跡，有些是合理的，保持了宇宙萬物的整體性和完整性，不以形式邏輯來切割肢解，是符合辯證法的原理的，在傳統美學範疇中也表現出這種長處。因此，研究中國美學範疇，必須結合古人的思維方式，連繫整個中國傳統文化的大背景來考察，庶幾能作出比較準確、接近原意的詮釋。範疇研究的深入自然會接觸到體系問題。中國古代美學家、文論家構築完整的理論體系者極少，但從範疇的整體來看是否構成了一個統一的體系呢？範疇的層次性是較為明顯的，如有些研究者區分為元範疇、核心範疇（或主幹範疇）、衍生範疇（或從屬範疇）等三個或更多的層次。但範疇之有無邏輯體系，研究者尚持有截然不同的觀點。我們傾向於肯定「潛體系」的說法，即範疇之間存在有機的連繫，範疇總體雖然沒有顯在的體系，卻可以探索出潛在的體系。但要將這種「潛體系」轉化為「顯體系」並非易事，因為這是兩種思維方式的轉換，轉換實際上是重建。有些研究者梳理整合出了一套範疇體系，只能是一家之言，是一種先行的試驗。由於對個別範疇還未研究深透，重建整個中國美學理論體系的條件就沒有完全成熟。於是我們萌發了一個構想，就是編輯一套「中國美學範疇叢書」，每一種

（或一對）範疇列一專題，寫成一本專著，對其美學內涵作詳盡的現代詮釋，並盡量收全在其自身發展的不同歷史階段上的代表性用法和代表性闡述，力爭通過歷史的評析揭示各範疇內涵邏輯展開的過程。「叢書」選題主要是元範疇和核心範疇，也包括少量重要的衍生範疇，在這些範疇之內涵蓋若干相關的次要範疇。這是對中國傳統美學範疇的一次全面深入的調查，工程是浩大的、艱難的，但確是意義深遠的，它將為中國美學和中國文論的史的研究和體系研究打下堅實的基礎。

這一工程從一九八七年開始策劃，歷時十三年，得到許多中青年學者的熱烈響應。更有幸的是，在世紀交替之年，獲得江西省新聞出版局和百花洲文藝出版社領導的大力支持，在他們的努力下，「叢書」被列入「十五」國家重點圖書出版規劃，「叢書」共計三十本，預定在四年內分三輯出齊。為此組織了力量較強的編委會，投入了充足的人力、物力、財力，力爭使「叢書」成為精品圖書。我們萬分感佩江西出版部門充分估計「叢書」學術價值的識見和積極為文化建設做貢獻的熱忱。最終的成果也許難以盡愜人意，但我們相信「叢書」的出版，必將在中國美學範疇研究的長途跋涉中留下一串深深的足印。

蔡鍾翔

陳良運

二〇〇一年三月

提　內
要　容

　　「自然」是中國傳統美學中的元範疇，或核心範疇。崇尚自然是道家思想的精髓，道家將「自然」定位為「道」本體的品格，「自然」與「道」是同一的。浸潤到美學和文學藝術的領域，便形成了「美在自然」的美學觀。「美在自然」是中國美學的理論支柱，也是歷久彌新的美學命題。本書分上、下兩編：上編考察自然論從哲學到美學、從萌生到發展的歷史軌跡，釐清了文藝自然論的幾個階段；下編主要是對「自然」作為最高審美理想的地位和「自然」的美學內涵展開邏輯的分析。「自然」的美學內涵，概括為「無意」、「無法」、「無工」三大項，揭示了「自然」論中對立統一的辯證思想。此外，還探索了「自然」的制約因素，說明「自然」並非神秘不可捉摸，辨析了與「自然」相關的某些範疇，顯示範疇之間的親緣關係。全書力求對「自然」作出準確的現代詮釋，一切以詳實的資料為依據，不作懸想和臆斷。

# 目次

# 引 言

「美在自然」，即以「自然」為美，以矯揉造作為醜，是一個歷久彌新的美學命題。

它源自古老的道家思想。道家將「自然」歸結為「道」本體的品格，所以「自然」是屬於本體論的範疇。老子云：「道法自然」，「道」與「自然」是同一的。道家所謂的「自然」，不是指自然界，其含義是自然而然，不假人為，與「無為」等義，但同自然界也有密不可分的關係，因為自然界就是自然而然的存在，在人類出現以前，自然界便早已存在了。所以古人有時把自然界稱作「天」，有時也渾言為「自然」。「美在自然」，是從「道法自然」的本體論推演出來的美學思想，「自然」是「道」的品格，「道」是完美的最高本體，那麼「自然」也就是最高的審美理想了。

然而，「美在自然」的美學觀，並不侷限於道家，而是已經積澱於全民族的審美意識之中。中國傳統文化是以儒家文化為主流的多元複合體，各家有不同的美學思想，在文學藝術中也有崇尚雕琢的風尚和

流派，但在以「自然」為美這一點上是沒有理論分歧的。

西方也有「美在自然」的美學觀，但沒有道家本體論那樣的哲學基礎，並且在歷史上屢次發生過自然美高於藝術美（人工美）還是藝術美高於自然美的辯論。這樣的爭議在中國美學史上卻從未出現過。可見在中國的美學傳統中，「美在自然」的觀念是何等根深蒂固！

道家的「自然」（美在自然）和儒家的「中和」（美是和諧），構成了中國傳統美學的兩大理論支柱。

直至今日，「美在自然」的觀念仍然沒有過時，仍然植根在現代中國人的心中。

本書將對「自然」範疇歷史演變的軌跡作細緻的考察，對「自然」範疇的美學內涵展開深入的剖析。

上編

第一章

# 自然——道家思想的精髓

## 第一節　老莊論「自然」

「自然」，是道家思想的核心內容。晉人稱「聖人貴名教，老莊明自然」（見《晉書》〈阮瞻傳〉引王戎語），以名教與自然為儒、道之分界。錢鍾書先生曾辨析以「名教」專屬儒家之不確。[1]但説「老莊明自然」是大體不差的。《老子》開卷即言「道可道，非常道」，但實際上還是作了表述，作為最高範疇的「道」的本質歸結為「無」，為「自然」，「道法自然」（《老子》〈二十五章〉）一語，將「自然」提到至高無上的地位。先秦諸子中，儒家講「與天地合其德」（《易》〈乾〉〈文言〉），兵家講因勢利導，也有順應自然之義，但在本體論的意義上標

---

1　　《管錐編》第4冊，中華書局，1979年版，頁1243-1249。

榜「自然」，並以「自然」貫串全部學說的，唯有道家。

老子所謂「自然」，也就是「無為」，但「無為」並不是無所作為，「道常無為而無不為」，無為卻能夠做到一切。「天之道，不爭而善勝，不言而善應，不召而自來」（《老子》〈七十三章〉），自然界即是「黯然諧合」（王充語）的，人也應該效法天。老子把這種思想應用於政治，提出他的治國方略。「我無為而民自化，我好靜而民自正，我無事而民自富，我無欲而民自樸」，「以無事取天下」（《老子》〈五十七章〉）。這當然只是一種烏托邦式的空想，然而在「苛政猛於虎」的時代提倡不用煩苛的政令、嚴酷的刑法而治理天下，未始沒有合理的因素。老子把統治者分為幾等：「太上，下知有之；其次，親而譽之；其次，畏之；其次，侮之。」最好的統治者，民眾僅僅知道他存在著。「功成事遂，百姓皆謂我自然」（《老子》〈十七章〉）。他領導大家把事情辦好了，但百姓們認為這是自然而然、理應如此的，不必歸功於他。而統治者本人便是「為而不恃，功成而不處，其不欲見賢」（《老子》〈七十七章〉）的「聖人」，他不居功自傲，也不想表現他的才能。因此，讓人民擁戴他、讚美他的君主還是次一等的。老子大概認為太古時代的部落領袖就是這樣的典型，他的政治理想是開倒車的。但是，後世有見識的帝王，也曾部分地吸收了他的「清靜無為」的主張，在大亂之後，實施比較寬鬆的政策，與民休息，即在治世，也注意輕徭薄賦，防止過分地擾民，老子思想發生了一定的積極影響。但老子哲學的最有價值的精華還在於他的強調順應自然，所謂「以輔萬物之自然而不敢為」（《老子》〈六十四章〉），「輔」是順應自然的客觀規律，而「為」則是違逆客觀規律，將主觀意志強加於萬物。《老子》全書都在探索自然的規律。「道」這個概念，除了「天地之始」、「萬物之母」的本體含義之外，還有一重含義，即宇宙的根本規律。那麼，也可以

說老子之學的最終歸宿乃是「自然」。

　　老子的自然論在莊子哲學中得到了豐富和發展。莊子也像老子一樣以「自然無為」來解釋道本體：「夫道，有情有信，無為無形……在太極之先而不為高，在六極之下而不為深，先天地生而不為久，長於上古而不為老。」（《莊子》〈大宗師〉，以下引《莊子》只注篇名）他也認為天道是自然無為的。在〈天運〉篇中問道：「天其運乎？地其處乎？日月其爭於所乎？……」天地日月都在那裡自然而然地運行，並沒有一個有意志的上帝或造物主在主宰它。「天不得不高，地不得不廣，日月不得不行，萬物不得不昌，此其道與？」（〈知北游〉）自然是不得不然的客觀必然性，也就是「道」。莊子也指出至人（或聖人）都是法天道的：「天地有大美而不言，四時有明法而不議，萬物有成理而不說。……是故至人無為，大聖不作，觀於天地之謂也。」（〈知北遊〉）「夫水之於汋（水之自然湧出）也，無為而才自然矣。至人之於德也，不修而物不能離焉，若天之自高，地之自厚，日月之自明，夫何修焉。」（〈田子方〉）因此，莊子也嚮往原始社會的無為而治：「古之畜天下者，無欲而天下足，無為而萬物化，淵靜而百姓定。」稱讚「至治之世，不尚賢，不使能，上如標枝（如樹枝無心而在上），民如野鹿。端正而不知以為義，相愛而不知以為仁，實而不知以為忠，當而不知以為信」（〈天地〉）。以上諸如此類的論述，基本上是老子思想的複述。

　　值得重視的是，莊子為自然論增添了新的內容。他把「自然無為」理論的運用從治國延伸到修身，從而構成他的人生哲學的一個重要組成部分。《莊子》不同於《老子》之重在探討「君人南面之術」，而主要是指示人生解脫之道。人生之一大問題，便是如何勘破生死關。〈養生主〉中記述了這樣一則寓言：老聃死，秦失（一、）去弔唁，「三號

而出」。老聃的弟子問他：你是夫子的好朋友，為什麼不哭？秦失回答：「適來，夫子時也；適去，夫子順也。安時而處順，哀樂不能入也。」這句話又見於〈大宗師〉，假託子祀這個人物之口說：「得者時也，失者順也，安時而處順，哀樂不能入也。」莊子認為人從「雜乎芒芴（恍惚）之間，變而有氣，氣變而有形，形變而有生，今又變而之死」（〈至樂〉），這就如同春夏秋冬四時循環一樣，是自然的。因此，於人於己，都不必為死亡的降臨而痛苦悲傷，既然對待生死作如是觀，那麼一切得失也都不足掛懷了，這就免去了人生的多少煩惱。「安時而處順」成為莊子的處世箴言。

莊子的自然論中還闡發了一個觀點，就是保持自然天性（包括物性和人性）。「牛馬四足，是謂天；落（絡）馬首，穿牛鼻，是謂人。故曰：無以人滅天，無以故滅命。」（〈秋水〉）他極其反對用絡首穿鼻之類的手段去改變物的本性。《莊子》中有一則著名的寓言，說：「儵與忽謀報渾沌之德，曰人皆有七竅，以視聽食息，此獨無有，嘗試鑿之，曰鑿一竅，七日而混沌死。」說明企圖人為地改造自然本性，即使是出於善意，也會造成極大的危害。莊子在〈駢拇〉篇中提出了「至正」和「常然」兩個概念：「彼至正者，不失其性命之情。故合者不為駢，而枝者不為跂，長者不為有餘，短者不為不足。是故鳧脛雖短，續之則憂；鶴脛雖長，斷之則悲。」「天下有常然。常然者，曲者不以鉤，直者不以繩，圓者不以規，方者不以矩，附離不以膠漆，約束不以纆索。」所謂「至正」和「常然」都是指的保全自然本性，也就是「不失其性命之情」[2]。當然，莊子更關心的是人的「不失其性命之情」。他不像儒家那樣熱衷於爭論人性本善還是本惡，而是致力於反對

---

2　此處「情」字作「真實」解。

人為地扭曲損害人的自然本性；他的人性論是不同於儒家道德人性論的自然人性論。他認為：「伯夷死名於首陽之下，盜蹠死利於東陵之上，二人者所死不同，其於殘生傷性均也。」（〈駢拇〉）在儒家看來，伯夷是聖人，盜蹠是匪賊，人品上有天壤之別。而莊子卻以為：「若其殘生損性，則盜蹠亦伯夷已，又惡取君子小人於其間哉！」（〈駢拇〉）由此連繫到政治，莊子也主張要使人民「安其性命之情」：「天下之大，不足以賞罰。自三代以下者，匈匈焉，終以賞罰為事，彼何暇安其性命之情哉！」「故君子不得已而臨蒞天下，莫若無為，無為也，而後安其性命之情。」（〈在宥〉）這段話顯然是針對法家的批判，法家正是以「信賞必罰」為手段統治天下的。他說的「在宥天下」就是實行一種寬鬆的統治，而不是像伯樂治馬、陶匠治埴那樣的去「治天下」。

莊子還對「自然」作為行為的概念內涵加以開掘和充實。莊子並不把「自然無為」看作「寂然不動」的靜止，而是解釋為「不得已而動」：「動以不得已之謂德」；「出為無為，則為出於無為矣。……有為也欲當，則緣於不得已。不得已之類，聖人之道。」（〈庚桑楚〉）所謂「動以不得已」，就是服從客觀的必然性，而不是憑主觀意志行事，這樣的「有為」，實質上是「無為」。因此，「自然無為」是一種無意識的行為。〈庚桑楚〉中提出以嬰兒為榜樣學習養生之道：「行不知所之，居不知所為，與物委蛇而同其波，是衛生之經已。」嬰兒的一動一止都是無意識的，因而是合乎自然的。〈天地〉中的一則故事是耐人尋味的：「黃帝遊乎赤水之北，登乎昆侖之丘，而南望還歸，遺其玄珠。使知索之而不得，使離朱索之而不得，使喫詬索之而不得也。乃使象罔，象罔得之。」「知」運用智慧，「離朱」用目視其形體，「喫詬」用

聲音來求索，都失敗了，恰恰是象徵「無心」的象罔[3]，找到了遺珠。可見，以「無心」為自然，是莊子的一個重要觀點。因而莊子又拈出一個「忘」字。梓慶削木為鐻，「必齋以靜心。齋三日，而不敢懷慶賞爵祿（忘利）；齋五日，不敢懷非譽巧拙（忘名）；齋七日，輒然忘吾有四枝形體也（忘我）。……然後加手焉，不然則已。則以天合天，器之所以疑神者，其是與？」（〈達生〉）梓慶的工藝製作之所以能出神入化，「忘」是先決的條件。「忘利」，「忘名」，以至「忘我」，才能達到「以天合天」，即以主體（人）的「自然」與客體（木）的「自然」相契合。〈達生〉中又説：「忘足，履之適也；忘腰，帶之適也；知忘是非，心之適也……始乎適而未嘗不適者，忘適之適也。」「忘」是無心，「適」是主客體的契合，「忘腰」、「忘足」、「忘是非」是局部的「忘」，也是局部的「適」，及至連適之為適都忘掉了，那就進入了無往而不適的高度自然的境界。《莊子》中對「忘」的哲學可謂闡發得淋漓盡致，忘形骸，忘死生，忘是非，忘親，忘天下，忘己……忘掉現實世界的一切，名之曰「坐忘」，「墮肢體，黜聰明，離形去知，同於大通：此謂坐忘」（〈大宗師〉）。可見「坐忘」是道家修養的最高目標，這是絕對的無意，是徹底的解脫，超越了客體，也超越了主體，與大道融合為一。〈刻意〉中是這樣説明道家的理想人格的：「不刻意而高，無仁義而修，無功名而治，無江海而閑，不道引而壽，無不忘也，無不有也，澹然無極，而眾美從之：此天地之道，聖人之德也。」忘掉一切，卻擁有了一切，一切美好崇高的願望都是自然而然實現的，這就是與道同體的「聖人」的神通了。當然，這樣的「聖人」也只能在幻想中存在。

---

3　按宣穎注：「似有象而實無，蓋無心之謂。」見王先謙《莊子集解》。

自然論在《莊子》書中被渲染得更加玄之又玄、神乎其神，然而也有低微庸俗的一面。例如〈秋水〉借北海若之口說：「大人之行，不出乎害人，不多仁恩；動不為利，不賤門隸；貨財弗爭，不多辭讓；事焉不借人，不多食乎力，不賤貪污；行殊乎俗，不多辟異；為在從眾，不賤佞諂……」於是，「安時而處順」的處世之道便演化為沒有是非感、沒有正義感、隨俗從眾、隨波逐流的和稀泥了。無怪郭沫若先生要譏之為「滑頭哲學」。此篇中又借孔子之口說：「知窮之有命，知通之有時，臨大難而不懼者，聖人之勇也。」聖人之所以「臨大難而不懼」，不過是聽天由命，反倒不如「白刃交於前，視死若生」的「烈士之勇」來得壯烈高尚。於是自然論又墮落為天命論了。但從總體上看，莊子的自然論仍然保留了老子自然論中的精華，即強調順應自然，這是對唯意志論的深刻批判，今天仍有其積極意義。

莊子的自然論也會合乎邏輯地導向對藝術的否定。他崇尚自然無為，反對人為地改變自然本性，而藝術則是人的創造。〈天地〉中有一則寓言說：「百年之木，破為犧尊，青黃而文之，其斷在溝中。比犧尊於溝中之斷，則美惡有間矣，其於失性一也。」彩繪精美的犧尊（製成牛頭形的酒杯）屬於工藝品，它與扔在溝裡的下腳料，雖然美醜有別，但其喪失了自然本性則是一樣的。〈齊物論〉中還有這樣一條怪論：「有成與虧，故昭氏之鼓琴也；無成與虧，故昭氏之不鼓琴也。」昭文是古代著名的音樂家，善於鼓琴。但莊子認為，無成亦無虧，有成必有虧，他不鼓琴，五音自全，卻是很完美的，他一鼓琴，「鼓商則喪角，揮宮則失徵」，損害了自然的諧和。那麼，藝術創作都成了「殘生損性」的舉動了。然而，我們還要看到另一面，即莊子的自然論是非常接近審美的。他所推崇的自然超越的人生，就是一種藝術的人生，詩化的人生。他所反覆申述的「忘」，接觸到藝術創作的深層規

律。他用以説明自然論的許多有關技藝的寓言給予藝術家以深刻的啟示。他以自然為美的美學思想對古代中國人審美意識的形成發生了莫大的影響。「自然」成為古典美學的一個基本範疇，藝術自然論匯成了一股浩蕩的巨流。追本窮源，我們不能不歸功於莊子。

## 第二節　道家自然論在漢代的繼承和演變

先秦諸子中的非道家也有局部地攝取了道家「自然無為」思想的。如後期儒家的代表荀子作〈天論篇〉，其中有云：「不為而成，不求而得，夫是之謂天職。」「列星隨旋，日月遞炤，四時代禦，陰陽大化，風雨博施，萬物各得其和以生，各得其養以成，不見其事而見其功，夫是之謂神。皆知其所以成，莫知其無形，夫是之謂天。」天道運行，自然而然，不以人的意志為轉移，也沒有上帝的有意識的調度。他把人的喜、怒、哀、樂稱為「天情」，耳、目、口、鼻、形稱為「天官」，心稱為「天君」，聖人「清其天君，正其天官……養其天情，以全其天功」（《荀子》〈天論篇〉）。即對待人也要順應其自然規律，不可違逆。這種觀點似乎與道家接近。但荀子又強調了人的主觀能動性，提出：「大天而思之，孰與物畜而制之！從天而頌之，孰與制天命而用之！」這就同道家的自然論大相徑庭。因此，荀子批判莊子為「蔽於天而不知人」（《荀子》〈解蔽篇〉）。荀子的人定勝天與老莊的順應自然在根本上是對立的。又如法家的集大成者韓非，頗受益於老子的「君人南面之術」，其論君道無為，多襲用道家自然論的語彙。例如《韓非子》中〈主道〉篇説：「道者，萬物之始，是非之紀也。是以明君守始以知萬物之源，治紀以知善敗之端。故虛靜以待令，令名自命也，令事自定也。」〈揚權〉篇説：「權不欲見，素無為也。事在四方，要在中央。

聖人執要，四方來效。……夫物者有所宜，材者有所施，各處其宜，故上下無為。」〈功名〉篇説：「守自然之道，行毋窮之令，故曰明主。」〈大體〉篇説：「古之牧天下者，不使匠石極巧以敗太山之體，不使賁、育盡威以傷萬民之性。因道全法，君子樂而大奸止；澹然閒靜，因天命，持大體。」雖然也講自然、無為，但他是以道為體，以法為用，「自然無為」云云不過是君主的統治術，而其精義要旨是用嚴刑峻法治天下，這和道家的政治理想是完全背道而馳的。

　　道家的自然論在西漢初年的《淮南子》中則真正地被發揚光大了。《淮南子》是雜家著作，對各家學説相容並包，但其中心思想屬道家。高誘《〈淮南子〉序》説「其旨近老子，淡泊無為，蹈虛守靜，出入經道」，是符合實際的。《淮南子》對老子的「自然無為」之旨闡述得特別多。例如：

　　無為為之而合於道，無為言之而通乎德。（〈原道訓〉）

這是從本體的意義上講無為。

　　天致其高，地致其厚，月照其夜，日照其晝，陰陽化，列星朗，非其道而物自然。[4]（〈泰族訓〉）

這是講天道是自然無為的。

---

4　王念孫云：「下三句本作『列星朗，陰陽化，非有為焉，正其道而物自然』。」

人無為則治，有為則傷。無為而治者載無也，為者不能有也[5]，不能無為者不能有為也。（〈說山訓〉）

這是申述人應效法天道，無為而治，無為才能有為。

天下之事不可為也，因其自然而推之。（〈原道訓〉）

這是說明「無為」即順應自然規律。而《淮南子》中最突出的就是透徹地辨明了「無為」並非消極地無所作為，而是順應自然規律的「有為」。如〈修務訓〉中說：

或曰：無為者寂然無聲，漠然不動，引之不來，推之不往，如此者乃得道之像。吾以為不然。……蓋聞傳書曰：神農憔悴，堯瘦臞，舜黴黑，禹胼胝。由此觀之，則聖人之憂勞百姓甚矣。故自天子以下至於庶人，四肢不動，思慮不用，事治求澹者，未之聞也。夫地勢，水東流，人必事焉，然後水潦得谷（應作「沿」）行；禾稼春生，人必加功焉，故五穀得遂長。聽其自流，待其自生，則鯀禹之功不立，而後稷之智不用。若吾所謂無為者，私志不得入公道，嗜欲不得枉正術，循理而舉事，因資而立〔功〕，權（應作「推」）自然之勢，而曲故（巧詐）不得容者，事成而身弗伐，功立而名弗有。非謂其感而不應、攻（應作「迫」）而不動者。若夫以火熯井，以淮灌山，此用己而背自然，故謂之有為。若夫水之用舟，沙之用鳩，泥之用（輴），山之用蔂（樏），夏瀆而冬陂，因高為田（應作「山」），因下為池，非吾

---

所謂為之。

　　這段文字明確地指出，凡是符合自然規律，而又出自公心、不雜私念的作為，都是「無為」，只有違背自然規律的輕舉妄為才是「有為」。如此解釋「無為」在老莊書中是未曾有過的。雖然《老子》中講「無為而無不為」，「無為而治」，似乎包含有這樣的意思，但並不明晰，而莊子屢言「形如槁木，心若死灰」，以為「得道之像」，則很容易使人理解為「寂然無聲，漠然不動」了。由此觀之，《淮南子》的闡釋對老莊自然論實質上是有所修正的。而這一修正又為融會孔、老打開了通道。比如對於儒家所提倡的禮樂的態度。莊子是否定禮樂的：「中純實而反乎情，樂也；信行容體而順乎文，禮也。禮樂遍（應作「偏」）行，則天下亂矣。」[6]〈繕性〉「澶漫為樂，摘僻為禮，而天下始分矣。」(〈馬蹄〉)以為禮樂應是順乎自然的，但片面地推行禮樂，以縱逸為樂，以煩瑣為禮，則成為天下分裂和混亂的根源。《淮南子》對禮樂也有所貶抑，如〈本經訓〉中說：

　　是故仁義禮樂者，可以救敗，而非通治之至也。夫仁者，所以救爭也，義者，所以救失也，禮者，所以救淫也，樂者，所以救憂也。……是故德衰然後仁生，行沮然後義立，和失然後聲調，禮淫然後容飾。是故知神明然後知道德之不足為也，知道德然後知仁義之不足行也，知仁義然後知禮樂之不足修也。

　　禮樂和仁義都是衰世的產物，雖然有「救敗」的作用，但是終「非

---

6　錢穆、關鋒認為這段話非莊子語，可備一說。

通治之至也」。因此，一旦進入以「神明」、「道德」定天下的至治之世，仁義、禮樂都是一概不需要的。這種論調來自老莊，卻比老莊緩和得多，不再把禮樂當作致亂之源，而是視為「救敗」之務了。而且，禮樂如果是順乎自然的，那麼也可以被看成是合乎無為的。〈泰族訓〉中便是作如是解的：

> 天地四時非生萬物也，神明接，陰陽和，而萬物生之；聖人之治天下，非易民性也，拊循其所有而滌蕩之。故因則大，化（應為「作」）則細矣。……民有好色之性，故有大婚之禮；有飲食之性，故有大饗之誼；有喜樂之性，故有鐘鼓管弦之音；有悲哀之性，故有衰絰哭踴之節。故先王之制法也，因民之所好而為之節文者也：因其好色而制婚姻之禮，故男女有別；因其喜音而正《雅》、《頌》之聲，故風俗不流；因其宵家室、樂妻子，教之以順，故父子有親；因其喜朋友而教之以悌，故長幼有序。

　　道家主張「因」而不「作」，而儒家維護的禮樂制度恰恰是因民之天性而建立起來的，所以是順乎自然的。這樣道家的自然論和儒家的禮樂論便可以並行不悖，達到調和了。「以道為竿，以德為綸，禮樂為鉤，仁義為餌，投之於江，浮之於海，萬物紛紛，孰非其有？」（〈俶真訓〉）這幾句話概括地表明了《淮南子》兼用儒、道學說的指導思想。《淮南子》對自然論的修正也導致在其他一些問題上與道家觀點的分歧。如莊子推崇自然，反對損害人和物的自然本性，以至導向對藝術美的否定。《淮南子》中也主張不失天性，使萬物盡其所能，用其所長：「柱不可以摘齒（剔牙），筐（應作「筳」，草莖）不可以持屋；馬不可以服重，牛不可以追速；鉛不可以為刀，銅不可以為弩；鐵不可

以為舟，木不可以為釜。各用之於其所適，施之於其所宜，即萬物一齊，而無由相過。」（〈齊俗訓〉）〈俶真訓〉中還轉引了《莊子》的寓言：「百圍之木，斬而為犧尊，鏤之以剞劂，雜之以青黃，華藻鎛鮮，龍蛇虎豹，曲成文章，然其斷在溝中。壹比犧尊、溝中之斷，則醜美有間矣，然而失木性鈞也。」然而《淮南子》又並不認為人為的作用都是殘生害性，都是破壞性的。它以美人為喻：

今夫毛嬙、西施，天下之美人。若使之銜腐鼠，蒙蝟皮，衣豹裘，帶死蛇，則布衣韋帶之人過者，莫不左右睥睨而掩鼻。嘗試使之施芳澤，正娥眉，設笄珥，衣阿錫（阿，細縠；錫，細布），曳齊紈，粉白黛黑，佩玉環，揄步，雜芝若（香草），籠蒙目視，冶由笑，目流眺，口曾撓，奇牙出，靨酺搖，則雖王公大人有嚴志頡頏之行者，無不憚悇癢心而悅其色矣。（〈修務訓〉）

可見，即使像毛嬙、西施那樣的美人，如果百般地加以醜化，也會招人厭惡；相反地，如果巧妙地加以裝飾，又能增添其誘人的魅力。至於對「美不及西施，惡不若嫫母」的中人之姿來說，那麼「芳澤之所施」就更具有不可忽視的效力了。人工不是只會破壞美，而是能夠創造美的：「清醴（清酒）之美始於耒耜，黼黻之美在於杼軸」（〈說林訓〉）。《淮南子》並不把人工和自然對立起來，提出既要知天，又要知人：「知天而不知人，則無以與俗交；知人而不知天，則無以與道遊。」（〈人間訓〉）這就矯正了「蔽於天而不知人」的偏頗。

《淮南子》之後，漢代的大儒董仲舒將陰陽五行說引入儒學，並以「天人感應」論為其理論支柱，重新宗奉「天」為有意志的至上的人格神，宣揚天是世界的主宰，自然界和社會的一切都出於天的有意安

排，君權也是受命於天，天能賞善罰惡，或降祥瑞，以示嘉獎，或降災異，以示譴告，因此人必須順從天意，「奉天而法古」，「法天而立道」。這樣，董仲舒便建構了一整套神學目的論的思想體系，為後來興起的今文經學派讖緯神學奠定了基礎。讖緯神學在西漢後期至東漢前期，由於得到統治者的提倡和支持而盛行起來。「讖」是隱語形式的宗教預言，「緯」是對經書的神學解釋，讖緯把董仲舒的經學進一步神學化。建初四年（西元七十九年），由漢章帝親自主持，在白虎觀召集群儒講論五經同異，討論內容由班固整理成書，名為《白虎通德論》，又稱《白虎通義》或《白虎通》。《白虎通》大量徵引緯書，讖緯神學已成為欽定的官方哲學。就在這個時代，身居僻壤的思想家王充，以超人的理論勇氣，高舉「疾虛妄」的旗幟作《論衡》，全面地批判了董仲舒和讖緯神學的謬誤，特別是其中的「天人感應」論，而他所運用的主要武器就是道家的自然論。他在《論衡》〈自然篇〉（以下引《論衡》只注篇名）中明白表示：「說合於人事，不入於道意，從道不隨事，雖違儒家之說，合黃老之義也。」即他的理論根據是道家之學。他以黃帝、老子為「自然無為」的典範：「賢之純者，黃、老是也。黃者，黃帝也；老者，老子也。黃、老之操，身中恬淡，其治無為。正身共己，而陰陽自和；無心於為，而物自化；無意於成，而物自成。」卻不尊奉儒家聖人。他批判「天人感應」論的種種無稽之談，都立足於老莊的「自然無為」之說，或直接引用老莊書中的語言。如駁斥天有意安排萬物的神學特創論，說：「天地合氣，萬物自生，猶夫婦合氣，子自生矣。萬物之生，含血之類，知饑知寒，見五穀可食，取而食之，見絲麻可衣，取而衣之。或說以為天生五穀以食人，生絲麻以衣人，此謂天為人作農夫桑女之徒也，不合自然，故其義疑，未可從也。試依道家論之：天者，普施氣萬物之中，穀愈（癒）饑而絲麻救寒，故

人食谷衣絲麻也。夫天之不故生五穀絲麻以衣食人，由（猶）其有災變不欲以譴告人也。物自生而人衣食之，氣自變而人畏懼之。以若說論之，厭于人心矣。如天瑞為故，自然焉在？無為何居？」（《論衡》〈自然〉）這種說法也見於《淮南子》：「陰陽四時，非生萬物也；雨露時降，非養草木也；神明接，陰陽和，而萬物生矣。故高山深林，非為虎豹也；大木茂枝，非為飛鳥也；流源千里，淵深百仞，非為蛟龍也；致其高崇，成其廣大，山居木棲，巢枝穴藏，水潛陸行，各得其所寧焉。」（〈泰族訓〉）宇宙萬物的各得其所，形成生態平衡，都是自然而然的，並沒有一個造物主或上帝在冥冥之中巧為設計，這就是老子首先發明又為孔子所認同的「自然天道」觀。以「自然天道」觀取代殷周傳統的「神學天道」觀是哲學史上的一次革命，董仲舒和讖緯神學重新恢復「天」的人格神的地位則是天道觀的倒退。因此，《淮南子》尤其是王充旗幟鮮明地維護自然天道觀是有進步意義的。但王充並非完全排斥人的能動作用，他說：「然雖自然，亦須有為輔助。耒耜耕耘，因春播種者，人為之也；及穀入地，日夜長大，人不能為也。或為之者，敗之道也。宋人有閔其苗之不長者，就而揠之，明日枯死。夫欲為自然者，宋人之徒也。」（《論衡》〈自然〉）符合自然規律的「有為」可以輔助自然，而像揠苗助長那樣違背自然規律的「有為」則是起破壞作用的。如此解釋老子所說的「以輔萬物之自然而不敢為」和「為者敗之」（《老子》〈六十四章〉）是合理的，也同《淮南子》的論「無為」（見上文）相一致。又如駁斥「謂古之人君為政失道，天用災異譴告之」的謬說，也是本於道家自然無為的邏輯：「夫天道，自然也，無為。如譴告，是有為，非自然也。黃、老之家，論說天道，得其實矣。」（《論衡》〈譴告〉）《論衡》中還批駁了漢儒所倡的「君權天授」說。「文王得赤雀，武王得白魚、赤烏。儒者論之，以為雀則文

王受命，魚、烏則武王受命；文、武受命於天，天用雀與魚、烏命授之也；天用赤雀命文王，文王不受，天復用魚、烏命武王也。」所云「赤雀」「魚、烏」的瑞應是上古的傳說，而漢儒用以證明聖君賢主受命於天。王充認為赤雀、魚、烏都是偶然出現、適然相遇的：「文王當興，赤雀適來；魚躍烏飛，武王偶見：非天使雀至、白魚來也，吉物動飛而聖遇也。白魚入於王舟，王陽曰：『偶適也。』光祿大夫劉琨前為弘農太守，虎渡河。光武皇帝曰：『偶適自然，非或使之也。』故夫王陽之言適，光武之曰偶，可謂合於自然也。」「自然無為，天之道也。命文以赤雀，武以白魚，是有為也。」（《論衡》〈初稟〉）他仍以自然天道觀為判斷是非的依據，如果確認了天道自然無為的觀點，那麼將赤雀、魚、烏的傳說附會成文王、武王受命於天的荒誕不經也就昭然若揭了。這裡他以偶然性來解釋「自然」，說明文王得赤雀，武王得白魚、赤烏純屬偶然的巧合，是合乎情理的。然而，王充又極度誇大了偶然性，把一切自然現象和歷史事件都看成是偶然發生的，他不懂得偶然背後有必然，必然寓於偶然之中，偶然與必然的辯證統一，於是偶然又一齊轉化為必然，他把自然歸結為天命：「命，吉凶之主也。自然之道，適偶之數。」（《論衡》〈偶會〉）以至認為人的貧富、貴賤、壽夭、智愚、賢不肖，統統都是由先天稟受的自然之氣的厚薄多少決定的。因此他又相信早已為荀子所否定的「骨相」。這樣，批判了神學目的論，卻陷入了命定論，這是王充在理論上的失足。但王充將偶然與自然相連繫，在一定意義上豐富了道家自然論的內容，因為這一點是老、莊所未曾闡發的。下面我們將會談到，藝術自然論是如何重視偶發性的，於此可見王充的影響。

從《淮南子》和《論衡》這兩部著作中，我們可以發現自然論在漢代的發展存在著兩種不同的趨向：在《淮南子》中，論證禮樂制度

符合自然，自然論成為融合儒、道的調合劑，由此走向儒、道會通；而在王充那裡，則揭示讖緯神學背離自然，自然論又成為批判儒學的殺手鐧，由此走向以道破儒。自然論的這種二重性，在以後的各個歷史時期中還會以不同的面貌表現出來。

## 第三節　魏晉玄學中的「名教與自然」之辨

　　魏晉時期，玄學盛行，「聃周當路，與尼父爭途」（《文心雕龍》〈論說〉），自然論更是風靡一時，清談家幾乎無人不論自然。如大名士夏侯玄說：「天地以自然運，聖人以自然用。自然者道也，道本無名，故老氏曰強為之名。」[7]其說顯然祖述道家。尤其令人矚目的是「名教與自然」之辨成為玄言的中心議題。

　　「聖人貴名教，老莊明自然」，本來是兩種對立的思想。但當時的大趨勢是儒道融合，玄學並不廢棄儒學，而恰恰是會通孔、老的產物。所宗奉的「三玄」，《老》、《莊》是道家，《周易》卻是儒家經典。魏明帝時的顯宦王昶訓誡其子弟：「欲使汝曹立身行己，遵儒者之教，履道家之言，故以玄默沖虛為名，欲思汝曹顧名思義，不敢違越也。」（《三國志》〈魏志〉〈王昶傳〉）儒、道並用之風尚可見一斑。而在「名教與自然」之辨中，占主流地位的也是名教與自然統一論，可以王弼和郭象為代表。王弼作《老子注》，又作《周易注》和《論語釋疑》，以儒釋道，以道釋儒，即意在會通孔老，調和名教和自然。王弼《老子注》中對「自然」的解釋是：「自然，其端兆不可得而見也，其意趣不可得而睹也。」（《老子注》〈十七章注〉）又說：「法自然者，在方

---

7　　《列子》〈仲尼〉張湛注引何晏《無名論》。

而法方，在圓而法圓，於自然無所違也。自然者，無稱之言，窮極之辭也。用智不及無知，而形魄不及精象，精象不及無形，有儀不及無儀，故轉相法也。」（《老子注》〈二十五章注〉）把「自然」的實質歸結為「無」，這是發揮了道家以無為本的精義，而與儒家之說相背離。然而他的《論語釋疑》中多處用「自然」來說明儒家的觀點，如釋「孝悌也者，其為仁之本與」說：「自然親愛為孝，推愛及物為仁也。」釋「唯天為大，唯堯則之」說：「若夫大愛無私，惠將安在？至美無偏，名將何生？故則天成化，道同自然，不私其子而君其臣。」似乎恰恰在「自然」這一點上儒、道可以相通。在王弼看來，名教與自然是毫無矛盾的，實行老莊主張的「無為而治」正是為了維護封建名教秩序的穩定與和諧。他在《周易注》〈鼎卦注〉中說：「變而無制，亂可待也；法制應時，然後乃吉。賢愚有別，尊卑有序，然後乃亨。」建立制度以保持封建社會的有序狀態，是「革故鼎新」的首要目的。而為了達到這個目的，卻需要利用老子「絕聖棄智」的策略。「行術用明，以察奸偽，趣睹形見，物知避之。故智慧出則大偽生也。」（《老子注》〈十八章注〉）。君上任用智力，臣下就會用詐偽來對付他。所以，「甚矣！害之大也，莫大於用其明也」（《老子注》〈四十九章注〉）。於是他提出「蒙以養正」的辦法：「夫明莫若聖，昧莫若蒙，蒙以養正，乃聖功也；然則養正以明，失其道矣。」（《周易注》〈蒙卦注〉）所謂「蒙」不是真正的蒙昧，而是「藏明於內」（《周易》〈明夷卦注〉），即將自己的智慧隱蔽起來，叫人莫測高深。由此，他推導出「絕聖而後聖功全，棄仁而後仁德厚」（《老子指略》）的結論。這樣，「我無為而民自化」的自然之道便一變而為鞏固名教之治的高明謀略了。我們再來看作《莊子注》的郭象。郭象以「無為」釋「自然」：「天地者，萬物之總名也。天地以萬物為體，而萬物必以自然為正；自然者，不為而自

然者了。」（《莊子注》〈逍遙遊注〉，以下只注篇名）這樣說基本上符合老、莊的思想。而他的創造性見解則是以「獨化」釋自然：「無既無矣，則不能生有；有之未生，又不能為生。然則生生者誰哉？塊然而自生耳。自生耳，非我生也。我既不能生物，物亦不能生我，則我自然矣。自己而然，則謂之天然。天然耳，非為也，故以天言之。以天言之，所以明其自然也，……」（〈齊物論注〉）「人之所因者，天也；天之所生者，獨化也。」「道，無能也。此言得之於道，乃所以明其自得耳。自得耳，道不能使之得也；我之未得，又不能為得也。然則凡得之者，外不資於道，內不由於己，掘然自得而獨化也。」（〈大宗師注〉）所謂「獨化」，即「塊然自生」，「掘然自得」，完全是自發的，而且是偶發的、突發的。這些論述明顯地否定了老子說的「有生於無」，「道生之，德畜之……」，與原始道家的思想有所不同。他所講的「自然」、「無為」比老、莊更加徹底，因此對於人的主觀能動性的排斥也更加徹底：「天者，自然之謂也。夫為為者不能為，而為自為耳；為知者不能知，而知自知耳。自知耳，不知也，不知也則知出於不知矣；自為耳，不為也，不為也則為出於不為矣。為出於不為，故以不為為主；知出於不知，故以不知為宗。是故真人遺知而知，不為而為，自然而生，坐忘而得，故知稱絕而為名去也。」（〈大宗師注〉）知與為，就是人的認識和實踐，他認為都應出於自然，有意去知去為，則不能知亦不能為，只有遺知才能知，不為才能為，所以「知」和「為」的名稱也可以取消了。由此可見，郭象的自然論是純粹的自發論，與儒家哲學幾乎是冰炭不相容的。然而郭象卻找到了名教與自然的會合點。他把「莊學」稱為「內聖外王之道」（〈莊子注序〉），便是旨在調和自然與名教。所謂「內聖外王」是他所塑造的統治者的理想人格。「夫聖人雖在廟堂之上，然其心無異於山林之中。」（〈逍遙遊注〉）聖

人不必到山林中去隱遁，就可達到超脱塵世的逍遙境界。「所謂無為之業，非拱默而已；所謂塵垢之外，非伏於山林也。」（〈大宗師注〉）「方外」與「方內」是同一的，關鍵是「無心」，「聖人常游外以冥內，無心以順有，故雖終日揮（見）形而神氣無變，俯仰萬機而淡然自若」（〈大宗師注〉），「夫無心而任乎日化者，應為帝王也」（《應帝王注》）。「無心」就能夠應付世事之萬變，不必去勞神苦思，便可不治而治天下。因此，郭象所設想的「無為而治」的「內聖外王之道」似乎比王弼所謀劃的「無為而治」的「君人南面之術」大為悠閒灑脱，統治者既可安享人間天堂的富貴逸樂，又可保持出塵絕俗的超然純潔，名教與自然得到了高度完美的統一。這是非常符合門閥世族的口味的。而對於被統治者來說，郭象提倡的是安分知足。「理有至分，物有定極，各足稱事，其濟一也。」「苟足於其性，則雖大鵬無以自貴於小鳥，小鳥無羨於天池，而榮願有餘矣。故小大雖殊，逍遙一也。」（〈逍遙遊注〉）小鳥如果不存非分之想，不去歆羨大鵬遨遊的天池，同樣是逍遙的，而且一點不比大鵬差。「各知其極，物安其分，逍遙者用其本步而遊乎自得之場矣。」「以小求大，理終不得，各安其分，則大小俱足矣。」（〈秋水注〉）只要各安其分，那麼無論是處在怎樣的社會地位，都能夠逍遙自得。郭象一再申述現存的封建名教秩序是合乎自然的：「君臣上下，手足外內，乃天理自然」；「夫時之所賢者為君，才不應世者為臣，若天之自高，地之自卑，首自在上，足自居下，豈有遞哉！雖無錯於當而必自當也。」（〈齊物論注〉）總之，「自然」、「無為」就是承認一切存在的都是合理的，這樣郭象就比王弼更加圓滿地解決了名教與自然的矛盾。

然而，玄學中又有尚自然而反名教的激進派，其著名人物是竹林名士阮籍和嵇康。阮籍本來也是調和名教與自然的。請看他的《通易

論》：「是故聖人以建天下之位，定尊卑之制，序陰陽之適，別剛柔之
節。順之者存，逆之者亡；得之者身安，失之者身危。」「是以明乎天
之道者不欲，審乎人之德者不憂，在上而不淩乎下，處卑而不犯乎
貴。故道不可逆，德不可拂也。」他認為，先王建立的那一套序尊卑、
明貴賤的名教制度合乎天道自然，是只能遵循、不可違逆的。但他面
對司馬氏借名教以誅滅異己的黑暗現實，終於省悟到在乾坤倒轉、六
合失理的政治環境中，即使「唯法是修，唯禮是克」又何嘗能保家全
身，恪守禮法不過是可憐又可笑的迂腐行為。於是他轉而發出詆毀名
教的憤激之辭：「君立而虐興，臣設而賊生，坐制禮法，束縛下民。」
「汝君子之禮法，誠天下殘賊、亂危、死亡之術耳，而乃目以為美行不
易之道，不亦過乎！」（《大人先生傳》）最終只好到老莊那裡尋求精
神的解脫：「今吾乃飄颻於天地之外，與造化為友……將變化遷易，與
道周始。」（《大人先生傳》）嵇康同阮籍一樣，內心充滿著矛盾。從其
《太師箴》看，他的政治思想是相容儒道的。他在《答難養生論》中所
描述的理想君主是：「聖人不得已而臨天下，以萬物為心，在宥群生，
由身以道，與天下同於自得。穆然以無事為業，怛爾以天下為公。雖
居君位，饗萬國，恬若素士接賓客也；雖建龍旂，服華袞，忽若布衣
之在身。故君臣相忘於上，蒸民家足於下。」不正是「內聖外王」的典
型嗎？然而這只是空想！眼前的政局則是：「君位益侈，臣路生心」，
「驕盈肆志，阻兵擅權，矜威縱虐，禍崇丘山，刑本懲暴，今以脅賢」
（《太師箴》）。險惡的處境迫使他皈依黃、老，企圖尋找「俯仰自得，
游心太玄」的方外樂土。可是他無法改變自己剛烈的性格，儘管口稱
「老子、莊周，吾之師也」（《與山巨源絕交書》），卻學不來「安時而
處順」的人生哲學。結果嵇康成了向名教宣戰的叛逆者，迸發出「非
湯武而薄周孔」（《與山巨源絕交書》）、「越名教而任自然」（《釋私論》）

這樣甘冒天下之大不韙的呼號。一篇《釋私論》歌頌真誠，鞭撻虛偽，
弘揚了道家思想的精華，也確實擊中了名教的要害；名教之弊正在於
鼓勵偽善。一篇《難自然好學論》公然指摘六經違背自然：「六經以抑
引為主，人性以從欲為歡；抑引則違其願，從欲則得自然。然則自然
之得，不由抑引之六經；全性之本，不須犯情之禮律。故仁義務於理
偽，非養真之要術；廉讓生於爭奪，非自然之所出也。」名教與自然原
來是無法調和的對立物。阮籍、嵇康的心路歷程表明他們的反名教不
是初衷。魯迅講得非常深刻：「魏晉時所謂崇奉禮教，是用以自利……
不過將這個名義（指反禮教）加罪於反對自己的人罷了。於是老實人
以為如此利用，褻瀆了禮教，不平之極，無計可施，激而變成不談禮
教，不依禮教，甚至於反對禮教。——但其實不過是態度，至於他們
的本心，恐怕倒是相信禮教，當作寶貝，比曹操司馬懿們要迂執得
多。」（《魏晉風度及文章與藥及酒之關係》）阮籍、嵇康正是如此。

　　魏晉名士中還有一類人，以放達任誕的荒唐行徑來蔑棄禮法，這
是玄學中的頹廢派。竹林時期已開此風，代表人物有劉伶、阮咸，至
元康而益盛，著名者有王澄、謝鯤、胡毋輔之、畢卓、光逸等一大
批，號為「四友」「八達」。這種放逸的人生觀的理論表述見於《列子》
〈楊朱〉。「楊朱曰：『百年，壽之大齊。得百年者千無一焉。設有一
者，孩抱以逮昏老，幾居其半矣。夜眠之所弭，晝覺之所遺，又幾居
其半矣。痛疾哀苦，亡失憂懼，又幾居其半矣。量十數年之中，逌然
而自得亡（無）介焉之慮者，亦亡（無）一時之中爾。則人之生也奚
為哉？奚樂哉？為美厚爾，為聲色爾。而美厚複不可常厭足，聲色不
可常玩聞。乃複為刑賞之所禁勸，名法之所進退；遑遑爾競一時之虛
譽，規死後之餘榮；偊偊爾順耳目之觀聽，惜身意之是非；徒失當年
之至樂，不能自肆於一時。重囚累梏，何以異哉？」在他們看來，人

生短促，如不盡情享樂，豈非白活一世？只有放縱情欲，才是合乎自然，若為禮法所拘，則不如死去。頹廢派之尚自然而棄名教，顯然與阮籍、嵇康不同，這反映了當時門閥世族中一部分士人看不到前途、找不到出路消極悲觀的灰色心態。戴逵曾評論說：「竹林之為放，有疾而顰者也；元康之為放，無德而折巾者也。」[8]（《晉書》〈戴逵傳〉）那麼其中也有矯揉造作並不自然的成分。

　　放逸之風的愈演愈烈，意味著門閥世族的腐朽墮落，勢必危及這一階級的統治地位。因而玄學中的正統人物便起而矯之。如樂廣就說過：「名教內自有樂地，何必乃爾！」對王澄、胡毋輔之的「任放為達」表示不以為然。但這還只是緩和的批評，而在裴頠則轉為激烈的抨擊了。據《晉書》本傳：「頠深患時俗放蕩，不尊儒術，何晏、阮籍素有高名於世，口談浮虛，不遵禮法，尸祿耽寵，仕不事事；至王衍之徒，聲譽太甚，位高勢崇，不以物務自嬰，遂相放效，風教陵遲，乃著《崇有》之論，以釋其蔽。」可見裴頠倡「崇有」的宗旨是在維護禮法，其矛頭所指也不僅是元康時期的頹廢派，並且追溯禍根而延及以何晏為代表的正始名士和以阮籍為代表的竹林名士。《崇有論》中有云：「賤有則必外形，外形則必遺制，遺制則必忽防，忽防則必忘禮。禮制弗存，則無以為政矣。」他認為，「貴無賤有」必然導向破壞禮制。他歷數「貴無」之論氾濫所造成的惡果：「遂薄綜世之務，賤功烈之用；高浮游之業，卑經實之賢。……是以立言藉於虛無，謂之玄妙；處官不親所司，謂之雅遠；奉身散其廉操，謂之曠達。故砥礪之風，彌以陵遲。放者因斯，或悖吉凶之禮，而忽容止之表；瀆棄長幼之

---

8　東漢郭太，字森宗，名重一時。一日途中遇雨，頭巾沾濕，折疊一角，時人效之，故意折巾之一角，稱「林宗巾」。

序，混漫貴賤之級。其甚者至於裸裎，言笑忘宜，以不惜為弘，士行又虧矣。」因此，當世之急務是重整名教秩序，而不是崇奉自然，這樣裴頠就走向了另一極端。

綜觀魏晉玄學中的「名教與自然」之辨，大體分為三派，即名教與自然合一、「越名教而任自然」（其中又有激進派和頹廢派之分）、尊名教而黜自然。在玄學諸辨中，「名教與自然」之辨直接同現實政治相關，因而政治色彩非常鮮明，思想交鋒也更為激烈，不同於純思辨的哲學玄論。在這場鬥爭中，自然論的雙刃劍的作用也再度表現出來，既可用來論證儒學名教的合理，也可用來打破儒學名教的禁錮（後來在理學和反理學的鬥爭中，對立雙方也都利用了自然論）。但無論是何種情況，作為道家思想精髓的自然論都在更大程度上得到了弘揚，正是在這一時期，自然論浸潤到了文藝領域，「自然」遂成為中國古典文藝美學的一個基本範疇。

第二章

# 文藝自然論發展的歷史軌跡

## 第一節　魏晉南北朝：自然論的發端與成熟

我們從《莊子》《淮南子》中已可窺見道家的審美理想是「自然」，莊子之推崇自然美甚至到了排斥藝術美的地步，《淮南子》則有所修正，重自然而不廢人工。「自然」作為一種美學思想早已有之，但在先秦兩漢畢竟沒有脫離哲學範疇。自然論被運用於文藝領域，以文藝美學的理論形態出現則肇自魏晉時代，這與玄學的盛行有關已如前述。從現存的資料中，可以找到下列例證。論文，如陸雲《與兄平原書》：「往日論文，先辭而後情，尚絜而不取悅澤。……雲今意視文，乃好清省，欲無以尚，意之至此，乃出自然。」論畫，如顧愷之《魏晉勝流畫贊》：「《小列女》面如恨，刻削為容儀，不盡生氣，又插置丈夫支體，

不以（似）自然。」[1]論書，如衛恒《四體書勢》：「遠而望之，若翔風屬水，清波漪漣；近而察之，有若自然。信黃唐之遺跡，為六藝之範先。」（稱讚古籀文）論樂，如《世說新語》〈識鑒〉注引《別嘉傳》載：「（桓溫）又問：『葉伎，絲不如竹，竹不如肉，何也？』（孟嘉）答曰：『漸近自然。』」雖然只是片言隻語，但用是否合於自然或近似自然作為文藝創作的審美標準，於是已露端倪。此外，值得詳細考察的一篇文獻是阮籍的《樂論》。從通篇看，此文不過是儒家禮樂思想的重新闡發，並無多少創見，但令人注意的是阮籍在傳統的禮樂論中融入了道家的自然論。《樂論》開頭便說：「夫樂者，天地之體、萬物之性也。合其體，得其性，則和；離其體，失其性，則乖。昔者聖人之作樂也，將以順天地之體，成萬物之性也。」他認為，樂的本質是天地萬物自然之性的表現，聖人作樂是本於自然的。荀子論樂原有「象天法地」之說：「其清明象天，其廣大象地，其俯仰周旋有似於四時。」（《荀子》〈樂論〉）但阮籍的說法並非只是承襲荀子，就音樂的本體立論，顯然吸收了道家的觀念。他接著說：「乾坤易簡，故雅樂不煩；道德平淡，故五聲無味。不煩則陰陽自通，無味則百物自樂，日遷善成化而不自知，風俗移易而同於是樂。此自然之道，樂之所始也。」「乾坤易簡」源於《易傳》[2]，「道德平淡」出自老氏[3]，「風俗移易」本於《孝經》[4]，又歸結為「自然之道」，其會通儒道，調和名教和自然的意旨也是非常明顯的。阮籍把自然解釋為「平淡」「無味」，與儒家的審美理想「平和」相通，因而讚賞樸素簡單的「雅樂」（即古老的廟堂音樂），而排

---

1　據俞劍華《中國畫論類編》。

2　《周易》〈繫辭上〉：「乾以易知，坤以簡能。」

3　《老子》〈三十五章）〉：「道之出口，淡乎其無味。」

4　《孝經》〈廣要道〉：「移風易俗莫善於樂。」

抑「各歌其所好，各詠其所為，歌之者流涕，聞之者歎息，背而去之，無不慷慨；懷永日之娛，抱長夜之歡，相聚而合之，群而習之，靡靡無已」（《樂論》）的地方音樂。從阮籍的描述可以想見，這些地方音樂是新興的民間音樂，富於情感色彩，具有激動人心的震撼力量，為群眾所喜愛，以至會如癡如醉地沉浸於其中，但阮籍卻認為這種音樂的廣泛傳播將危及封建名教秩序。他所說的「八音有本體，五聲有自然」，便是要維護雅樂，摒棄淫聲，《樂論》的中心是宣揚儒家的正樂思想。由此可見，阮籍的音樂理論是相當保守的，充分顯示了他崇奉禮教的一面。但《樂論》在中國美學史上仍有不可忽視的歷史價值，因為它是將道家自然論引入文藝領域的發端，而且開了文藝美學中儒道融合的先河。

如果說文藝自然論在魏晉時期僅僅是開始，那麼到了南北朝時期則已有長足的躍進。在文學理論中，鍾嶸作《詩品》便標榜「自然英旨」（《詩品序》），本於崇尚自然的美學要求，他反對堆砌典故和拘忌聲病，而提倡「即目」、「直尋」，自然調諧。《詩品》中記載了這樣一段故事：「湯惠休曰：『謝（靈運）詩如芙蓉出水，顏（延之）如錯采鏤金。』顏終身病之。」（卷中《宋光祿大夫顏延之》）在《南史》〈顏延之傳〉中也有類似的記載，但略有出入：「延之嘗問鮑照己與靈運優劣，照曰：『謝五言如初發芙蓉，自然可愛；君詩若鋪錦列繡，亦雕繪滿眼。』」「初發芙蓉」和「鋪錦列繡」都是美的，但前者自然，所以高於後者，因而這一評價使顏延之老大不痛快。可見當時已把「自然」視為審美的最高品位。

對文藝自然論的發展貢獻最大的當推劉勰。《文心雕龍》既標舉「自然」，又把「原道」、「徵聖」、「宗經」三位一體的原則列為「文之樞紐」，與玄學中的名教與自然統一論若合符節。開宗明義的〈原道〉

篇中説：「心生而言立，言立而文明，自然之道也。」「自然」上升到文學的本體或本原的高度，顯然接受了道家哲學的影響。但又説：「道沿聖以垂文，聖因文而明道。」「道」外化為「文」（「人文」），要通過聖人的仲介作用。因此「天文」「地文」（自然之文）和「人文」是統一的，自然之道和聖人之道（即儒家之道）也是統一的，聖人之道合乎自然之道，自然之道也由聖人之道來體現。劉勰在標舉「自然」的同時，又極其重視文學的政治教化功能。〈徵聖〉説：「政化貴文」，「事蹟貴文」，「修身貴文」。〈序志〉説：「文章之用，實經典枝條，五禮資之以成，六典因之致用，君臣所以炳煥，軍國所以昭明。」由此可見，《文心雕龍》的指導思想也是會通儒、道，綜合名教與自然為一體的，但已不像阮籍《樂論》那樣簡單生硬，而是滲透到全部理論中去了。

劉勰之揭櫫「自然」並不只是哲學的抽象推演，而是針砭時弊的有的放矢之論。紀昀對《文心雕龍》〈原道〉中有一段評語：「齊梁文藻，日競雕華，標自然以為宗，是彥和喫緊為人處。」這是符合實際的。劉勰的可貴之處，在於他覺察到齊梁文壇過於追求華美，釀成輕靡浮豔之風，將文學引上形式主義的歧途，他的救治之策，主要是兩條，一是提倡「宗經」，即以儒家經典為文章典範，恢復文質並重的傳統，另一就是崇尚自然。相對地説，後者在劉勰的文論中佔有更重要的地位，「自然」是貫串《文心雕龍》全書的基本精神。以「自然」來矯正文風，與鍾嶸是一致的。但劉勰的文藝自然論，內容之全面豐富是鍾嶸所不能企及的。

劉勰首先是從哲學本體論的意義上講自然的，自然也就是客觀的必然性。「夫玄黃色雜，方圓體分：日月疊璧，以垂麗天之象；山川煥綺，以鋪理地之形。此蓋道之文也。」（《文心雕龍》〈原道〉，下引《文

心雕龍》只注篇名）文是道的外化，因此文的產生是自然的，必然的。在人類還未出現以前，道便外化為天地之文。自然界的一切，包括有生命的和無生命的都是有「文」的，有形則為形文，有聲則為聲文，這些都是自然而然形成的：「旁及萬品，動植皆文：龍鳳以藻繪呈瑞，虎豹以炳蔚凝姿；雲霞雕色，有逾畫工之妙；草木賁華，無待錦匠之奇。夫豈外飾，蓋自然耳。至於林籟結響，調如竽瑟；泉石激韻，和若球鍠。故形立則章成矣，聲發則文生矣。」（〈原道〉）既然天地萬物都有文，那麼作為「五行之秀」、「天地之心」的人也不可能沒有文：「夫以無識之物，鬱然有彩，有心之器，其無文歟？」（〈原道〉）劉勰從宇宙的整體性論證了道外化為「人文」的必然性，「人文」和「天文」、「地文」一樣都是自然而然形成的。這樣，他就以玄論的方式為文藝自然論確立了哲學基礎。《文心雕龍》中的自然論涉及文學創作的多方面的問題。他論詩歌的發生，說：「人稟七情，應物斯感，感物吟志，莫非自然。」（〈明詩〉）其說本於儒家傳統文論。〈樂記〉中說：「凡音之起，由人心生也。人心之動，物使之然也。感於物而動，故形於聲。……」〈詩大序〉中說：「詩者，志之所之也。在心為志，發言為詩。情動於中而形於言……」而劉勰則進而揭示，「感物吟志」這一過程是發於自然的。因而他推重詩人之「為情而造文」，鄙薄辭人之「為文而造情」，「言與志反，文豈足征？」（〈情采〉）虛情假意是違背自然的。他論文章的體式風格，說：「因情立體，即體成勢」；「如機發矢直，澗曲湍回，自然之趣也」；「譬激水不漪，槁木無陰，自然之勢也」（〈定勢〉）。不同的內容自然而然決定了不同的體式風格。因此，應該「因利騁節」，不要「枉轡學步」，如果片面追求新奇，以至「失體成怪」，那也是違背自然的。他論創作構思，不贊成苦思力索，雕章琢句，以為「秉心養術，無務苦慮，含章司契，不必勞情」（〈神思〉），

只要掌握了規律，自然可以寫出好作品來。他還指出，佳篇秀句，「並思合而自逢，非研慮之所求也」，「故自然會妙，譬卉木之耀英華；潤色取美，譬繪帛之染朱綠。朱綠染繪，深而繁鮮；英華曜樹，淺而煒燁」。（〈隱秀〉）雕潤之巧遜於自然之妙。「四序紛回，而人興貴閑」（〈物色〉），紀昀作了這樣的評釋：「凡流傳佳句，都是有意無意之中，偶然得一二語，都無累牘連篇苦心力造之事。」感興得之有意無意之間，是自然的觸發。關於聲律和用典，他不像鍾嶸那樣籠統地加以排斥，但認為應該本於自然：「夫音律所始，本於人聲者也。聲含宮商，肇自血氣，先王因之，以制樂歌。故知器寫人聲，聲非學器者也。」（〈聲律〉）聲律是以自然的人聲為依據的。「用舊合機，不啻自其口出」；「用人若己，古來無懵」（〈事類〉）。運用典故要如出己口那麼自然。甚至人工造作痕跡最明顯的對偶，他也找到了自然的範本：「造化賦形，支體必雙，神理為用，事不孤立。夫心生文辭，運裁百慮，高下相須，自然成對。」因此「詩人偶章，大夫聯辭，奇偶適變，不勞經營」（〈麗辭〉）。對仗之工，亦非來自苦心經營。

　　劉勰的自然論，已不限於簡單的審美判斷，而具備了完整的理論形態，而且接觸到文藝創作原理中一些深層次的問題，如創作中的自發性現象。這標誌著文藝自然論已從哲學中脫胎出來而趨於成熟。魏晉南北朝是崇尚形式美的時代，曹丕首倡「詩賦欲麗」，陸機繼稱「詩緣情而綺靡」，「麗」和「綺靡」被視為詩賦的特徵，其後沈約等人以聲律相推轂，講究用典亦蔚然成風，四六對仗、精緻工巧的駢文取代了單行質樸的散文成為通行文體，蕭綱以東宮太子的身份推行纖麗的宮體詩，昭明太子蕭統也以為踵事增華是文學發展的必然趨勢。然而恰恰是彌漫文壇的唯美風尚，激發了文藝自然論的興起，促進了文藝自然論的發展。

## 第二節 唐代：自然論的拓展

　　在唐代，「自然」已成為普遍的審美意識。我們從唐人詩篇可以發現不少頌揚自然、反對雕飾的詩句。如李白在《古風二首》中寫道：「一曲斐然子，雕蟲喪天真。棘刺造沐猴，三年費精神。」他讚美友人的詩是「清水出芙蓉，天然去雕飾」（《經亂離後天恩流夜郎憶舊遊書懷贈韋太守良宰》）。劉禹錫也有詩讚賞詩作的自然天成：「郢人斤斲無痕跡，仙人衣裳棄刀尺。世人方內欲相尋，行盡四維無處覓。」（《翰林白二十二學士見寄詩一百篇，因以答貺》）

　　在文學理論中引人注意的是皎然的自然論，因為他提出了新的見解。以往宣導自然者一般都鄙薄苦思。如齊梁之間的蕭子顯，自述其寫作經驗說：「追尋平生，頗好辭藻，雖在名無成，求心已足。若乃登高目極，臨水送歸，風動春朝，月明秋夜，早雁初鶯，開花落葉，有來斯應，每不能已也。」「每有製作，特寡思功，須其自來，不以力構。」（〈自序〉，見《梁書》〈蕭子顯傳〉）又如唐代的李德裕，作《文箴》云：「文之為物，自然靈氣。惚恍而來，不思而至。杼軸得之，淡而無味。琢刻藻繪，彌不足貴。如彼璞玉，磨礱成器，奢者為之，錯以金翠，美質既雕，良寶斯棄。」（見《文章論》）他們都反對嘔心瀝血、慘澹經營地去做文章，而強調憑藉靈感，不思而得。皎然也注重自然：其《詩式》中列舉「詩有六至」，便有「至麗而自然」。他繼承了鍾嶸的觀點，不贊成拘忌聲病、堆砌典故，在《詩議》中說：「律家之流，拘而多忌，失於自然，吾常所病也。」（《文鏡秘府論》〈論文意〉引）而《詩式》中之「詩有五格」，則把「不用事」列為第一格。然而他並不把「自然」與杼軸之功對立起來。他非常重視「作用」，《詩式》專有〈明作用〉一節，稱：「作者措意，雖有聲律，不妨作用。如壺公

瓢中，自有天地日月，時時拋針擲線，似斷而複續。」「作用」約略相當於今天所說的藝術構思，所謂壺中天地、拋針擲線正是形容作者的匠心構造。他一再講到「作用」：「詩有四深」中有「意度盤礴，由深於作用」。其評「李少卿並《古詩十九首》」說：「其五言周時已見濫觴，及乎成篇，則始于李陵、蘇武二子，天予真性，發言自高，未有作用。《十九首》辭義精炳，婉而成章，始見作用之功，蓋東漢之文體。」蘇、李的詩是不講究「作用」的，但從《十九首》始，五言詩進入成熟階段，「作用之功」就顯現出來了。然而「作用」並不妨礙「自然」，他頌揚其先人謝靈運的為文說：「真於情性，尚於作用，不顧詞彩，而風流自然。」（《詩式》〈文章宗旨〉）那麼「尚於作用」倒是達到「風流自然」的條件之一。因此，他沒有否定苦思，在論及「取境」時還批駁了「不要苦思，苦思則喪自然之質」的說法：「夫不入虎穴，焉得虎子。取境之時，須至難至險，始見奇句。成篇之後，觀其氣貌，有似等閒，不思而得，此高手也。有時意靜神王，佳句縱橫，若不可遏，宛如神助。不然，蓋由先積精思，因神王而得乎？」（《詩式》〈取境〉）他認為，完成的作品毫無斧鑿痕跡，令人看來仿佛「不思而得」，這就是「自然」，而在創作過程中卻要經過苦心構思，至於靈感湧現，也絕非無緣無故地「惚恍而來」，恰恰是「先積精思」的結果。《詩議》中也表達了類似的意思：「或曰：詩不要苦思，苦思則喪于天真。此甚不然。固須繹慮於險中，采奇於象外，狀飛動之句，寫冥奧之思。夫希世之珠，必出驪龍之頷，況通幽含變之文哉？但貴成章以後，有其易貌，若不思而得也。」（《文鏡秘府論》〈論文意〉引）又評論《古詩》和建安詩歌說：「《古詩》以諷興為宗，直而不俗，麗而不朽，格高而詞溫，語近而意遠，情浮於語，偶象則發，不以力制，故皆合於語而生自然。建安三祖、七子，五言始盛，風裁爽朗，莫之與

京，然終傷用氣使才，違於天真，雖忘從容，而露造跡。」（《文鏡秘府論》〈論文意〉）他奉《古詩》為自然的典範，而以為建安詩歌因「用氣使才」，有遜自然，這樣評價未免失之偏頗，但明白地顯示了他的著眼點是在不露造跡。所以《詩式》〈詩有六至〉中便有「至苦而無跡」，自然不在於不假思索，而在於苦思之後成品中不見痕跡。皎然的自然論發前人所未發，可謂蹊徑獨辟，確實道出了創作中的奧秘。

　　唐代文論家中推重自然者還有司空圖，他的《二十四詩品》中就列有「自然」一品：

　　俯拾即是，不取諸鄰。俱道適往，著手成春。如逢花開，如瞻歲新。真與不奪，強得易貧。幽人空山，過雨采蘋。薄言情悟，悠悠天鈞。

　　司空圖筆下的「自然」是一種體道的境界，與大道同體，與造化同功，不須刻意追求，不假一絲人力，如同自然界的歲時轉換，一切都是自然的，又都是美好的。「幽人空山」兩句更渲染出恬淡悠遠的情調。除〈自然〉之外，其他諸品也多涉及自然，如〈雄渾〉：「持之非強，來之無窮」；〈精神〉：「妙造自然，伊誰與裁？」〈實境〉：「遇之自天，泠然希音」。可見，「自然」實滲透於他的美學思想之中。司空圖的自然論與皎然重在概括藝術實踐的經驗不同，是道家式的沉思玄想，從哲學的高度發現詩歌中的自然美。二人在虛和實兩個方面豐富了文藝自然論。

　　頗有意思的是，矜奇尚怪的韓門弟子皇甫湜居然把「自然」與奇怪連繫起來為自己的文學主張辯白，他說：

　　夫意新則異於常，異於常則怪矣；詞高則出於眾，出於眾則奇矣。虎豹之文不得不炳於犬羊，鸞鳳之音不得不鏘於烏鵲，金玉之光不得不炫於瓦石，非有意先之也，乃自然也。（《答李生第一書》）

　　自然界的珍異之物都有不同尋常的聲音狀貌，並非有意追奇逐怪，而是自然形成的。因此，以自然為美和以怪奇為美就完全可以統一了。從皇甫湜的論證中反映出，「自然」作為審美標準的觀念在唐代已是根深蒂固。

　　不僅是文學理論，在繪畫和書法領域，自然論也大大昌盛起來，畫論中標舉「自然」最突出的是張彥遠。他顯然深受道家思想的影響，如說：

　　遍觀眾畫，唯顧生畫古賢得其妙理，對之令人終日不倦。凝神遐想，妙悟自然，物我兩忘，離形去智，身固可使如槁木，心固可使如死灰，不亦臻於妙理哉？所謂畫之道也。（《歷代名畫記》〈論畫體工用搨寫〉）

　　這是說，顧愷之的人物畫能引導觀賞者進入悟道的勝境，即所謂「妙悟自然」，用的全是莊子的語言。可見，繪畫的這種作用，不僅限於山水畫（如宗炳畫山水以「澄懷觀道」），而且也表現於人物畫。顧愷之善畫高人逸士，其《畫雲臺山記》可以為證，此畫雖已失傳，但從記中所述亦能想見畫中人物是可使人「凝神遐想」、「物我兩忘」的。但更引人注意的是，張彥遠率先將「自然」用於藝術作品的品第。他說：

　　夫失於自然而後神，失於神而後妙，失於妙而後精，精之為病也而成謹細。自然者為上品之上，神者為上品之中，妙者為上品之下，精者為中品之上，謹而細者為中品之中。今立此五等，以包六法，以貫眾妙，其間詮量，可有數百等，孰能周盡？（《歷代名畫記》〈論畫體工用搨寫〉）

　　他將畫品分為「自然」、「神」、「妙」、「精」、「謹細」五等，前三等屬上品，後二等屬中品，等而下之，就不再稱名。「自然」列為上品之上，是最高的品位。這在畫品中，張彥遠是開風氣之先的。

　　唐代的書論極其推重自然。如著名的孫過庭《書譜》說：「同自然之妙有，非力運之能成」；「泯規矩於方圓，遁鉤繩之曲直」；「規矩閑于胸襟，自然容與徘徊」。把「自然」視為書法的最高境界。

## 第三節　宋代：以「平淡」為美的自然論

　　到了宋代，「自然」仍然是文壇時尚。如嚴羽《滄浪詩話》〈詩評〉中對比陶、謝高下，認為陶勝於謝，即以其自然：「漢魏古詩，氣象混沌，難以句摘。晉以還方有佳句，如淵明『采菊東籬下，悠然見南山』、謝靈運『池塘生春草』之類。謝所以不及陶者，康樂之詩精工，淵明之詩質而自然耳。」謝靈運的詩雖曾被南朝人譽為「初發芙蓉，自然可愛」，但在宋人看來，終究出於精工，與陶淵明之質樸自然相比，是遠遠弗及的。可見，「自然」是宋代文論家衡量詩文的首要的審美標準。以講究法度著稱、王若虛譏之為「渾然天成，如肺肝中流出者不足也」的黃庭堅也同樣推崇「自然」，如其《與王觀復書》中說：「好作奇語，自是文章病，但當以理為主，理得而辭順，文章自然出群拔

萃。觀杜子美到夔州後詩，韓退之自潮州還朝後文章，皆不煩繩削而
自合矣。」雖然他強調理，與劉勰等人之強調情不同，但其尚自然則
一。而所謂「不煩繩削而自合」，也就是自然地合於法度，因此重自然
與重法度並不矛盾。宋代的理學家則從儒家的傳統觀點「有德者必有
言」出發來論自然。如朱熹以為「這文皆是從道中流出」，因此「大意
主乎學問以明理，則自然發為好文章，詩亦然」（《朱子語類》）。這種
說法當然與文學家的自然論大異其趣。「從道中流出」者未必是好文
章，如自己吹噓「興來如宿構，未始用雕琢」的邵雍就沒有寫出多少
好詩，不過是押韻的經義講章而已。但文學修養很深的朱熹，也還是
提出了一些可取的見解，如其論《國風》的一段話：

> 凡言風者，皆民間歌謠。采詩者得之，而聖人因以為樂，以見風
> 化流行，淪肌浹髓而發於聲氣者如此。其謂之「風」，正以其自然而
> 然，如風之動物而成聲耳。如《關雎》之詩，正是當時之人，被文王
> 太姒德化之深，心膽肺腸，一時換了，自然不覺形於歌詠如此，故當
> 作樂之時，列為篇首，以見一時之盛，為萬世之法，尤是感人妙處。
> 若云周公所作，即《國風》、《雅》、《頌》無一篇是出於民言，只與後
> 世差官撰樂章相似，都無些子自然發見活底意思，亦何以致移風易俗
> 之效耶？（《答潘恭叔》）

《國風》自然而然，發自肺腑，因而感人至深，從這個角度肯定民
間歌謠的可貴是很有見地的，根據歷史資料，我們可以作出大體無誤
的判斷：以自然為審美理想已成為有宋一代絕大多數人的共識，雖然
具有不同思想觀點的人對於自然的實質性理解可能存在不小的差別。

然而尤其值得注意的是宋人把「自然」和「平淡」連繫在一起，

以「平淡」為自然幾乎可以說是兩宋自然論的時代特色。隨便舉個例子，如張表臣的《珊瑚鉤詩話》中說：

> 篇章以含蓄天成為上，破碎雕鎪為下。如楊大年西昆體，非不佳也，而弄斤操斧太甚，所謂七日而混沌死也。以平夷恬淡為上，怪險蹶趨為下。如李長吉錦囊句，非不奇也，而牛鬼蛇神太甚，所謂施諸廊廟則駭矣。

他評詩用兩條標準，一是「自然」，一是「平淡」，因此不僅刻意雕鏤的西昆體應予排斥，就是被杜牧贊為「鯨呿鼇擲，牛鬼蛇神，不足為其虛荒誕幻也」（《李賀集序》）的李賀歌詩亦不宜首肯，這就同以怪奇為自然的皇浦湜的論調針鋒相對了。

「平淡」原是道家自然論的題中應有之義。《老子》說：「道之出口，淡乎其無味」（〈三十五章〉），「為無為，事無事，味無味」（〈六十三章〉）；《莊子》說：「夫恬淡寂寞，虛無無為，此天地之平而道德之質也。」（〈刻意〉）確是把「淡」作為道本體的品格。以至魏代的劉卲也承襲了這種思想，把儒家提倡的「中和」解為「平淡無味」：「凡人之品質，中和最貴矣。中和之質，必平淡無味，故能調成五材，變化應節。」（《人物志》〈九徵〉）但這是對人物才性的政治倫理評價，不是審美評價。在文藝評論中，終魏晉南北朝之世從未以「平淡」為美。如鍾嶸《詩品序》評玄言詩為「理過其辭，淡乎寡味」，是把淡而無味看作玄言詩的致命弱點。劉勰《文心雕龍》〈時序〉稱：「簡文勃興，淵乎清峻，微言精理，函滿玄席，淡思濃采，時灑文囿。」「淡思」是指玄理，但文辭仍須以「濃采」出之。相反地，自曹丕提出「詩賦欲麗」之後，「麗」已成為詩學所公認的審美標準。劉勰以「自然」來

矯正浮豔文風，但並不否定「麗」，恰恰稱頌「聖文雅麗」。鍾嶸評詩極重文秀詞麗，故列「舉體華美」之陸機於上品，而抑平淡質直的陶潛於中品。至唐代皎然，則要求「至麗而自然」（《詩式》〈詩有六至〉）又舉「詩有七德（一作得）」，其三為「典麗」（《詩式》〈詩有七德〉），並說：「雖欲廢言尚意，而典麗不得遺」（《詩式》〈詩有二廢〉）。至於「淡」，《詩式》僅有一處提及，「詩有六迷」中有「以緩慢而為澹濘」（一本作「以緩漫而為沖淡」）；而在《評論》中批評「頃作古詩者」，「意熟語舊，但見詩皮，淡而無味」（《文鏡秘府論》〈論文意〉引）。可見，皎然也沒有標舉「淡」，甚至不欣賞「淡」。然而，晚唐司空圖作《詩品》，顯然已注意到「淡」的審美意義，不僅列有「沖淡」一品，而且多處提到「淡」，如「綺麗」：「濃盡必枯，淡者屢深」；「清奇」：「神出古異，澹不可收」；「典雅」：「落花無言，人淡如菊」。在「綺麗」「典雅」二品中也涉及「淡」，更值得思考，因為「雅」「麗」通常被認作「淡」的反面。看來司空圖已奏響了宋人尚「淡」的先聲。

宋代平淡美的首倡者是梅堯臣（聖俞），他把「平淡」作為自己所努力追求的美學風格：「作詩無古今，唯造平淡難。」（《讀邵不疑學士詩》）「平淡」的詩境是很難達到的。歐陽修《六一詩話》中曾說：「聖俞平生苦於吟詠，以閑遠古淡為意，故其構思極難。」梅堯臣還在《依韻和晏相公》中說：「因吟適情性，稍欲到平淡。苦辭未圓熟，刺口劇菱芡。」可知「平淡」是要經過艱苦的磨煉才能進入的圓熟自然的境界。他心目中「平淡」的典範有二人，一是陶淵明：

詩本道性情，不須大厥聲。方聞理平淡，昏曉在淵明。（《答中道小疾見寄》）

一是林逋（和靖）：

其順物玩情為之詩，則平淡邃美，讀之令人忘百事也。其辭主乎靜正，不主乎刺譏，然後知趣尚博遠，寄適於詩爾。（《林和靖先生詩集序》）

梅堯臣所讚賞的「平淡」是一種內蘊深沉的美，他用橄欖作比：「歐陽最知我，初時且尚窒。比之為橄欖，回甘始稱逆。」（《答宣闐司理》）「平淡」不是淡而無味，而是一種深遠雋永的「味」，如宋人黃徹《碧溪詩話》中說的「淡泊中味」：

（韓）愈《寄孟刑部聯句》云：「美君知道腴，逸步謝天械。」或問：「道果有味乎？」余曰：「如介甫『午雞聲不到禪林，柏子煙中靜擁衾』，『竹雞呼我出華胥，起滅篝燈擁燎爐』，『各據槁梧同不寐，偶然聞雨落階除』，皆淡泊中味，非造此境，不能形容也。」

黃徹把「淡泊中味」說成「道腴」或道味，未必與梅堯臣的想法完全一致，但以為「淡泊中味」來自恬淡自然的意境，是同梅的審美情趣比較接近的。

蘇軾繼梅堯臣之後，把「平淡」的美學內涵闡發得更加透闢。其主要觀點有二：一是「絢爛歸於平淡」：

大凡為文當使氣象崢嶸，五色絢爛，漸老漸熟，乃造平淡。（周紫芝《竹坡詩話》引）

　　這是說，「平淡」並不是平庸蒼白，而是經過了絢爛多彩而達到的純熟的表現。這很符合《莊子》中所說的「雕琢復樸」（〈應帝王〉）或「既雕既琢，復歸於樸」（〈山木〉）。蘇軾在論書法時也表達了同樣的看法：

　　永禪師書骨氣深穩，體兼眾妙，精能之至，反造疏淡，如觀陶鼓澤詩，初若散緩不收，反覆不已，乃識其奇趣。（《書唐氏六家書後》）

　　後人對此也有一些發揮，如宋葛立方《韻語陽秋》卷一中說：

　　陶潛、謝朓詩皆平淡有思致，非後來詩人怵心劌目雕琢者所為也。……大抵欲造平淡，當自組麗中來，落其華芬，然後可造平淡之境，如此則陶、謝不足進矣。今之人多出拙易語，而自以為平淡，識者未嘗不絕倒也。……平淡而到天然處，則善矣。

　　辨明了平淡既非雕琢，也不是拙易；有意追求平淡，誤以拙易為平淡，只能製造出粗劣的作品，落為笑柄。從絢爛到平淡，是自然而然的，「平淡而到天然處」才是可貴的。這是就一個作家藝術功力的發展成長來講的，「平淡」是極高的境界，「絢爛」或「組麗」是必經的階段。

　　另一個觀點是「外枯而中膏，似淡而實美」：

　　所貴乎枯淡者，謂其外枯而中膏，似淡而實美，淵明、子厚之流是也。若中邊皆枯淡，亦何足道！（《評韓柳詩》）

　　類似的意思也見於其他文章中，如《和陶詩序》稱陶淵明詩「質而實綺，臞而實腴」，《書黃子思詩集後》稱韋應物、柳宗元「發纖穠於簡古，寄至味於淡泊」。這是説，所要求的「平淡」（或曰「枯淡」「疏淡」）不是單純的平淡，而是綜合了豐腴、綺麗的平淡，所以是一種內蘊深厚的美。如果是「中邊皆枯淡」，那就不足稱道了。對此後人也有所闡釋，如宋吳可《藏海詩話》中説：

　　凡裝點者好在外，初讀之似好，再三讀之則無味。要當以意為主，輔之以華麗，則中邊皆甜也。裝點者外腴而中枯故也，或曰「秀而不實」。晚唐詩失之太巧，只務外華，而氣弱格卑，流為詞體耳。又子由（應為「子瞻」）敘陶詩「外枯中膏，質而實綺，臞而實腴」，乃是敘意在內者也。

　　凡文章先華麗而後平淡，如四時之序，方春則華麗，夏則茂實，秋冬則收斂，若外枯而中膏者是也，蓋華麗茂實已在其中矣。

　　他突出強調了詩文中的「意」（即思想），以為所謂「中膏」即指內含的深意，這表現了宋人「重意」的流行見識，未必合乎蘇軾的原意，但其餘的解釋是能得蘇説之精神的。「中邊皆枯」和「外腴中枯」都不是優秀的作品，「中邊皆甜」也沒有達到理想的境界，而「外枯而中膏」才是臻於爐火純青的藝術。從平淡到絢爛，再到平淡，是正、反、合的辯證運動，最後的平淡超越了華美，又包孕了華美，猶如秋收冬藏是春華夏茂的歸宿，形若平淡，而華麗茂實已在其中。把「平淡」看作是美的高層次的綜合，是非常深刻的見解。

　　「平淡」既為兩宋的一代風尚，提倡者就不僅是梅、蘇二家，如江西詩派的開創者黃庭堅也主張「平淡」。他的《與王觀復書》三首，其

二云：

　　所寄詩多佳句，猶恨雕琢功多耳。但熟觀杜子美到夔州後古律詩，便得句法簡易，而大巧出焉。平淡而山高水深，似欲不可企及。文章成就，更無斧鑿痕，乃為佳作耳。

　　又見宋王正德《余師錄》卷二載：

　　黃魯直《與洪駒父書》云：「學詩功夫，以多讀書貫穿，自當造平淡。可勤讀董、賈、劉向諸文字。學作論議文字，更取蘇明允文字讀之。古文要氣質渾厚，勿太雕琢。」

　　這兩段話，一論詩，一論文，都要求「平淡」。他以多讀前人作品為造「平淡」的途徑，與蘇軾的論調不大相合。但他把杜詩的「平淡而山高水深」視為不可企及，那麼他意識中的「平淡」也是平與不平的高層次的綜合。

　　還需提及的是，宋代的理學家也欣賞「平淡」。如朱熹反覆申述文章要寫得平易：

　　古人文章，大率只是平說而意自長。後人文章，務意多而酸澀。如《離騷》，初無奇字，只憑地說將去，自是好。後來如魯直，憑地著力做，卻自是不好。（《朱子語類》卷一三九）

　　歐公文章及三蘇文好，說只是平易說道理，初不曾使差異底字換卻那尋常底字。（《朱子語類》卷一三九）

詩須是平易，不費力，句法混成。（《朱子語類》卷一四〇）

他又讚揚所謂「無聲色臭味」，那就是「淡」：

韋蘇州詩高於王維、孟浩然諸人，以其無聲色臭味也。（《朱子語類》卷一四〇）

此道之傳，無聲色臭味之可娛，非若侈麗閎衍之辭，縱橫捭闔之論，有以眩世俗之耳而蠱其心。（《答程允夫》）

但他論「平淡」卻不是道家本體論的路子，而是基於儒家的心性修養之學，從下面這段話中可以看出：

作詩間以數句適懷亦不妨。但不用多作，蓋便是陷溺爾。當其不應事時，平淡自攝，豈不勝如思量詩句？至如真味發溢，又卻與尋常好吟者不同。（《朱子語類》卷一四〇）

朱熹不主張用詩來宣洩情感，偶爾為之是可以的，但多作便是陷溺，因此平居無事，應以「平淡自攝」，即抑制自己的情欲以保持平靜淡泊的心態，而等到人格淨化以後，「真味發溢」，不得已而發為詩歌，才能寫出真正的好詩。「平淡」作為一種人格理想是與理學之「滅人欲」的宗旨相合的。我們不妨參照周敦頤的樂論：

樂聲淡而不傷，和而不淫。入其耳，感其心，莫不淡且和焉。淡則欲心平，和則躁心釋。優柔平中，德之盛也。（《周子通書》）

可見，理學家之尚平淡是同儒家的「中和」之教一脈相承的。音樂的風格是「淡」的，那麼它的教化作用就能使人的「欲心」得以平息。「平淡」是「中和之質」的表現，劉邵已發明之，理學家也正是於此立論，以闡揚儒教。

## 第四節　明代：叛逆型的自然論

如果說，在宋代「自然」成為不同的美學思想之間的會通點，以平淡為自然成為共同的審美意識，以至掩蓋了各種觀點的矛盾的實質，那麼到了明代卻出現了迥然相異的態勢。在明中葉以後萌發並擴展為軒然大波的文學解放思潮中，「自然」是衝破道學藩籬的銳利武器。我們選取李贄的自然論作為典型加以剖析。

李贄是明代解放思潮的先鋒人物，他的自然論具有鮮明的挑戰性和叛逆色彩，他亮出的一面旗幟就是「以自然之為美」，「自然」是他的美學思想的核心。

李贄為人處世首重真誠，他畢生最厭惡、最鄙棄的就是假仁假義、假道學、假清高，他以鋒利的筆觸罵盡世間的巧偽人。他愛恨分明，絲毫不隱蔽自己的態度，也從來不怕得罪人。他認為，道德修養應發自內心，不事外求，念佛修行，也要任性自然，緣自真率。李贄的文藝自然論也突出了「真」的內涵。在道家哲學中「貴真」原是與「自然」密切相連的，「自然」就是真實，即保持事物的本來面目，不加作偽。莊子提出了「貴真」論；老子雖然沒有明言貴真，但他歌頌了「赤子」的品格。李贄倡「童心」說顯然受到老、莊的影響。他說：

夫童心者，真心也。若以童心為不可，是以真心為不可也。夫童

心者，絕假純真，最初一念之本心也。若失卻童心，便失卻真心；失卻真心，便失卻真人。人而非真，全不復有初矣。(《童心說》)

所謂「童心」，就是絕假純真之心，是沒有被「道理聞見」所污染的純潔的本心。由於李贄還吸收了陽明心學和禪宗佛學的思想，他所說的「童心」較之老、莊所說的赤子之心具有更豐富的內涵，但真誠仍然是其基本的含義。李贄於闡明何謂「童心」之後，便從哲學轉到文藝：

天下之至文，未有不出於童心焉者也。苟童心常存，則道理不行，聞見不立，無時不文，無人不文，無一樣創制體格文字而非文者。詩何必古《選》，文何必先秦？降而為六朝，變而為近體，又變而為傳奇，變而為院本，為雜劇，為《西廂曲》，為《水滸傳》，為今之舉子業，皆古今至文，不可得而時勢先後論也。故吾因是而有感于童心者之自文也，更說什麼《六經》，更說什麼《語》《孟》乎？(《童心說》)

李贄極其推崇「童心」，就因為「童心」是不會弄虛作假的，而「真」是一切文藝創作的靈魂。「天下之至文，未有不出於童心焉者也」，從精神實質上講，這一論斷是千古不磨的定律。「以假言與假人言，則假人喜；以假事與假人道，則假人喜；以假文與假人談，則假人喜：無所不假，則無所不喜。滿場是假，矮人何辯也？」(《童心說》)在這充斥了瞞和騙的世界裡，虛假的風氣也彌漫於文壇藝苑，對此李贄是深惡痛絕的，因而發為「童心」說便有著極強的現實針對性。在李贄的人生哲學中真誠是「自然」的第一要義，在他的文藝自然論

中「童心」説也是最重要的組成部分。

李贄強調真誠自然，便反對窮工極巧，刻意雕琢，他説：

> 追風逐電之足，絕不在於牝牡驪黃之間；聲應氣求之夫，絕不在
> 於尋行數墨之士；風行水上之文，絕不在於一字一句之奇。若夫結構
> 之密，偶對之切，依於理道，合乎法度，首尾相應，虛實相生，種種
> 禪病，皆所以語文，而皆不可以語於天下之至文也。（《雜説》）

潛心於精攻細磨，講求文理文法，即便工巧之極，也創造不出偉
大的作品。那麼，「天下之至文」是如何產生的呢？他的見解是：

> 且夫世之真能文者，比其初皆非有意於為文也。其胸中有如許無
> 狀可怪之事，其喉間有如許欲吐而不敢吐之物，其口頭又時時有許多
> 欲語而莫可所以告語之處，蓄極積久，勢不能遏。一旦見景生情，觸
> 目興歎，奪他人之酒杯，澆自己之塊壘，訴心中之不平，感數奇於千
> 載。……（《雜説》）

文藝創作應該先有情感的積聚，到了不可遏制的程度，此時遇到
外物的激發，驟然噴湧而出，便釋放出巨大的能量。這樣發為文章，
才是「天下之至文」。李贄這段話充分説明了文藝創作的原理機制，是
自然感發，而不是人為造作。他讚譽《拜月》、《西廂》是「化工」，而
《琵琶》不過是「畫工」。「化工」如「造化無工」，也就是「自然」。

以上這些論點，前人也有所闡發，因此對李贄的文藝自然論的評
價更應注目於其時代的特色。

首先，要看到李贄的自然論是反禮教、反道學的。李贄雖然也批

判了前後「七子」的復古主義，但矛頭所指主要是對準了禮教、道學。《莊子》中已指出，儒家宣導的「禮」是與「自然」相對立的。漢代儒學定於一尊，「禮」被抬到至高無上的地位。魏晉時代，玄學的主流派持名教與自然統一論，消弭了名教與自然的矛盾。及至宋明理學興起，將儒家的三綱五常上升到「天理」的高度，禮教與自然更成了合二而一的了。因此，禮教的衛護者也可以高談「自然」。在文論中，《詩大序》所提出的「發乎情，止乎禮義」也被奉為不可動搖的金科玉律。而李贄發現束縛文藝的最大障礙正是禮義，於是他在《讀律膚說》一文中寫下了這段有名的議論：

　　蓋聲色之來，發於情性，由乎自然，是可以牽合矯強而致乎？故自然發於情性，則自然止乎禮義，非情性之外復有禮義可止也。惟矯強乃失之，故以自然之為美耳。又非於情性之外複有所謂自然而然也。

　　「自然發於情性，則自然止乎禮義，非情性之外複有禮義可止也。」其實質就是對「發乎情，止乎禮義」的否定。他在《四勿說》中借為「非禮勿視，非禮勿聽，非禮勿言，非禮勿動」作注解，辨析了「禮」與「非禮」的區別：「蓋由中而出者謂之禮，從外而入者謂之非禮；從天降者謂之禮，從人得者謂之非禮；由不學、不慮、不思、不勉、不識、不知而至者謂之禮，由耳目聞見、心思測度、前言往行、仿佛比擬而至者謂之非禮。」這樣來劃分「禮」與「非禮」的界限正好同儒家的思路相顛倒。儒家的「禮」恰恰是外加的、人為的、違逆自然的；如果肯定了「由中而出」、「從天而降」亦即源於自然者是「禮」，那就等於取消了儒家之「禮」。因此，道學家以「禮」為自然，李贄則以自然為「禮」，二者是針鋒相對的。李贄反禮教的鋒芒甚至直

指聖人的經典，把《六經》、《語》、《孟》說成是「道學之口實，假人之淵藪」（《童心說》），這種非聖無法的言論當然為統治者所不容。

其次，李贄的自然論是對「平淡中和」美學思想的突破。前文已述，在兩宋，以「平淡」為美蔚為一代風尚。應該承認，平淡美的發現和探索在中國古典美學發展過程中是有積極意義的。然而一味鼓吹「平淡」，又會排斥其他類型的風格。如一些感情濃烈的作品往往被貶為叫囂怒張而受到輕視。李贄的自然論一舉打破了尚「平淡」的美學觀。他在《雜說》一文中描述了作者在強烈的創作衝動爆發時的心態是：

> 既已噴玉唾珠，昭回雲漢，為章於天矣，遂亦自負，發狂大叫，流涕慟哭，不能自止。甯使見者聞者切齒咬牙，欲殺欲割，而終不忍藏於名山，投之水火。

袁中道的《李溫陵傳》中記敘了李贄創作的情狀：「其為文不阡不陌，攄其胸中之獨見，精光凜凜，不可迫視。詩不多作，大有神境，亦喜作書，每研墨伸楮，則解衣大叫，作兔起鶻落之狀。」這就不是平淡，而是感情外露，幾近癲狂了。在李贄之後，徐渭、湯顯祖等人都有一些反平淡的議論，宋代以來延續的以「平淡」為美的風氣為之一變。「平淡」與「自然」並不等同，崇尚自然不必非崇尚平淡不可。李贄在《讀律膚說》中說得好：

> 性格清澈者音調自然宣暢，性格舒徐者音調自然疏緩，曠達者自然浩蕩，雄邁者自然壯烈，沉鬱者自然悲酸，古怪者自然奇絕。有是格，便有是調，皆情性自然之謂也。莫不有情，莫不有性，而可以一

律求之哉！然則所謂自然者，非有意為自然而遂以為自然也。若有意為自然，則與矯強何異？故自然之道，未易言也。

既然崇尚自然，就應該容許各種不同的風格。因為人的情性是不同的，自然發於情性就會自然形成多樣的格調。有意去追求自然，就不是自然，那麼有意去追求平淡，也必定背離自然。

第三，李贄的自然論突出了情性自然。雖然劉勰《文心雕龍》〈明詩〉早就說過「人稟七情，應物斯感，感物吟志，莫非自然」，但並未由此展開論述。歷代文論家之昌言自然，多著眼於審美標準和藝術思維的探討，如以自然為上品，或以創作時無意得之為自然，或以成篇後有似等閒為自然，等等。而李贄則從自然發於情性的角度來論述自然之道，可以說是抓住了更本質的東西，深化了以往的文藝自然論。李贄在《雜說》和《讀律膚說》中都論及了情性自然，此外在《忠義水滸傳序》中也說：

太史公曰：「《說難》《孤憤》，賢聖發憤之所作也。」由此觀之，古之賢聖，不憤則不作矣。不憤而作，譬如不寒而顫，不病而呻吟也，雖作何觀乎？

這是說，文藝創作必須有真情實感為內在的驅動力。如果為文造情，作無病呻吟，那就不是真實的，也不是自然的。他還說：「言出至情，自然刺心，自然動人，自然令人痛哭。」（《讀若無母寄書》）他在《讀史》〈琴賦〉中有一段論琴的文字，也講到了情感的作用：

《白虎通》曰：「琴者禁也，禁人邪惡，歸於正道，故謂之琴。」

> 余謂琴者心也，琴者吟也，所以吟其心也。人知口之吟，不知手之吟；
> 知口之有聲，而不知手亦有聲也。

　　他不同意《白虎通》給琴下的定義，把音樂看作是約束人的手段，
而說「琴者心也」，這裡所說的「心」實際上也是指的主體情感。琴同
詩一樣，是用以抒發情感的，所以說「琴者吟也」。他對「絲不如竹，
竹不如肉」的說法也表示異議：

> 　　同一琴也，以之彈於袁孝尼之前，聲何誇也？以之彈於臨絕之
> 際，聲何慘也？琴自一耳，心固殊也。心殊則手殊，手殊則聲殊，何
> 莫非自然者，而謂手不能二聲可乎？而謂彼聲自然，此聲不出於自然
> 可乎？故蔡邕聞弦而知殺心，鐘子聽弦而知流水，師曠聽弦而識南風
> 之不競，蓋自然之道，得心應手，其妙固若此也。

　　彈琴與吟詩詠歌同樣是出於情性之自然，並無遠近之別；手和口
同樣可以表達情感，也無高低之異。這就說明了情感是構成文藝所不
可缺少的要素。這樣李贄的自然論就與湯顯祖等人的主情說相銜接；
明中葉以後盛行的主情說也起了沖決禮教羅網的作用。
　　上述三個方面是相互聯結、不可分割的。既重情性自然，就要破
除禮教、道學的牢籠，也要反對平淡美的一律化傾向。「情性自然」是
李贄自然論的基本出發點。作為明代文學解放思潮的主要代表，李贄
把文藝自然論大大推進了一步。
　　繼武李贄的有袁宏道。袁宏道是公安派的首席，他的自然論已減
殺了鬥爭的銳氣，但仍有離經叛道的傾向。他也以「貴真」為宗旨，
主張寫詩要「情真而語直」（《陶孝若枕中囈引》），認為文人學士所作

的虛假藻飾的詩文不會傳世，能流傳久遠的也許倒是「閭閻婦人孺子所唱《擘破玉》《打草竿》之類」，因為這些小曲「猶是無聞無識真人所作，故多真聲。不效顰於漢魏，不學步於盛唐，任性而發，尚能通於人之喜怒哀樂嗜好情欲，是可喜也！」（《敘小修詩》）這種論調與李贄很相似。他的創造是從「真」字中又化出一個「韻」字和一個「趣」字。其述「韻」曰：

> 山有色，嵐是也；水有文，波是也；學道有致，韻是也。山無嵐則枯，水無波則腐，學道無韻則老學究而已。……大都士之有韻者，理必入微，而理又不可以得韻。故叫跳反擲者，稚子之韻也；嬉笑怒罵者，醉人之韻也。醉者無心，稚子亦無心，無心故理無所托，而自然之韻出焉。由斯以觀，理者是非之窟宅，而韻者大解脫之場也。（〈壽存齋張公七十序〉）

其述「趣」曰：

> 世人所難得者惟趣，趣如山上之色、水中之味、花中之光、女中之態，雖善說者不能下一語，惟會心者知之。……夫趣得之自然者深，得之學問者淺。當其為童子也，不知有趣，然無往而非趣也。面無端容，目無定睛，口喃喃而欲語，足跳躍而不定，人生之至樂，真無逾於此時者。孟子所謂「不失赤子」，老子所謂「能嬰兒」，蓋指此也。趣之正等正覺，最上乘也。山林之人，無拘無縛，得自在度日，故雖不求趣，而趣近之。愚不肖之近趣也，以無品也，品愈卑故所求愈下，或為酒肉，或為聲伎，率心而行，無所忌憚，自以為絕望於世，故舉世非笑之，不顧也，此又一趣也。迨夫年漸長，官漸高，品

漸大，有身如梏，有肉如棘，毛孔骨節，俱為聞見知識所縛，入理愈深，然其去趣愈遠矣。（《敘陳正甫會心集》）

　　袁宏道這兩篇文章都是在論人，但人格理想和審美理想是相通的，因此也都表現了他的美學思想。所謂「韻」，所謂「趣」，究其底蘊，就是「真」，就是「自然」。「韻」和「趣」作為審美範疇沿襲已久，論者各有不同的理解，而袁宏道的界定則突出了其「真」和「自然」的內涵。他論「韻」，揄揚「稚子之韻」、「醉人之韻」為「自然之韻」；論「趣」，則推尊「童子」之趣為「正等正覺」「最上乘」。「稚子」、「童子」本於道家所說的「赤子」、「嬰兒」；醉者之喻也脫胎於《莊子》。《莊子》中說：「醉者之墜車，雖疾而不死，骨節與人同，而犯害與人異，其神全也。乘亦不知也，墜亦不知也，死生驚懼不入乎其胸中，是故逆物而不慴。」（〈達生〉）醉者墜車，雖疾不死，雖然缺乏科學的根據，但莊子通過這個寓言是要說明「全神」的作用，「全神」是指「神」沒有受到「死生驚懼」諸種雜念的干擾，也就是「真」，就是「自然」。在這一點上，醉漢與嬰兒有相同之處。袁宏道則揭示出其關鍵在於「無心」：「無心故理無所托，而自然之韻出焉」。「理」是「韻」的對立物，理對人的身心是一種束縛，陷入「理窟」或「理障」，人就失掉了自由，也敗壞了「自然之韻」。士人讀書明理，反倒不如「稚子」、「醉人」之有韻。同樣，「理」和「趣」也是不相容的。年紀愈長，官位愈高，「入理愈深」，與「趣」離得愈遠，反倒不如「山林之人」乃至「愚不肖」之近趣。可見，袁宏道的論「韻」、論「趣」，都要求打破「理」的禁錮，這同湯顯祖的以情反理、以情破理是一致的。自程朱理學把「理」奉為宇宙之本體，而宣導「存天理，滅人欲」，「理」便日益成為人的桎梏，因此明代文學解放思潮把「理」作為首要的打擊目標，因

為只有掙脫「理」的枷鎖，人才能恢復「自然」。但袁宏道申明，他所反對的是「俗儒」、「腐濫纖齬之儒」，而不是「孔門之儒」。他說：「顏之樂、點之歌，聖門之所謂真儒也。」「顏之樂」是指顏淵「一簞食，一瓢飲，在陋巷，人不堪其憂，回也不改其樂」（《論語》〈雍也〉）。「點之歌」是指曾點言志：「莫（暮）春者，春服既成，冠者五六人，童子六七人，浴乎沂，風乎舞雩，詠而歸。」（《論語》〈先進〉）「顏之樂」「點之歌」都表現了超脫的、審美的人生態度，這樣的儒者同「韻」和「趣」是完全協調的。袁宏道注意把孔孟的原始儒學與後來統治思想界的理學區別開來，指出俗儒把「高明玄曠清虛澹遠者，一切皆歸之二氏（指道、釋）」，是對儒學的曲解。雖然他從顏淵、曾點那裡找到了儒、道的會通點，其實「高明玄曠清虛澹遠」主要屬於道家的精神，他不過回避了與儒家聖人的正面對峙。從實質上看，袁宏道的自然論仍是帶有反正統的叛逆色彩的。

## 第五節　清至近代：自然論的總結

中國古典美學發展到清代又出現了向正統復歸的趨勢，傳統文論走完了歷史的大循環，進入了終結階段。從總的面貌看，片面的偏激之辭少了，新穎的獨創之見也少了，一些大家的理論大都是在前人的基礎上作更完整的總結和概括。文藝自然論的演進同樣表現出這一特點。其中比較精闢的、超出同代人水準之上的是王夫之和葉燮的自然論。

王夫之不再像李贄那樣以「自然」作為反禮教、反道學的理論根據，而是致力於藝術思維和創作規律的探討。他是哲學家，也是文學家，他的自然論以其全面的、辯證的分析而鞭辟入裡，又以其超卓

的、高明的藝術感受和體驗而深得三昧。以下介紹他關於「自然」和「意」「自然」和「法」的論述。

### 一、「自然」和「意」

王夫之是強調「意」的。唐代杜牧早已提出：「凡為文以意為主，以氣為輔，以辭采章句為之兵衛。」（《答莊充書》）其後宋人論詩更重意。王夫之又重申了這個命題：

> 無論詩歌與長行文字，俱以意為主。意猶帥也，無帥之兵，謂之烏合。李、杜所以稱大家者，無意之詩十不得一二也。煙雲泉石，花鳥苔林，金鋪錦帳，寓意則靈。若齊梁綺語，宋人摶合成句之出處，役心向彼搜索，而不恤己情之所自發，此之謂小家數，總在圈繢中求活計也。
>
> 把定一題、一人、一事、一物，於其上求形模，求比擬，求詞采，求故實，如鈍斧子劈櫟柞，皮屑紛霏，何嘗動得一絲紋理？以意為主，勢次之。勢者，意中之神理也。唯謝康樂為能取勢，宛轉屈伸以盡其意；意已盡則止，殆無剩語。天矯連蜷，煙雲繚繞，乃真龍，非畫龍也。（《薑齋詩話》卷二〈夕堂永日緒論內編〉）

可見，「意」在詩歌中是何等重要，「意」是詩的統帥、靈魂。這裡，「意」是指詩中所蘊含寄託的深刻的思想、哲理，有了寓意詩中的形象、辭藻才獲得了生命。「勢」是意的藝術表現，「勢」也是服從於「意」的，有了「意」才有「勢」。王夫之如此張揚「意」的作用是針對詩歌創作中的形式主義傾向而發的。

然而，另一方面王夫之又竭力反對「以意為主」，這也說得很明白，如其評鮑照《擬行路難》云：

全以聲情生色。宋人論詩以意為主，如此類直用意相標榜，則與村黃冠、盲女子所彈唱亦何異哉！（《古詩評選》卷一）

又評郭璞《遊仙詩》云：

亦但此耳，乃生色動人……故知以意為主之說真腐儒也。詩言志，豈志即詩乎？（《古詩評選》卷四）

而且他還一再表示，好詩並非以意取勝。如其評張協《雜詩》說：

但以聲光動人魂魄，若論其命意，亦何迴別？始知以意為佳詩者，猶趙括之恃兵法，成擒必矣。（《古詩評選》卷四）

又評高啟《涼州詞》說：

詩之深遠廣大，與夫舍舊趨新也，俱不在意。唐人以意為古詩，宋人以意為律絕句，而詩遂亡。如以意，則直以贊《易》陳《書》，無待詩也。「關關雎鳩，在河之洲，窈窕淑女，君子好逑。」豈有入微翻新、人所不到之意哉？（《明詩評選》卷八）

這兩種說法似乎是全然矛盾的，其實各有所指，王夫之之反對「以意為主」是針對以理為詩、以議論為詩的現象而發的。宋人開創了以理語入詩的風氣，曾招致嚴羽的批評。詩是以聲情形色動人的，不能只有意而沒有聲情形色。「詩言志」，但「言志」並不就是「詩」。如果單純地表達意，那麼採用《周易》或《書經》的文體就可以了，何必

有詩？歷史上流傳下來的好詩，不一定都有人所不到的新意，但不失其為佳作。王夫之把握了詩歌的藝術特徵，因而激烈指斥「以意為主」，這也是正確的。

然而，還有另外一層意思，即「以意為主」是違背詩歌的創作規律的。主張「以意為主」便要求「先立意」。杜牧就說過：「苟意不先立，止以文彩辭句繞前捧後，是言愈多而理愈亂，如入闤闠，紛紛然莫知其誰，暮散而已。」（《答莊充書》）但他說的是作文，而宋人則把這條原則推廣到作詩。對此，明代的謝榛曾加以譏評：

> 詩有辭前意、辭後意，唐人兼之，婉而有味，渾而無跡。宋人必先命意，涉於理路，殊無思致。及讀《世說》：「文生於情，情生於文」，王武子先得之矣。[5]
>
> 宋人謂作詩貴先立意。李白鬥酒百篇，豈先立許多意思而後措詞哉？蓋意隨筆生，不假佈置。
>
> 唐人或漫然成詩，自有含蓄托諷。此為辭前意，讀者謂之有激而作，殊非作者意也。
>
> 詩有不立意造句，以興為主，漫然成篇，此詩之入化也。（《四溟詩話》卷一）

謝榛指出，唐人的許多好詩都是「漫然成篇」、「渾而無跡」，因而進入了化工的境界，宋人「貴先立意」，根本不懂得詩文的區別，以至「涉於理路，殊無思致」。王夫之也認為，詩的產生借於心和物的自

---

5　《世說新語》〈文學〉：「孫子荊除婦服，作詩以示王武子。王曰：『未知文生於情，情生於文？覽之淒然，增伉儷之重。』」

然感發，情和景的自然遇合，考之歷代的名篇佳句，都不是刻意雕琢，而是即目會心，自然吟成的。例如他讚賞斛律金的《敕勒歌》說：

寓目吟成，不知悲涼之何以生。詩歌之妙，原在取景遣韻，不在刻意也。（《古詩評選》卷一）

又說：

「池塘生春草」，「蝴蝶飛南園」，「明月照積雪」，皆心中目中與相融浹，一出語時，即得珠圓玉潤，要亦各視其所懷來而與景相迎者也。（《薑齋詩話》卷二〈夕堂永日緒論內編〉）

「采采芣苢」，意在言先，亦在言後，從容涵泳，自然生其氣象。（《薑齋詩語》卷一〈詩繹〉）

文藝創作，特別是詩歌創作中的自發性或無意識現象，並不是王夫之首先揭示的，從劉勰開始許多文論家都曾論及，但王夫之連繫古人的作品和自己的體驗確實作了深刻的闡發。對於「意」在創作過程中的作用他不是絕對地肯定或否定，如說「意在言先，亦在言後」，這與謝榛所謂「詩有辭前意、辭後意」相近似，即以為「意」的形成可以在成篇之前，也可以在成篇之後，或既在成篇之前，也在成篇之後，可能是意在筆先，也可以是筆到意隨。猶如王武子說的「文生於情，情生於文」，意與言在詩歌構思中也呈現出複雜的交織狀態，因此機械地規定「先立意」是不符合詩歌的創作規律的。王夫之論比興時曾說「興在有意無意之間，比亦不容雕刻」（〈詩繹〉），「有意無意之

間」，其實也可以用來説明詩歌的藝術構思的特徵，既不是完全有意識的，也不是完全無意識的，而是意識和無意識的微妙結合。但在王夫之的理論中，更強調的是無意識的一面，因而他非常注意偶發性，如説：

> 「更喜年芳入睿才」與「詩成珠玉在揮毫」可稱雙絕。不知者以「入」字、「在」字為用字之巧，不知渠自順手湊著。
>
> 　對偶有極巧者，亦是偶然湊手，如「金吾」、「玉漏」、「尋常」、「七十」之類[6]，初不以此礙於理趣。求巧則適足取笑而已。賈島詩：「高人燒藥罷，下馬此林間。」以「下馬」對「高人」，噫，是何言與！
>
> 　「落日照大旗，馬鳴風蕭蕭」，豈以「蕭蕭馬鳴，悠悠旆旌」為出處邪？用意別，則悲愉之景原不相貸，出語時偶然湊合耳。必求出處，宋人之陋也。（〈夕堂永日緒論內編〉）

　一些歷世傳誦的名句，後人常誇其工巧，或覓其出處，實際上是「偶然湊手」，得來全不費功夫。由於王夫之充分認識到詩歌創作必須出於自然，而宋人的「以意為主」説提倡先立意然後將意演繹成詩，會引人誤入歧途，當然要遭到王夫之的非議了。

　二、「自然」和「法」

　「自然」和「法」或「法度」的關係是中國古代詩學中長期爭訟不休的論題。自宋人重「法」，「自然」和「法」的矛盾就突出出來，講究法度的江西詩派中人遂生「有法」、「無法」、「死法」、「活法」之辨。

---

6　蘇味道《正月十五夜》：「金吾不禁夜，玉漏莫相催。」杜甫《曲江》二首之二：「酒債尋常行處有，人生七十古來稀。」

明代前後「七子」和唐宋派都非常重視詩法的研究。有人甚至把時文
理論中的起承轉合之法搬到詩學中來，如金聖歎的《杜詩解》即以「起
承轉結」解杜詩。王夫之對於此類做法是深惡痛絕的，因而痛加駁
斥：

　　起承轉合，一法也。試取初盛唐律驗之，誰必株守此法者？法莫
要于成章，立此四法，則不成章矣。且道「盧家少婦」一詩[7]作何解？
是何章法？又如「火樹銀花合」[8]，渾然一氣；「亦知戍不返」[9]，曲折
無端。其他或平鋪六句，以二語括之；或六七句意已無餘，末句用飛
白法颺開，義趣超遠：起不必起，收不必收，乃使生氣靈通，成章而
達。至若「故國平居有所思」[10]，「有所」二字虛籠喝起，以下曲江、
蓬萊、昆明、紫閣，皆所思者，此自《大雅》來；謝客五言長篇，用
為章法；杜更藏鋒不露，摶合無垠：何起何收？何承何轉？陋人之
法，烏足展驥騄之足哉？（〈夕堂永日緒論內編〉）

　　「起承轉合」作為八股文的格式有其合理之處，但用以律詩就極為
荒唐。詩歌章法要求靈活多變，如果千篇一律，無異窒殺了詩的生
機。王夫之列舉許多名篇來提出詰問，是很有力的。由於明代以時文
取士，時文作法對士人影響甚大，以至侵入詩學。因此，王夫之要特
別拿出來予以批判。但他所指摘的不只是「起承轉合」之法，還包括
各代文論家標榜的某些「法」，他稱之為「死法」、「非法之法」：

---

7　唐沈佺期詩《獨不見》。
8　蘇味道詩《正月十五夜》。
9　杜甫詩《擣衣》。
10　杜甫詩《秋興八首》。

　　「海暗三山雨」接「此鄉多寶玉」不得，迤邐說到「花明五嶺春」[11]，然後彼句可來，又豈嘗無法哉？非皎然、高棅之法耳。若果足為法，烏容破之？非法之法，則破之不盡，終不得法。詩之有皎然、虞伯生，經義之有茅鹿門、湯賓尹、袁了凡，皆畫地成牢以陷人者，有死法也。死法之立，總緣識量狹小。如演雜劇，在方丈臺上，故有花樣步位，稍移一步則錯亂。若馳騁康莊，取途千里，而用此步法，雖至愚者不為也。

　　……足見凡言法者，皆非法也。釋氏有言：「法尚應舍，何況非法？」藝文家知此，思過半矣。（〈夕堂永日緒論內編〉）

　　可見王夫之破的是「死法」、「非法」，而並不一概地否定「法」。相反的他還十分重視「法」，比如他說過「無法無脈，不復成文字」（〈夕堂永日緒論外編〉），又強調詩文要有主賓：

　　詩文俱有主賓。無主之賓，謂之烏合。俗論以比為賓，以賦為主；以反為賓，以正為主，皆塾師賺童子死法耳。立一主以待賓，賓無非主之賓者，乃俱有情而相浹洽。……（〈夕堂永日緒論內編〉）

　　詩之為道，必當立主馭賓，順寫現景。若一情一景，彼疆此界，則賓主雜遝，皆不知作者為誰。意外設景，景外起意，抑如贅疣上生眼鼻，怪而不恒矣。（《唐詩評選二》卷三丁仙芝《渡揚子江》評語）

---

11　岑參《送張子尉南海》：「不擇南州尉，高堂有老親。樓臺重蜃氣，邑裡雜鮫人。海暗三山雨，花明五嶺春。此鄉多寶玉，慎莫厭清貧。」

　　所謂「主」是指一首詩的中心，參照其「以意為主」的論斷，「主」就是詩中之「意」，在抒情詩中是主體的思想感情，而詩中之「景」則是「賓」，是為表現主體的思想感情服務的，因此與「意」不相干的「景」就不應攬入，「意外設景，景外起意」便成為贅疣，理想的境界是「賓主歷然，熔合一片」，主賓既是分明的，又是交融無跡的。這套關於主賓的理論講的就是「法」。

　　但王夫之認為「法」不應妨礙「自然」，「死法」之所以必須否棄，就因為它是人為的桎梏，束縛了作者的思維，相反地，「法」應該本於「自然」。這一點，他在幾部詩選的評語中作了反覆的申述：

　　皎然一狂髡耳，目蔽於八句之中，情窮於六義之始，於是有開合收縱、關鎖喚應、情景虛實之法，名之曰律。鉗桔作者，俾如登爰書之莫逭，此又宋襄之伯，設為非仁之仁、非義之義，以自愻而底於衂也。……至文之於天壤，初終條理自無待而成，因自然而昭其象，則可儀矣。設儀以使象之，必然是木偶之機，日動而日死也。（《古詩評選》卷六五言近體序）

　　以情事為起合，詩有真脈理、真局法，則此是也。立法自敝者，局亂脈亂，都不自如，哀哉！（《明詩評選》卷四錢宰《白野太守游賀監故居得水字》評語）

　　以當念情起，即事先後為序，是詩家第一矩矱。……嗚呼，世無知此者，而《三百篇》之道泯矣。乃更以其矩矱矩矱《三百篇》，如經生之言詩，愚弗可瘳，亦將如之何哉！（《古詩評選》卷四庚闡《觀石鼓》評語）

……不為章法謀，乃成章法。所謂章法者，一章有一章之法也。千章一法，則不必名章法矣！事自有初終，意自有起止，更天然一定之則，所謂範圍而不過者也。（《明詩評選》卷五楊慎《近歸有寄》評語）

詩有詩筆，猶史有史筆，亦無定法。但不以經生詳略開合脈理求之，而自然即於人心，即得之矣。（《明詩評選》卷五張治《江宿》評語）

綜上所述，王夫之所反對的「法」，主要是一些旨在授人以作詩門徑的詩論家所立之「法」和一些旨在教人以應付場屋科考訣竅的經生所立之「法」。這些「法」的特點，一是極為煩瑣，「有開合收縱、關鎖喚應、情景虛實之法」，名目繁多，不得要領；一是十分死板，把法變成公式、模式。結果是「立法自敝」，導致雜亂無章或千篇一律。立「法」者片面地著眼於「法」的可操作性，卻忽略了詩歌藝術的審美特性和思維規律，違背了自然的原則。因此，王夫之提倡的「法」是「天然不可越之矩矱」，是以自然為依據的，即所謂「因自然而昭其象，則可儀矣」；如果反其道而行之，人為地制定法，詩歌就喪失了生機活力，「設儀以使象之，必然是木偶之機，日動而日死也」。他認為，法所依據的，一是客觀事物本身具有的條理，如事有先後初終，一是主體思想感情的邏輯，即「自然即於人心」。這樣的「自然之法」是簡明扼要的：「所謂矩矱者，意不枝，詞不蕩，曲折而無痕，戍削而不競之謂。」（〈夕堂永日緒論內編〉）因而，作者在法度之中是可以自由馳騁的。王夫之從理論上解決了自然和法的統一問題。

但王夫之不同意蘇軾說的「行雲流水，初無定質」，他指出：

當其始唱，不謀其中；言之已中，不知所畢；已畢之餘，波瀾合一；然後知始以此始，中以此中。此古人天文斐蔚，夭矯引伸之妙。蓋意伏象外，隨所至而與俱流。雖令尋行墨者不測其緒，要非如蘇子瞻所云「行雲流水，初無定質」也。維有定質，故可無定文。質已無定，則不得不以鉤鎖映帶、起伏間架為畫地之牢也。（《古詩評選》卷一《秋胡行》評語）

　　蘇軾的話見於其《答謝民師書》，他稱讚對方的詩文：「大略如行雲流水，初無定質，但常行於所當行，常止於所不可不止，文理自然，姿態橫生。」所謂「文理自然」，即自然地合於法度這種文章的化境。但「初無定質」一語，容易使人產生誤解，以為是指沒有確定的內容，全然是信筆所之。因而王夫之糾正了這種説法。他也確認在古代的優秀作品中可以看到「隨所至而與俱流」的自由境界，以至使尋行數墨、拘守法度的人「不測其緒」，但絕對不是「無定質」。唯其有了確定的內容，才能採取變化無方的表現形式；而那些下劣之作之所以不得不乞靈於「畫地之牢」的「法」，正是因為缺乏堅實的內容。王夫之的分析是深刻的，修正了蘇軾的失誤，也擊中了斤斤於三尺大法的文人們的要害。

　　葉燮的自然論可以説是王夫之的自然論的補充，他所探討的也是「自然」和「法」的關係。在《原詩》〈內篇〉中，他首先回答了「有法」「無法」的問題：

　　法者，虛名也，非所論於有也；又法者，定位也，非所論於無也。

　　「法」兼具「虛名」和「定位」兩種屬性。從「虛名」來講，「法」

是無；從「定位」來講，「法」又是有。非有非無，亦無亦有，看到了「法」的兩面性，這種辯證的思維方法與王夫之很相似。但聽起來是莊子式的惝恍之言，接著他又加以解釋：

> 詩文一道，豈有定法哉！先揆乎其理；揆之於理而不謬，則理得。次徵諸事；征之於事而不悖，則事得。終絜諸情；絜之於情而可通，則情得。三者得而不可易，則自然之法立。故法者，當乎理，確乎事，酌乎情，為三者之平准，而無所自為法也。故謂之曰「虛名」。又法者，國家之所謂律也。……人見法而適愜其事理情之用，故又謂之曰「定位」。

詩文的內容是起決定作用的，內容的構成可以概括為理、事、情三項要素。而「法」無非是規定了完滿地表達理、事、情的準繩，「法」既是以內容為轉移的，那麼它自身就沒有確定性，也不可能獨立存在，所以稱之為「虛名」。然而，「法」滿足了表達理、事、情的需要，那麼又證明了它有相對的獨立性，所以稱之為「定位」。可見，「法」是有定和無定的統一，既不可完全漠視「法」，連自然之法也不遵循，也不可拘泥執著於「法」，以至不能適應內容的變化，這兩種偏差都會影響理、事、情的表達。關於「死法」、「活法」，他也用「定位」、「虛名」來闡釋：

> 死法為「定位」，活法為「虛名」。「虛名」不可以為有，「定位」不可以為無。不可為無者，初學能言之，不可為有者，作者之匠心變化，不可言也。

「死法」是有的，它可以作初學者的階梯，但此類平仄粘對、起承接結、照應起伏之法，「三家村詞伯相傳久矣，不可謂稱詩者獨得之秘也」，對於高層次的藝術創造來講，是沒有多大用處的。而「活法」是「在神明之中，巧力之外」，出於詩人的「匠心變化」，不能用言語傳達，實際上是無。葉燮認為，文章是以天地自然之文為範本的：

> 蓋天地有自然之文章，隨我之所觸而發宣之，必有克肖其自然者，為至文以立極。我之命意發言，自當求其至極者。

而天地萬物是借氣以運行的，「氣鼓行於其間，絪縕磅礴，隨其自然，所至即為法，此天地萬象之至文也。豈先有法以馭是氣者哉！不然，天地之生萬物，舍其自然流行之氣，一切以法繩之，夭矯飛走，紛紛於形體之萬殊，不敢過於法，不敢不及於法，將不勝其勞，乾坤亦幾乎息矣。」天地之氣是自然而然地流行著，並沒有法在約束它、規範它，這就是「自然之理」。葉燮在《假山說》一文中說到山的「自然之理」是：「不論工拙，隨在而有，不斧不鑿，不膠不黏，不圬不墁，如是而起，如是而止，皆有不得不然者。」（《已畦文集》卷三）一切都是不得不然的，自然而然的。他在《原詩》中又用泰山出雲作了生動的比喻：

> 若以法繩天地之文，則泰山之將出雲也，必先聚雲族而謀之曰：吾將出雲而為天地之文矣。先之以某雲，繼之以某雲；以某雲為起，以某雲為伏；以某雲為照應，為波瀾；以某雲為逆入，以某雲為空翻；以某雲為開，以某雲為闔；以某雲為掉尾。如是以出之，如是以歸之，一一使無爽，而天地之文成焉。無乃天地之勞於有泰山，泰山且

勞於有是雲，而出雲且無日矣！

　　他以辛辣的嘲諷口吻說明了以起伏、照應、開合之類的死法繩律天地之至文是多麼荒謬，那麼要效法天地之至文，就不能不廢棄這種「法」，才符合自然之法。所以他說：「余之後法，非廢法也，正所以存法也。」這和王弼說的「絕聖而後聖功全，棄仁而後仁德厚」是同樣的邏輯。葉燮實際上是把「自然之法」歸結為「無法之法」了。但應該注意到葉燮並不是絕口不言法的。例如他在《原詩》〈外篇〉中評析杜甫的《贈曹將軍丹青引》就屢稱其「章法經營，極奇而整」，「章法如此，極森嚴，極整暇」，這似乎與他《原詩》〈內篇〉所論不符。他對此作了解釋：

　　余論作詩者不必言法，而言此篇之法如是，何也？不知杜此等篇，得之於心，應之於手，有化工而無人力，如夫子從心不逾之矩，可得以教人否乎！使學者首首印篇以操觚，則窒板拘牽，不成章矣。絕非章句之儒，人功所能授受也。

　　蓋杜詩是從心所欲不逾矩，自然地合乎法度，章法嚴整。如果後人以此為法，刻板模擬，那就「不成章矣」，遑論章法？這正與王夫之說的「不為章法謀，乃成章法」之意同。因此，他反對「嘉隆七子」之學：「以體裁、聲調、氣象、格力諸法，著為定則。作詩者動以數者律之，勿許稍越乎此。又凡使事、用句、用字，亦皆有一成之規，不可以或出入」。如此言「法」，如此律詩，「法」就完全成了「自然」的對立物，只能導致「詩亡」的結局。葉燮說得有理：「以此有數之則，而欲以限天地景物無盡之藏，並限人耳目心思無窮之取，即優於篇章

者，使之連詠三日，其言未有不窮，而不至於重見疊出者寡矣。」（《原詩》〈外篇〉）客觀事物是無限的，主體情思也是無限的，這正是詩歌創作的不竭之泉，怎麼能以有數的幾條法規去加以限制呢？何景明批評李夢陽「刻意古範，鑄形宿模，而獨守尺寸」（《與李空同論詩書》）。可見「七子」中人已覺悟到株守古法之弊而提出異議了。葉燮則以「自然」與「法」統一的觀點對這場論爭作了比較全面、辯證的總結。

　　如果說王夫之與葉燮的自然論帶有總結性的特點，那麼傳統文論的最後一位大家王國維則給古代文藝自然論畫下了一個終結的符號。王國維極其推崇元曲，把元曲奉為中國古典文學中自然之典範。他的自然論也集中反映在所著《宋元戲曲考》中：

　　往者讀元人雜劇而善之，以為能道人情，狀物態，詞采俊拔，而出乎自然，蓋古所未有，而後人所不能仿佛也。（〈序〉）

　　元曲之佳處何在？一言以蔽之，曰：自然而已矣。古今之大文學，無不以自然勝，而莫著於元曲。蓋元劇之作者，其人均非有名位學問也；其作劇也，非有藏之名山、傳之其人之意也。彼以意興之所至為之，以自娛娛人。關目之拙劣，所不問也；思想之卑陋，所不諱也；人物之矛盾，所不顧也；彼但摹寫其胸中之感想，與時代之情狀，而真摯之理，與秀傑之氣，時流露於其間。故謂元曲為中國最自然之文學，無不可也。若其文字之自然，則又為其必然之結果，抑其次也。（〈元劇之文章〉）

　　（南戲）明中葉以前，作者寥寥，至隆萬後始盛，而尤以吳江沈伯

英璟、臨川湯義仍顯祖為巨擘，沈氏之詞，以合律稱；而其文則庸俗不足道。湯氏才思，誠一時之雋；然較之元人，顯有人工與自然之別。故余謂北劇南戲限於元代，非過為苛論也。（〈餘論〉）

但王氏論「自然」不僅限於戲曲，在《人間詞話》中評論作品也貫串著崇尚自然的精神。如其讚賞納蘭性德的詞說：

納蘭容若以自然之眼觀物，以自然之舌言情。此由初入中原，未染漢人風氣，故能真切如此。北宋以來，一人而已。

從以上幾段引語中可以看出，王氏把「自然」作為最高的審美標準，「古今之大文學，無不以自然勝」，這是涵蓋一切文學品種的判斷。而他所理解的自然，其核心內涵就是「真」。錢振鍠曾解釋王國維的觀點說：「案靜安言詞之病在隔，詞之高處為自然。予謂隔只是不真耳。真切親切有味矣，真則自然矣。靜安有《蝶戀花》，下半闋云：『一樹亭亭花乍吐，除卻天然，欲贈渾無語，當面吳娘誇善舞，可憐總被腰肢誤。』此亦靜安之論詞也。」（〈羞語〉）錢振鍠的闡述是深得王國維的本意的。王氏以元曲為自然之最，是因為元曲作者大都是生活在底層的才人、藝人，他們沒有功利心，沒有戒懼心，猶如梓慶削木為鐻之忘慶賞爵祿，忘非譽巧拙，他們寫戲只是為了自娛娛人，因而能夠無所顧忌地抒寫胸中的懷抱，反映現實生活。元曲是真誠的，真實的，所以達到了高度的自然。在「自然」這一點上，元曲是連湯顯祖那樣才思雋絕的作家也不可企及的，幾乎前無古人，後無來者。他頌揚納蘭的詞也是著眼於其真切。它一如論「境界」說：「能寫真景物真感情者，謂之有境界，否則謂之無境界。」（《人間詞話》）論詞人的品

格說：「詞人者，不失其赤子之心者也。故生於深宮之中，長於婦人之手，是後主（李煜）為人君所短處，亦即為詞人所長處。」（《人間詞話》）評《古詩十九首》說：「『昔為倡家女，今為蕩子婦。蕩子行不歸，空床難獨守。』『何不策高足，先據要路津？無為久貧賤，轗軻長苦辛。』可謂淫鄙之尤。然無視為淫詞、鄙詞者，以其真也。」（《人間詞話》）把「真」提升到至高無上的地位，這便是王國維的自然論的真諦；在他的著作中我們看到了明代貴真論的再度發揚。

　　以上我們主要根據文學理論的演變大致勾勒了古代文藝自然論發展的歷史軌跡，下面將詳細探究「自然」的美學內涵。

下編

第一章

# 自然──中國傳統審美理想

　　「自然」是中國傳統的最高審美理想。這種觀念的影響之深遠，足以與「中和」相提並論。「中和」源於儒家的中庸哲學，「自然」源於道家的自然思想。「中和」之美表現為多樣的和諧統一，「自然」之美表現為整體的渾然天成。「中和」與「自然」可以說是古代審美意識的兩大支柱，二者是相輔相成，互為補充的。在文藝批評中，「自然」的地位更高於「中和」，歷來都是把「自然」列為最高的藝術品位的。

## 第一節　「自然」是最高的藝術品位

　　文藝批評中列品第、顯優劣的風尚始於六朝，如梁代鍾嶸《詩品》分上、中、下三品，庾肩吾《書品》在上、中、下之中再分上、中、下共列九品。這顯然襲用了漢魏以來九品論人的方法[1]。其後此風長盛

---

1　班固《漢書》〈古今人表〉分為九等；魏代選拔人才，實行「九品中正法」。

不衰，至唐代更立名目。晚唐張彥遠《歷代名畫記》將畫品分為「自然、神、妙、精、謹細」五等，「自然」居上品之上，是最高的品位（參見上編第二章第二節）。朱景玄（生卒年代無考，可能早於張彥遠）《唐朝名畫錄》則採用張懷瓘（開元中人）《畫品斷》的名稱，分為「神、妙、能」三品，而在三品之外又增「逸品」。他在《序》中說明：「以張懷瓘《畫品斷》神、妙、能三品，定其等格，上、中、下又分為三；其格外有不拘常法，又有逸品，以表其優劣也。」張懷瓘的《畫斷》已佚，不得其詳，但他的《書斷》尚存，確是把書法作品分為「神、妙、能」三品的。朱景玄列「逸品」於三品之外，意思是逸品「不拘常法」，故不能置於三品之下。後來宋朝的黃休復作《益州名畫錄》，將畫品分四格，便把「逸格」擢升到「神、妙、能」三格之前。他對「逸格」的解釋是：

> 畫之逸格，最難其儔。拙規矩於方圓，鄙精研於彩繪，筆簡形具，得之自然，莫可楷模，出於意表，故目之曰逸格爾。

可見「逸格」就是張彥遠所說的「自然」，置「逸格」於首位即恢復了張彥遠推重自然的精神。這一順序的變動至關重要，因此宋畫家鄧椿在其《畫繼》中特意指出：

> 自昔鑒賞家分品有三：曰神，曰妙，曰能。獨唐朱景真撰《唐賢畫錄》，三品之外，更增逸品。其後黃休復作《益州名畫錄》，乃以逸為先而以神、妙、能次之。景真雖云「逸格不拘常法，用表賢愚」，然逸之高，豈得附於三品之末？未若休復首推之為當也。至徽宗皇帝專尚法度，乃以神、逸、妙、能為次。（《雜說》〈論遠〉）

　　畫品序次的不同實際上反映了美學觀點的不同，鄧椿是非常擁護黃休復的排列的，而宋徽宗趙佶則重新作了調整。後人對「逸品」是否應居首位屢有爭議，也都因「自然」與「法度」的關係如何處理而引起，並牽涉到對「逸品」的理解，下面我們還會談到。但不論看法有多大分歧，推尊「自然」在中國繪畫史上始終是主流。

　　在書法品評中，唐代的書家李嗣真（武則天時人）是最早把「逸品」放到諸品之上的。他在《書後品》中分品為上、中、下，在上、中、下品之中再分上、中、下，共九品，而在上上品之前復列「逸品」。登「逸品」者僅四人，即張芝（章草）、鍾繇（正書）、王羲之（三體及飛白）、王獻之（草、行書、半草行書）。可知他是極其重視「逸品」的。他對「逸品」的詮解是：「偶合神交，自然冥契」，「神合契匠，冥運天矩」。那麼「逸品」實即「自然」。張懷瓘《書斷》雖然未列「逸品」，但他的書論諸作中反覆強調「自然」。如評張芝、王羲之等幾家書法，都稱許其自然。評張芝說：「心手隨變，窈冥而不知其所如」；「其草書《急就章》，字皆一筆而成，合於自然」（《書斷》〈神品〉）；「創意物象，近於自然」（〈文字論〉）。又評王羲之說：「惟逸少筆跡遒潤，獨擅一家之美，天質自然，豐神蓋代。」（〈書議〉）而他以為鍾、張勝過二王，也正在於更為自然：

　　夫鍾、張心晤手後，動無虛發，不復修飾，有若生成，二王心手或違，因斯精巧，發葉敷華，多所默綴，是知鍾、張得之於未萌之前，二王見之於已然之後。（《書斷》〈評〉）

　　鍾、張的書法，心手相應，如同自然生成一般，二王的書法，則還需要修飾的功夫，由此見出高低。張懷瓘是書論家中推崇自然最力

之一人。

　　文學評論，雖然沒有「逸、神、妙、能」等標目，但在品第中，「自然」同樣被放在最高的位置上。如宋代的姜夔列舉詩有四種高妙：

　　　一曰理高妙，二曰意高妙，三曰想高妙，四曰自然高妙。礙而實通，曰理高妙；出自意外，曰意高妙；寫出幽微，如清潭見底，曰想高妙；非奇非怪，剝落文采，知其妙而不知其所以妙，曰自然高妙。（《白石道人詩說》）

　　在這四種高妙中，姜夔無疑是認為「自然高妙」的品級最高。明代的謝榛就指出：「自然妙者為上，精工者次之。」（《四溟詩話》卷四）元代的劉將孫則提出「惟得於天者不可及」：「蓋嘗竊觀於古今，斯文之作，惟得於天者不可及。得於天者，不矯厲而高，不浚鑿而深，不斲削而奇，不鍛煉而精。」（《須溪先生集序》）他對「得於天」的解釋很像《莊子》〈刻意〉中講的「不刻意而高，無仁義而修，無功名而治，無江海而閑，不道引而壽」，意即「自然」。可見他把「自然」視為詩文最難達到的境界。

　　詩文評中之尊奉「自然」為上品是如此，戲曲批評亦然。明淩濛初把曲分為「天籟」、「地籟」、「人籟」：

　　　曲分三籟：其古質自然，行家本色者為「天」；其俊逸有思，時露質地者為「地」；若但粉飾藻繪，沿襲靡詞者，雖名重詞流，聲傳裡耳，概謂之「人籟」而已。（《南音三籟凡例》）

　　「三籟」之說本於《莊子》〈齊物論〉，他所說的「天籟」也是指「自

然」。當然,「天籟」在戲曲作品中是第一等的。需要辨析的是某些曲品著作中也參照畫品、書品標立了名目,如呂天成《曲品》中《舊傳奇品》列「神、妙、能、具」四品,祁彪佳《遠山堂曲品》和《遠山堂劇品》列「妙、雅、逸、豔、能、具」六品,或未列「逸品」,或置「逸品」於較低的序次。這是否說明曲論中有貶低自然的傾向呢?看來不能簡單地作出結論。在明代曲壇有本色派和文詞派之爭,本色派重自然,文詞派重藻繪,而呂天成是取折中觀點的,至於祁彪佳,從他的作品評論中看,是相當重視自然的。這裡牽涉到對各種品目的理解問題,必須注意曲論家並不把「自然」專屬於「逸品」。如祁彪佳將徐渭的《四聲猿》歸入「妙品」,而稱讚其《女狀元》說:「獨文長奔逸不羈,不馭於法,亦不局於法」,這就是「自然」的境界。而王驥德對「神品」的闡釋是:

　　其妙處,政不在聲調之中而在句字之外,又須煙波渺漫,姿態橫逸,攬之不得,把之不盡。摹歡則令人神蕩,寫怨則令人斷腸,不在快人,而在動人。此所謂「風神」,所謂「標韻」,所謂「動吾天機」。不知所以然而然,方是神品,方是絕技。(《曲律》〈論套數〉)

　　又說:「北人尚餘天巧,今所流傳《打棗竿》諸小曲,有妙入神品者,南人苦學之,決不能入。蓋北之《打棗竿》與吳人之《山歌》,不必文士,皆北裡之俠,或閭閻之秀,以無意得之,猶《詩》鄭衛諸《風》,修《大雅》者反不能作也。」(《曲律》〈雜論上〉)他把「神品」理解為「不知所以然而然」,「動吾天機」,是「天巧」,是「無意得之」,這就與「自然」無異。我們再回過頭來連繫到畫論和書論:畫論中如五代荊浩《筆法記》稱「神、妙、奇、巧」,未及「逸品」。但他

對「神」的界說是：「神者，亡（無）有所為，任運成象」。那麼，「神」實即「自然」。又如書論中近代包世臣《藝舟雙楫》列「神、妙、能、逸、佳」五品，但他把「神品」解為「平和簡淨，遒麗天成」，實與「自然」相合。可見，「神」和「逸」都是通向自然的。無怪乎明代的詩論家胡應麟要發出這樣一段議論：

> 畫家最重逸格，惟書家論亦然。昔人至品諸神、妙之上，乃以張顛、懷素、孫位、米芾輩當之，其能與鍾、王、顧、陸並乎？雖謂書畫無逸品可也。千古詞場稱逸者，吾於文得一人，曰莊周；於詩得一人，曰李白。知二子之為逸，則逸與神，信難優劣論矣。（《詩藪》外編卷四）

「逸」與「神」之所以難分優劣，就因為二者的內涵中都包含了「自然」。

除了品第之外，詩文評中比較作家的高下也往往以是否自然或自然的程度作為衡量的標準。舉例言之，如清代的趙翼比較蘇軾和黃庭堅的不同說：

> 北宋詩推蘇、黃兩家，蓋才力雄厚，書卷繁富，實旗鼓相當，然其間亦自有優劣。東坡隨物賦形，信筆揮灑，不拘一格，故雖瀾翻不窮，而不見有矜心作意之處。山谷則專以拗峭避俗，不肯作一尋常語，而無從容游泳之趣。且坡使事處，隨其意之所之，自有書卷供其驅駕，故無捃摭痕跡。山谷則書卷比坡更多數倍，幾乎無一字無來歷，然專以選才庀料為主，寧不工而不肯不典，寧不切而不肯不奧，故往往意為詞累，而性情反為所掩。此兩家詩境之不同也。（《甌北詩

話》卷一一）

　　蘇軾隨心揮灑，自有波瀾，從容使事，渾然無跡，黃庭堅則刻意求奇，矜心作態，勞於用典，時見斧鑿，二人都有才力學問，但以「自然」的尺度來權衡，便優劣自顯。又如劉熙載之比較蘇軾和陸遊，說：

　　　　東坡、放翁兩家詩，皆有豪有曠。但放翁是有意要做詩人，東坡雖為詩，而仍有夷然不屑之意，所以尤高。（《藝概》〈詩概〉）

　　蘇軾之所以高於陸遊，就因為無心做詩人，無心才能自然，有意做詩人就不免矯飾。以自然為准的評騭優劣還常用於陶（淵明）、謝（靈運）比較，杜（甫）、韓（愈）比較等等，足可證明把自然看作最高的藝術品位已為人所公認[2]。
　　據此，我們可以斷言，「自然」作為中國傳統的審美理想是源遠流長、根深蒂固的。那麼，這種審美意識又是如何形成的呢？這是需要進一步探討的問題。


## 第二節　泛文論和「師造化」

　　以「自然」為美的思想淵源是道家哲學，上編中已詳論。但從哲

---

2　按：畫論中比較優劣也常以自然為標準，如宋鄭剛中論唐畫家鄭虔、閻立本優劣云：「虔高才在諸儒間，如赤霄孔翠，酒酣意放，搜羅物像，驅入豪端，窺造化而見天性，雖片紙點墨，自然可喜。立本幼事丹青，而人物闒茸，才術不鳴於時，負慚流汗，以紳笏奉研，是雖能摹寫窮盡。亦無佳處。」（《畫說》，《北山文集》卷五）

學的自然論演化為文藝美學的自然論，還有不可忽視的仲介環節，那就是古人的泛文論和「師造化」觀念。

劉師培曾指出：「三代之時，凡可觀可象，秩然有章者，咸謂之文。就事物言，則典籍為文，禮法為文，文字亦為文；就物像言，則光融者為文，華麗者亦為文……」（《廣阮氏文言説》）「文」是一個極為普泛的概念，凡是和諧有序或光耀華彩的事物都稱之為「文」。《易》〈繫辭〉首先提出「三才」説，「三才」即天、地、人，由「三才之道」又派生出三才之文，天文、地文都是自然之文，故可合稱為天文。古人把宇宙看成是有機的整體，「三才」之道是統一的，「三才」之文也是統一的。〈説卦〉中説：「立天之道，曰陰與陽；立地之道，曰柔與剛；立人之道，曰仁與義。」天道、地道、人道的構成是相互對應的，都「分陰分陽」，具有統一性。「三才」之文也是這樣。《易》〈賁卦·象辭〉：「（剛柔交錯）[3]，天文也；文明以止，人文也。」賁卦離下艮上，離屬柔，艮屬剛，所以是「剛柔交錯」之象。「文明以止」，王弼解釋為：「止物不以威武，而以文明，人之文也。」其實從卦象來分析：離之象為火，其義為明；艮之象為山，其義為止。所以「文明以止」也是剛柔交錯之象。賁是文飾之義，其象辭即説明了天文和人文具有統一性。在人類社會出現以前天地之文早已存在，人文是取法於天地之文的。〈繫辭〉中這樣描述了伏羲創立八卦的情況：「古者包犠氏之王天下也，仰則觀象於天，俯則觀法於地，觀鳥獸之文與地之宜，近取諸身，遠取諸物，於是始作八卦。」可見，八卦的依據是宇宙萬物，包括日月星辰、山嶽河流、飛潛動植，以至人類自身。而八

---

3　按：今本《周易》無此四字，應是脱漏。王弼《周易注》在「天文也」下注：「剛柔交錯而成文焉，天之文也。」當是依據原文。

卦，古人以為就是人文之始。泛文論和法天地是很早就形成的古老的觀念。

「人文」也是外延極廣的概念，包括典章制度、禮法、典籍、文字等等，文學藝術是「人文」中的一個組成部分。如果用系統論的術語來表述，那麼「文」是一個大系統，「天文」「地文」「人文」是其子系統，而文學藝術又是從屬於「人文」的子系統。因此，泛文論和法天地的觀念也同樣支配著文學藝術。

我們看到，天文、地文、人文的觀念，影響是十分深遠的。王充論證人需要有文采，便說：「上天多文而後土多理。二氣協和，聖賢稟受，法象本類，故多文彩。」「物以文為表，人以文為基。」（《論衡》〈書解〉）劉勰以同樣的邏輯，由天文、地文的存在證明了人文產生的必然性（參見本書上編第二章第一節）。其後，初唐史家多沿襲《易傳》，用「天文」「人文」之說來闡明文學的本原和價值。如令狐德棻《周書》〈王褒庾信傳論〉說：「兩儀定位，日月揚輝，天文彰矣；八卦以陳，書契有作，人文詳矣。」李百藥《北齊書》〈文苑傳序〉說：「夫玄象著明，以察時變，天文也；聖達立言，化成天下，人文也。」而張懷瓘的《文字論》則用三文並列來抬高書法的地位：

　　文也者，其道煥焉。日月星辰，天之文也；五嶽四瀆，地之文也；城闕朝儀，人之文也。字之與書，理亦歸一。……

宋代的王禹偁，為了說明文學的正統，也是三文並提：

　　天之文日月五星，地之文百穀草木，人之文六籍五常。舍是而稱文者，吾未知其可也。（《送孫何序》）

　　明代的朱右則以為三才的統一性的外在表現就是「文」，由此證明文學的重要性：

　　文與三才並貫，三才而一之者文也。日月星漢，天文也；川岳草木，地文也；民彝典章，人文也。顯三才之道，文莫大焉。（《文統》）

　　更多的是以「天文」「地文」為依據來論定某種文藝觀點的天然合理、無可爭議。如明宗臣《總約》〈談藝〉說：

　　今夫人性之有文也，不猶天之雲霞、地之草木哉！雲霞之麗於天也，是日日生焉者也，非以昔日之斷雲殘霞而布之今日也；草木之麗於地也，是歲歲生焉者也，非以今歲之萎葉枯株而布之來歲也。人性之有文也，是時時生焉者也，非以他人之陳言庸語而借之於我也。是故古之言文者，得之心而發之文也。

　　這是以雲霞、草木之日日年年的變化更替來說明文學之必須創新。而由此我們可以發現泛文論必然會合乎邏輯地引申出文藝應取法於天地的觀點。正如廖燕所說：

　　竊嘗論文莫大於天地，凡日月、星辰、雲霞之常變，雷電、風雨與夫造化鬼神之不測，昭布森列，皆為自然之文章，況山川、人物與鳥獸、鱗介、昆蟲、草木之巨細刻畫，在人見之以為當然，不知此皆造物細心雕鏤而出之者，雖以聖人之六經，視此猶為藍本，況諸子乎？故善文者，豈惟取法於聖人、諸子，並將取法於天地。（《與某翰林書》）

　　這雖然是清朝人的論述，但文藝以天地自然之文章為藍本卻是上古已有的思想。

　　我們追溯到先秦。《易》〈豫卦〉‧〈象辭〉：「雷出地奮，豫。先王以作樂崇德，殷薦之上帝，以配祖考。」朱熹注：「雷出地奮，和之至也。先王作樂，既象其聲，又取其義。」春雷動於地上，萬物奮迅，是一種和順的景象，先王類比其聲，製作音樂，用於祭祀上帝和祖先。這大約是音樂取法自然之聲亦即天地之文的最早的記載。《荀子》〈樂論篇〉遂有樂舞法象天地之說：「其清明象天，其廣大象地，其俯仰周旋有似於四時」；「故鼓似天，鐘似地，磬似水，竽笙簫和筦籥，似星辰日月，鞉柷、拊鞷、椌楬似萬物」。到了漢代，象天法地說又被賦予神秘的色彩，如《白虎通》〈禮樂〉中說：「樂者陽也，故以陰數，法八風、六律、四時也。八風、六律、四時者，天氣也，助天地成萬物者也。亦猶樂順氣變化萬民，成其性命也。」又引《樂元語》：「東夷之樂持矛舞，助時生也（春季）；南夷之樂持羽舞，助時養也（夏季）；西夷之樂持戟舞，助時煞也（秋季）；北夷之樂持幹舞，助時藏也（冬季）。」但這種神學化的樂論實承原始巫術文化之餘緒，與文藝美學相距甚遠。

　　值得注意的是書論和畫論中法天地和師造化的思想。書法是一種抽象藝術，並不直接描摹自然物像，然而古代書家向來認為書法是取法於天地自然的。如唐李陽冰論古篆云：

　　緬想聖達立卦造書之意，乃複仰觀俯察六合之際焉：於天地山川得方圓流峙之形，於日月星辰得經緯昭回之度，於雲霞草木得霏布滋蔓之容，於衣冠文物得揖讓周旋之體，於鬚眉口鼻得喜怒慘舒之分，於蟲魚禽獸得屈伸飛動之理，於骨角齒牙得擺拉咀嚼之勢，隨手萬

變，任心所成，可謂通三才之品匯，備萬物之情狀者矣。(《上採訪李
大夫論古篆書》)

《宣和書譜》中記述時人對李陽冰篆書的評論是：「以蟲蝕鳥跡語
其形，風行雨集語其勢，太阿龍泉語其利，嵩高華嶽語其峻」。這是
說，書法的筆形、筆勢都是來自對自然界萬物的狀貌、姿態的模擬。
在中國書學史上流傳著許多取法自然的佳話。例如唐陸羽《懷素別傳》
中有一段釋懷素與顏真卿論草書的記載：

懷素與鄔彤為兄弟，常從彤受筆法。彤曰：「張長史私謂彤曰：『孤
蓬自振，驚沙坐飛，余自是得奇怪。』草聖盡於此矣。」顏真卿曰：「師
亦有自得乎？」素曰：「吾觀夏雲多奇峰，輒常師之，其痛快處如飛鳥
出林，驚蛇入草。又遇坼壁之路，一一自然。」真卿曰：「何如屋漏
痕？」素起，握公手曰：「得之矣。」

這則故事表明張旭、懷素、顏真卿這幾位大書法家的藝術創造，
都受益於對自然物象精細觀察並從中得到啟示。但書法理論並不停留
於把師造化僅僅看作對自然物像的摹寫。孫過庭的《書譜》就把書法
形態的酷肖物像歸結為「自然無為」：

觀夫懸針垂露之異，奔雷墜石之奇，鴻飛獸駭之資（姿），鸞舞蛇
驚之態，絕岸頹峰之勢，臨危據槁之形；或重若崩雲，或輕如蟬翼；
導之則泉注，頓之則山安；纖纖乎似初月之出天崖，落落乎猶眾星之
列河漢：同自然之妙有，非力運之能成。……

　　孫過庭觀摩前代名家法書，看到書法藝術奇妙地再現了大自然中的千態萬狀，然而並非出於有意的模仿，而是像造化生物一樣自然形成的。書法不像繪畫那樣具體地圖寫物像，「三才之品匯」「萬物之情狀」的顯現要靠觀賞者的聯想，微妙的藝術感受是在似有若無之間，因而用自然無為的玄理來解釋更為切合。張懷瓘就愈加明確地運用了道家哲學，他論行書說：「善學者乃學之於造化，異類而求之，固不取乎原本，而各逞其自然。」（《書斷》〈行書〉）論草書說：「以無為而用，同自然之功；物類其形，得造化之理：皆不知其然也。」（《書議》）所謂「學之於造化」，不是單純地模擬百物萬象的外在形態，而是師法造化的內在規律，即「得造化之理」，因此「自然無為」才是在本質意義上的師法造化。這樣就由「技」進入了「道」的境界。而虞世南的《筆髓論》則完全是以道家的語言來闡明「書道」了：

　　　　字雖有質，跡本無為，稟陰陽而動靜，體萬物以成形，達性通變，其常不主。故知書道玄妙，必資神遇，不可以力求也；機巧必須心悟，不可以目取也。……必在澄心運思至微至妙之間，神應思徹。……學者心悟於聖道，則書契於無為。……

　　「稟陰陽而動靜，體萬物以成形」，是師法造化，但已超越了形質，所以是以神遇而不以力求，以心悟而不以目取，書法創作要憑藉心靈的自然感悟、神思的自然遇合，心和神的作用遠遠凌駕於目和手之上了。因此，玄妙的書道從根本上說就是「自然無為」。據說，秦代的李斯已說過：「夫書之微妙，道合自然。」（見宋陳思《秦漢魏四朝用筆法》）但文獻的可靠性尚無確證，從現存史料看，昌言「自然無為」還是以唐代的書論家為先導。師法造化，從模擬自然到自然無

為，這是理論的昇華。但並不排斥對客觀物像的觀察，諸如觀擔夫爭道、公孫舞劍而書藝大進之類的遺聞軼事仍為書家們所津津樂道。要言妙道和實踐體驗是並行不悖的。

我們再看畫論。「師造化」一語大約就因唐代畫家張璪的名言「外師造化，中得心源」[4]而流傳眾口的。古代畫家也講求「師古人」「師心」，但更重視「師造化」。繪畫是直接圖寫客觀物像的，因此對自然界的靜觀默察、精心揣摩就極為重要。「師造化」是中國繪畫的優良傳統。「師造化」也有兩個層次，首先是形而下的層次，即親身沉浸到所描繪的對象中去，肖其形而得其神。我們從畫史中可以找到大量的範例。如唐代以畫馬知名的畫家韓幹之以馬為師，《唐朝名畫錄》記其事云：

　　韓幹，京兆人也。明皇天寶中召入供奉，上令師陳閎[5]畫馬。帝怪其不同，因詰之，奏云：「臣自有師，陛下內廄之馬，皆臣之師也。」……

《益州名畫錄》記唐末畫家李升之畫山水：

　　李升……年才弱冠，志攻山水，天縱生知，不從師學。初得張璪員外山水一軸，玩之數日，云：「未盡妙矣。」遂出意寫蜀境山川平遠，心思造化，意出先賢。數年之中，創成一家之能，俱盡山水之妙。每含毫就素，必有新奇。……

---

4　張璪的畫論著作《繪境》已失傳，此語見張彥遠《歷代名畫記》引。
5　陳閎，唐代畫家，與韓幹同時，以工鞍馬擅名一時。

宋羅大經《鶴林玉露》還記述了曾雲巢畫草蟲的體會：

曾雲巢無疑工畫草蟲，年邁愈精。余嘗問其有所傳乎？無疑笑曰：「是豈有法可傳哉？某自少時取草蟲籠而觀之，窮晝夜不厭。又恐其神之不完也，復就草地之間觀之，於是始得其天。方其落筆之際，不知我之為草蟲耶？草蟲之為我耶？此與造化生物之機緘蓋無以異，豈有可傳之法哉？」

無數名畫家的經驗昭示後人：要有獨創性的成就，必須以造化為師，對繪畫的對象作長年累月的體察和研究，以至達到物我合一的地步。拿山水畫來講，考之歷代名家山水都是以真山水為藍本的：「董（源）、巨（然）峰巒，多屬金陵一帶；倪（瓚）、黃（公望）樹石，得之吳越諸方。米家（米芾、米友仁）墨法，出潤州城南；郭氏（郭熙）圖形，在太行山右。」（笪重光《畫筌》）畫論總結這些可貴的經驗，得出結論：「師古人」不如「師造化」，或者説臨摹古人只是習畫的一個階段，前進一步就應當以天地為師。如明代的沈顥在其畫論著作《畫麈》的〈臨摹〉一節中指出：

董源以江南真山水為稿本。黃公望隱虞山，即寫虞山，皴色俱肖，且日囊筆硯，遇雲姿樹態，臨勒不舍。郭河陽（熙）至取真雲驚湧作山勢，尤稱巧絕。應知古人稿本在大塊內，吾心中，慧眼人自能覷著，又不可撥置程派，作淋蕩生涯也。

他提出「古人稿本在大塊內，吾心中」，這同張璪所説的「外師造化，中得心源」是一致的。他認為，「臨摹古人不在對臨，而在神

會」，「似而不似，不似而似」，那麼，「師造化」也不是追求形似，僅僅作山川的寫照，還要發揮心靈的作用，重在神會。因此，在中國傳統畫論中「師造化」和「師心」是並提的，要求以天地自然為師並不削弱創作的主體性。明人李日華的《紫桃軒雜綴》中也講到了這一點：

　　陳郡丞嘗謂余言：「黃子久（公望）終日只在荒山亂石叢木深篠中坐，意態忽忽，人不測其為何。又每往泖中通海處看急流轟浪，雖風雨驟至，水怪悲詫而不顧。」噫！此大癡（黃公望）之筆所以沉鬱變化，幾與造化爭神奇哉！

　　這裡描述的黃公望便不是「日囊筆硯」，「臨勒不舍」，而是沉溺在大自然中，與山川化為一體。「師造化」不止於模臨自然，而要「與造化爭神奇」，或者可以說，畫家要化身為造化。這樣就進入到形而上的層次。張彥遠《歷代名畫記》〈論畫體工用拓寫〉就把「師造化」提升到這一層次。他說：

　　夫陰陽陶蒸，萬象錯布，玄化亡（無）言，神工獨運。草木敷榮，不待丹碌之采；雲雪飄揚，不待鉛粉而白；山不待空青而翠，鳳不待五色而綷。是故運墨而五色具，謂之得意；意在五色，則物象乖矣。夫畫物特忌形貌彩章，歷歷具足，甚謹甚細，而外露巧密。……

　　造化生物是自然無為的，一切色彩斑斕的物象都是自然形成，並非有意塗飾。繪畫的師造化也應如此。水墨畫不用顏色，而五色具足，若著意於色彩，反倒與自然的物象乖離了。因此他很鄙視謹細的作品，形貌彩章，摹寫得毫髮不爽，卻露出了人工的痕跡，那就不是

真正的「師造化」。白居易在《記畫》一文中稱讚「張氏子」（張敦簡）的畫說：「學在骨髓者自心術得，工侔造化者由天和來。張但得於心，傳於手，亦不自知其然而然也。」繪畫的上乘之作是靠心的運思適與神會，出於天然的和諧，因而能與造化同功。「不自知其然而然」，也就是「自然無為」。宋畫家董逌在其《廣川畫跋》中說：

　　且觀天地生物，特一氣運化爾，其功用妙移，與物有宜，莫知為之者，故能成於自然。今畫者信妙矣，方且暈形布色求物比之，似而效之，□序以成者，皆人力之後先也，豈能以合於自然哉？（《書徐熙牡丹圖》）

　　他也持相同的見解。天地生物是由氣的運化自然形成的。如果畫者只是在形狀顏色上比物求似，那就不可能合於自然。從畫論中，我們清楚地看到，「師造化」思想的深化也必然導向「自然無為」。

　　「師造化」的思想也影響到了文學理論。在文論中「師造化」則幾乎與「自然無為」是同義語。且舉宋包恢的兩段論述為例：

　　以為詩家者流，以汪洋澹泊為高。其體有似造化之未發者，有似造化之已發者，而皆歸於自然，不知所以然而然也。所謂造化之未發者，則沖漠有際，冥會無跡，空中之音，相中之色，欲有執著，曾不可得而自有，屍居而龍見，淵默而雷聲者焉；所謂造化之已發者，真景見前，生意呈露，混然天成，無補天之縫鏬，物各付物，無刻楮之痕跡。……（《答傅當可論詩》）

　　蓋古人於詩不苟作，不多作，而或一詩之出，必極天下之至精。

狀理則理趣渾然，狀事則事情昭然，狀物則物態宛然，有窮智極力之所不能到者，猶造化自然之聲也。蓋天機自動，天籟自鳴，鼓以雷霆，豫順以動，發自中節，聲自成文，此詩之至也。……（《答曾子華論詩》）

　　包恢論詩「以汪洋澹泊為高」，「汪洋澹泊」正是道家追求的精神境界，雖然他本人是師從陸九淵心學的。他把詩歌的意象分為兩類：一種是「有似造化之已發者」，即實有的事物，指質實具體的意象，要求描寫得栩栩如生，宛然在目，也必須渾然天成，無刻鑿痕跡。另一種是「有似造化之未發者」，即潛在的事物，指空靈朦朧的意象。如司空圖引戴容州語：「詩家之景，如藍田日暖，良玉生煙，可望而不可置於眉睫之前」（《與極浦書》）；或如嚴羽所說：「瑩徹玲瓏，不可湊泊，如空中之音，相中之色，水中之月，鏡中之象」（《滄浪詩話》〈詩辨〉）。這類意象則要求表現得若即若離，似有似無，於無形中見有形，無聲中聽有聲。「屍居而龍見，淵默而雷聲」，見於《莊子》〈在宥〉，正是說的「無為而無不為」。總之，兩種意象，或虛或實，都應歸於「自然」，「不知所以然而然」。包恢又把詩歌中所反映的客體概括為「理」「事」「物」三類，狀理、狀事、狀物都應達到極致，也都應出於自然。他認為，詩歌的最高境界，「猶造化自然之聲」，「天機自動，天籟自鳴」，「發自中節，聲自成文」，一切都是合乎法度的，又都是自然形成的。可見，他心目中的「師造化」，主要不是模擬自然，而是像造化那樣「自然無為」，「無為而無不為」。

第二章

# 「自然」的美學內涵

　　「自然」作為哲學範疇，其核心內涵是「無為」；作為文藝美學範疇，其核心內涵也是「無為」，即自然而然，不假造作。但「自然」的美學內涵又有其特殊性，根據古代文藝家的論述，可以概括為三項：無意、無法、無工。

## 第一節　自然──無意

　　古代的文學藝術家從自己親身的創作體會和他人成功的創作經驗中領悟到，優秀作品的產生往往出於無意，恰恰不是刻意追求的產物。所以文藝自然論中講得最多的是「無意」，或稱為「不著意」「不經意」。所謂「無意」，即指創作中的無意識、無目的、非功利、自發性。

　　宋代的歐陽修在《六一詩話》中說到梅堯臣作詩的一段故事：

　　梅聖俞嘗於范希文席上賦河豚魚詩云:「春洲生荻芽,春岸飛楊花,河豚當是時,貴不數魚蝦。」河豚常出於春暮,群游水上,食絮而肥,南人多與荻芽為羹,雲最美。故知詩者謂:止破題兩句已道盡河豚好處。聖俞平生苦於吟詠,以閑遠古淡為意,故其構思極艱。此詩作於樽俎之間,筆力雄贍,頃刻而成,遂為絕唱。

　　梅堯臣寫詩是很用功夫的,據說他「寢食遊觀,未嘗不吟諷思索」,每每想到詩句,「或半聯,或一字」,隨時記在小紙片上,納入算袋中,以備他日作詩時可用(見宋趙與虤《娛書堂詩話》卷下)。然而他的名篇《范饒州坐中客語食河豚魚》卻是宴席上的即興之作,並沒有費多少力氣。對於歐陽修的解釋和評價,後人頗有異議,這裡姑且不論。引人注意的是歐陽修揭示了一種規律性現象:「頃刻而成,遂為絕唱」,不經意寫出的詩篇倒成為傳世佳作。這種看法得到了許多文學家的首肯。蘇洵便有「風水相遭自然成文」之說:

　　今夫風水之相遭乎大澤之陂也……此亦天下之至文也。然而此二物者,豈有求乎文哉?無意乎相求,不期而相遭,而文生焉。是其為文也,非水之文也,非風之文也。二物者非能為文,而不能不為文也,物之相使而文出於其間也,故此天下之至文也。今夫玉非不溫然美矣,而不得以為文;刻鏤組繡,非不文矣,而不可與論乎自然:故夫天下之無營而文生之者,唯水與風而已。(《仲兄字文甫說》)

　　他以自然界的物象說明「天下之至文」都是無意相求、不期相遇而形成的。這樣自然成文,具有自發性、偶然性,然而又具有必然性、規律性,所以是「不能不為文也」。風與水的相遭是偶然的,相遭

後的成文又是必然的，唯其是必然的，就更值得文藝家的重視。這種現象在詩歌創作中尤為突出，因此古人的詩歌評論特別推重「無意於文」的作品。如黃庭堅稱讚杜甫：「子美詩妙處，乃在無意於文」（《大雅堂記》）。葉夢得以為謝靈運的名句「池塘生春草，園柳變鳴禽」，「此語之工，正在無所用意」（《石林詩話》卷中）。朱熹評陸遊說：「放翁之詩，讀之爽然，近代惟見此人為有詩人風致。如此篇者，初不見其著意用力處，而語意超然，自是不凡，令人三歎不能自已。」（《答徐載叔賡書》）而胡應麟則稱斛律金《敕勒歌》之妙，「正在不能文者，以無意發之，所以渾樸莽蒼，暗合前古」（《詩藪》內編卷三）。甚至有人提出，精彩的詩句是偶然拾得的：

　　東坡云：「予在廣陵，與晁無咎、曇秀道人同舟，送客山光寺，時客去，予醉臥舟中，曇秀作詩云：『扁舟乘興到山光，古寺臨流勝概藏，慚愧南風知我意，吹將草木作天香。』予和之云：『鬧處清遊借隙光，醉時真境發天藏，夢回拾得吹來句，十里南風草木香。』予昔對歐公誦文與可詩云：『美人卻扇坐，羞落庭下花。』公曰：『此非與可詩，世間元有此句，與可拾得。』」（《苕溪漁隱叢話》前集卷三十九）

　　這當然是一種誇張的說法，無非是表明佳句乃無意得之。而與此相反，「太著意」則被引為詩家之大忌。如劉克莊《後村詩話》引張嵲評黃庭堅之古律詩：「要其病在太著意」。因此，有意、無意即為人、天之分：「文章出於天而雜以人：神經鬼絡，無意而為者，天也；字鍛句煉，有意而為者，人也。」（明孫緒《無用閒談》）或為技、道之別：「巧生於習，習生於專；專有意，習無意。無意而意生，意生而筆到，

有不知誰之為之者，進乎技矣。」（明馮夢禎《題剩技序》）[1]

不僅文論，畫論書論中也是崇尚無意的。蘇軾《題吳道子畫》云：「覺來落筆不經意，神妙獨到秋毫顛。」黃庭堅《題李漢舉墨竹》云：「如蟲蝕木，偶爾成文；吾觀古人繪事妙處類多如此。」明代的何良俊《四友齋叢說》中引述了元大畫家倪瓚的幾段話，都是標榜無意的。一是自題其樹石遠軸云：

嘗見常粲佛因地圖，山石林木皆草草而成，迥有出塵之格，而意態畢備。及見高仲器郎中家張符水牛圖，枯柳岸石亦率意為之，韻亦殊勝。石室先生、東坡居士所作樹石，政得此也。近世惟高尚書能領略之耳。余雖不敏，願仿象其高勝，不敢盤旋於能、妙之間也，其庶幾所謂自然者乎？

一是自題其畫竹云：

……餘之竹聊以寫胸中逸氣耳，豈復較其似與非、葉之繁與疏、枝之斜與直哉？或塗抹久之，他人視以為麻為蘆，僕亦不能強辨為竹，真沒奈覽者何！

又《答張藻仲書》曰：

……僕之所謂畫者，不過逸筆草草，不求形似，聊以自娛耳。

---

1　《莊子》〈養生主〉：「庖丁釋刀對曰：『臣之所好者，道也，進乎技矣。』」進，過也。「進乎技」即為「道」。

沈顥的《畫麈》中也記其軼事：

（倪迂）晚年隨意抹掃，如獅子獨行，脫落儕侶。一日燈下作竹樹，傲然自得，曉起展視，全不似竹。迂笑曰：「全不似處，不容易到耳。」

可見，一代宗師倪雲林欣賞別人的作品之「草草而成」，「率意為之」，而自己的繪畫則以「逸筆草草」，「隨意抹掃」，「不求形似」，「寫胸中之逸氣」，「聊以自娛」而為畫苑所推重，為俗流所不可企及。逸品之所以居四品之首，其勝處就在無意於畫。張彥遠則作出了這樣的論斷：「夫運思揮毫，自以為畫，則愈失於畫矣；運思揮毫，意不在於畫，故得於畫矣。」（《歷代名畫記》〈論顧陸張吳用筆〉）清畫家戴熙也有類似的説法：「有意於畫，筆墨每去尋畫；無意於畫，畫自來尋筆墨：有意蓋不如無意之妙耳。」（《習苦齋畫絮》）正由於有意不如無意之妙，古人極珍視名家的畫稿，元湯垕《畫論》中説：「古人畫稿，謂之粉本，前輩多寶蓄之，蓋其草草不經意處，有自然之妙；宣和、紹興所藏之粉本，多有神妙者。」基於同樣的道理，古人也看重法帖，歐陽修在《集古錄》中説：

所謂法帖者，其事率皆吊哀候疾，敍睽離，通詢問，施於家人朋友之間，不過數行而已。蓋其初非用意，而逸筆餘興，淋漓揮灑，或妍或醜，百態橫生，披卷發函，爛然在目，使人驟見驚絕，徐而視之，其意態愈無窮盡。⋯⋯

法帖之可貴正在於其逸筆揮灑，無所用意。對此，明代的書家解

縉亦有同感，他説：「（鍾、王）遺跡，偶然之作，枯燥重濕，穠淡相間，蓋不經意肆筆為之，適符天巧，奇妙出焉。」（《春雨雜述》〈書學詳説〉）因此，在書法評論中也是以無意為佳。蘇軾説過：「書初無意於佳乃佳爾。」（《論書》）董其昌則説：「古人神氣淋漓翰墨間，妙處在隨意所如，自成體勢，故為作者。」（《畫禪室隨筆》）《宣和書譜》評晉王渾「其作草字，蓋是平日偶爾紀事，初非經心，然如風吹水自然成文者」（卷十三）；評晉王衍「作行草尤妙，初非經意，而灑然痛快見於筆下」（卷七）；評王安石「凡作行字，率多淡墨疾書，初未嘗略經意」（卷十二）。對於行草書的讚賞幾乎都點出了其不經意的妙處。

越是無意、不經意，卻越有助於文藝創作的成功，這種奇妙的體驗，西方的藝術家也注意到了。如英國十八世紀前浪漫主義詩人楊格認為作家的獨創性「具有植物的性質，只是自然地生長，而不經過什麼造作」，創作是「無意識的」自然生殖。[2]現代美國符號學派美學家蘇珊·朗格也説：「藝術衝動有時也可以是自覺的，藝術作品也可以在意識清醒的狀態下誕生；但是，它們在絕大多數情況下卻是在無意識的狀態下完成的。」[3]英國的語義學派文藝理論家瑞恰茲則説：「這是在各種藝術中經常出現的一種很奇怪的現象。最本質的東西往往好像是無意中完成的，好像是個副產品，是個偶然伴生的東西。」[4]雖然他們沒有中國道家式的哲學思維，採用的概念和表述方式有所不同，但説的是同樣的情況。可以證明，文藝創作中的無意識狀態確實是存在的，

---

2　楊格：《試論獨創性的寫作》，轉引自伍蠡甫：《歐洲文論簡史》，人民文學出版社1985年版，第145頁。

3　蘇珊·朗格：《藝術問題》，滕守堯、朱疆源譯，中國社會科學出版社1983年版，第118頁。

4　瑞恰茲：《文學批評原理·想像》，見伍甫蠡主編：《現代西方文論選》，上海譯文出版社1983年版，第295頁。

並不是故弄玄虛的無稽之談。

　　那麼，對於這種「奇怪的現象」應該如何作合理的解釋呢？在中國古代文論中常見的解答是「不知其所以然而然」（宋劉將孫《彭宏濟詩序》），或稱為「不知所以神而自神」（唐司空圖《與李生論詩書》）。傑出的詩人寫出不朽的名句，往往毫不費力，連他自己也無法說出其中的奧秘。金聖歎評杜甫《子規》一詩說：「先生妙手空空，如化工之忽然成物，在作者尚不知其何以至此。」（《杜詩解》卷三）繪畫和書法亦然。白居易在《記畫》一文中盛讚張敦簡的畫「工侔造化」，「得於心，傳於手，亦不自知其然而然也」。明豐坊《書訣》稱唐代大書法家張旭作字「筆與神會，不自知其所以然而然也」。這實在是不解之解，但深究下去也很困難。於是，或委之於天賦，如宋代畫論家郭若虛以為「六法」之中「骨法用筆」以下五法皆可學，唯獨「氣韻」，「必在生知，固不可以巧密得，復不可以歲月到，默契神會，不知然而然也」（《圖畫見聞志》〈論氣韻非師〉）。或歸之於神力，如元方回所云：「滿眼詩無數，斯須忽失之。精深元要熟，玄妙不因思。默契如神助，冥搜有鬼知。平生天相我，得句非人為。」（《詩思十首》）

　　其實，西方文論家的解答，也與中國古人有類同之處。例如十九世紀英國文學批評家卡萊爾評論莎士比亞，就把「無意識」與天賦才能結合起來，稱為「無意識的智力」。他說：莎士比亞具有「偉大的智力」，「他的幻想力、思考力是無敵的」，「他看到了一切事物的內心和它們之間的和諧」。但是這並非「出於習性或偶然，而是自然對他的賦予」，因此他本能地具有「於靜觀中洞察一切的眼光」，而他的智力「我要稱之為無意識的智力」。也正是這「無意識」，使莎士比亞成為「自

然的一部分」[5]。持天才論觀點的康得當然也把藝術創作的成就歸因於天賦才能，而且如同中國古人所説「輪扁不能語斤，伊摯不能言鼎」，認為天才也是不知其所以然而然，只能以作品來示範，卻無法將金針度人：「天才是怎樣創造出它的作品來的，它自身卻不能描述出來或科學地加以説明……因此，它是一個作品的創作者，這作品有賴於作者的天才，作者自己並不知曉諸觀念是怎樣在他內心裡成立的，也不受他自己的控制，以便可以由他隨意或按照規劃想出來，並且在規範形式裡傳達給別人，使他們能夠創造出同樣的作品來」。「既不是荷馬，也不是魏蘭，能夠指示出他們的幻想豐滿而同時思想富饒的觀念是怎樣從他們的頭腦裡生出來並且集合到一起的，因為他們自己也不知道，因而也不能教給別人。」[6]至於用神秘的超自然力量來解釋的，在西方也不乏其人，除了古老的神力憑附説之外，歌德又提出了精靈説：「精靈在詩裡到處顯現，特別是在無意識狀態中，這時一切知解力和理性都失去了作用，因此它超越一切概念而起作用。」[7]

　　究竟應該怎樣認識文藝創作中「無意」的作用，恐怕至今也還說不清楚，因為這涉及藝術思維中的一些深層次問題，而藝術思維的研究尚有一大片未知的空白。藝術思維需要憑藉靈感，古人叫作「興會」。靈感是很微妙的，猶如五代和尚貫休説的「竟日覓不得，有時還自來」（《言詩》），有意尋覓反倒阻滯了靈感的發生，無意求索卻能引發靈感的到來，關於靈感和興會，我們將在下一章中詳論。現在對「無意」與藝術思維的關係再作一點辨析。

　　文藝創作是人的複雜的精神生產，完全排除意識的參與，純粹處

5　　《歐洲文論簡史》，第323頁。

6　　康得：《判斷力批判》上卷，宗白華譯，商務印書館1987年版，頁153-155。

7　　愛克曼輯錄：《歌德談話錄》，朱光潛譯，人民文學出版社1978年版，第236頁。

於迷狂或夢幻的狀態，是不可能的。因此，極端崇拜自發性的非理性主義的美學理論，是背離科學的分析的。然而，確實有不少意識活動是會阻礙藝術思維的運行的，因為藝術思維有著不同於其他思維的特點。例如，清代詩人袁枚論述「無意」，便突出強調了「無意求名」。他在《隨園詩話》中說：

《三百篇》不著姓名，蓋其人直寫懷抱，無意於傳名，所以真切可愛。今作詩，有意要人知有學問，有章法，有師承，於是真意少而繁文多。（卷七）

他贊成周亮工的觀點：

最愛周櫟園之論詩曰：「詩，以言我之情也，故我欲為則為之，我不欲為則不為。原未嘗有人勉強之，督責之，而使之必為詩也。是以《三百篇》稱心而言，不著姓名，無意於詩之傳，並無意於後人傳我之詩。嘻！此其所以為至與！今之人，欲借此以見博學，競聲名，則誤矣！」（卷三）

他又引了錢大昕的話：

錢辛楣少詹序馮畹盧之詩曰：「古之君子，以詩名者，大都自抒所得，而非有意於求名，故一篇一句，傳誦於士大夫之口。後人會萃成書，而集始名焉。南齊張融自題其集，有『玉海金波』之名。五代和凝鎸集行世，人多笑之。近世士人，未窺六甲，便制五言。又多求名公為之標榜，遂梓集送人。宜於詩學入之不深，而可傳者少。」（補遺

卷二）

　　《詩經》的作者多為民間詩人，不著姓名，無意傳名於後世，能稱心而言，直抒懷抱，所以真切動人，後世士人欲借詩揚名，要博得名公巨卿的稱賞，以為進身的階梯，就喪失了獨立的人格，也喪失了創作的自由，求名之意便是束縛詩思的一大魔障。後來書法家何紹基論書畫有一席話講得非常透徹：

　　作一書、一畫，或以應人求情，或意在成幅卷及冊子，則恐有不合矩度，不厭人心目處，必不免有矜持慘澹之意。人心勝，斯天機少，雖雲合作，能合其所合，不能合其所不及合也。畫稿之作，不為欲存此紙，欲用此筆。心無紙筆，則但有畫心；並不曾有畫，則但有畫理、畫意、畫情、畫韻；其理與意、與情、與韻，又尚在可有可不有之間。至於理、意、情、韻且可有可不有，則落筆時之超象外，與天遊，舉平日使盡氣力不離故處者，到此百煉鋼化為繞指柔，且繞指柔化為丹汞，直是一點靈光透出塵楮矣。（《跋董香光畫稿冊》，《東洲草堂文鈔》卷十二）

　　這段針砭時弊的議論的確是很精闢的。文學創作要求有個人的獨創性，藝術思維要求有想像和幻想自由馳騁的廣闊天地，如果一心想著如何襲取名利，如何迎合流俗，種種雜念橫互於胸中，種種顧忌懸掛於心頭，那就無異於套上重重枷鎖，又怎麼能創造出傳世的佳作呢？因此，畫中之粉本、書中之法帖，由於超脫了這些限制，倒能透露出「一點靈光」。如果說「無意」是指去除這種「意」的干擾，無疑是完全符合文藝創作和藝術思維的規律的。

但古代文藝家講「無意」還接觸到藝術思維中更深的層面。中國文論素有「尚意」的傳統。最早提出的是「文以意為主」，南朝宋的範曄即謂：「以意為主，以文傳意。」（《獄中與諸甥侄書》）唐代的杜牧又重申了這個命題（見《答莊充書》）。宋葛立方《韻語陽秋》中還記載了一則蘇軾論意的故事：

東坡在儋耳時，余三從兄諱延之，自江陰擔簦萬里，絕海往見，留一月。坡嘗誨以作文之法曰：「儋州雖數百家之聚，州人之所須，取之市而足，然不可徒得也，必有一物以攝之，然後為己用。所謂一物者，錢是也。作文亦然，天下之事，散在經子史中，不可徒使，必得一物以攝之，然後為己用。所謂一物者，意是也。不得錢不可以取物，不得意不可以明事，此作文之要也。」……（卷三）

在詩學中，唐人就很重意，如皎然《詩式》論「靜」曰：「非如松風不動，林狖未鳴，乃謂意中之靜。」論「遠」曰：「非如渺渺望水，杳杳看山，乃謂意中之遠。」至宋代遂有人提出「詩以意為主」（張表臣《珊瑚鉤詩話》卷一），「詞以意為主」（張炎《詞源》〈意趣〉）。宋人重意更大大超過唐人，於是有「作詩必先命意」之說，如魏慶之《詩人玉屑》中引《室中語》云：「作詩必先命意，意正則思生，然後擇韻而用，如驅奴隸；此乃以韻承意，故首尾有序。今人非次韻詩，則遷意就韻，因韻求事；至於搜求小說佛書殆盡，使讀之者惘然不知所以，良有自也。」（卷六）在書論和畫論中則有「意在筆先」的原則。如舊題王羲之撰《題衛夫人〈筆陣圖〉後》說：「夫欲書者，先幹研墨，凝神靜思，預想字形大小、偃仰、平直、振動，令筋脈相連，意在筆前，然後作字。」唐張彥遠《歷代名畫記》說：「意存筆先，畫盡意在，

所以全神氣也。」(《論顧陸張吳用筆》)都強調了立意應在下筆之前。但我們要注意到在古典文藝美學中「意」這一概念具有多重含義，最重要的含義有二：一是指作品所蘊含的思想、觀點、義旨、哲理，一是指創作構思過程中所形成的尚未物化的意象。元人楊載《詩法家數》中說：「詩有內外意，內意欲盡其理，外意欲盡其象。」內意即指前者，外意即指後者。文章中的「意」多指前者，書畫中的「意」多指後者，而在詩歌中則或指前者，或指後者，未可一概而論。重意的理論強調內蘊的深厚、構思的周密、形式的完整，有其合理的因素，但是過分地重意則又忽略了藝術思維的形象性、情感性和隨機性，陷入另一端的片面性和侷限性。

　　文藝自然論之推崇「無意」正是對重意理論的突破和深化。明代「七子」派的謝榛可以說是尚意說的激烈的反對者。他不同意詩歌必須有「內意」：

　　《金針詩格》曰：「內意欲盡其理，外意欲盡其象。內外涵蓄，方入詩格。若子美『旌旗日暖龍蛇動，宮殿風微燕雀高』是也。」此固上乘之論，殆非盛唐之法。且如賈至、王維、岑參諸聯，皆非內意，謂之不入詩格，可乎？然格高氣暢，自是盛唐家數。太白曰：「剗卻君山好，平鋪湘水流，巴陵無限酒，醉殺洞庭秋。」迄今膾炙人口，謂有含蓄，則鑿矣。(《四溟詩話》卷一)

　　杜甫「旌旗」「宮殿」二句，見於《奉和賈至舍人早朝大明宮》。全詩頌美賈至及其父賈曾，都有文才，兩代官中書舍人，執掌絲綸(起草詔令)。這一聯其實也不過是出色地描寫了皇宮氣象，並沒有多少深奧的寓意。賈至的《早朝大明宮》及王維、岑參的和詩俱附載杜甫集

中，三人詩裡的聯句，如「千條弱柳垂青瑣，百囀流鶯繞建章」（賈），「九天閶闔開宮殿，萬國衣冠拜冕旒」（王），「花迎劍佩星初落，柳拂旌旗露未乾」（岑），皆無內意，但不失盛唐氣格。謝榛又舉出李白《陪侍郎叔游洞庭醉後》中的詩句，說明好詩只是直寫懷抱，即景抒情，如果強作解人，非要從中挖掘出什麼微言大義，就不免穿鑿附會。謝榛也不贊成作詩必先立意，甚至認為可以不立意，或不專於一意：

宋人謂作詩貴先立意。李白鬥酒百篇，豈先立許多意思而後措詞哉？蓋意隨筆生，不假佈置。（《四溟詩話》卷一）

詩以一句為主，落於某韻，意隨字生，豈必先立意哉？楊仲弘所謂「得句意在其中」是也。（《四溟詩話》卷二）

詩有不立意造句，以興為主，漫然成篇，此詩之入化也。（《四溟詩話》卷一）

作詩不必執於一個意思，或此或彼，無適不可，待語意兩工乃定。《文心雕龍》曰：「詩有恆裁，思無定位。」此可見作詩不專於一意也。（《四溟詩話》卷三）

他又把「意」分為「辭前意」和「辭後意」，認為「辭後意」優於「辭前意」：

今人作詩，忽立許大意思，束之以句則窘，辭不能達，意不能悉。譬如鑿池貯青天，則所得不多；舉杯收甘露，則被澤不廣。此乃

內出者有限，所謂「辭前意」也。或造句弗就，勿令疲其神思，且閱
書醒心，忽然有得，意隨筆生，而興不可遏，入乎神化，殊非思慮所
及。或因字得句，句由韻成，出乎天然，句意雙美。若接竹引泉而潺
湲之聲在耳，登城望海而浩蕩之色盈目。此乃外來者無窮，所謂「辭
後意」也。（《四溟詩話》卷四）

謝榛關於「意」的這一套理論觀點，雖然不能說完全正確，但確
有獨到的見地。唐代陳子昂標舉「興寄」，元白新樂府運動提倡「諷喻」
「比興」，對於改變脫離現實的形式主義詩風起過進步的歷史作用，這
是不容否認的。然而，如果將是否觸及時事、寄託深刻的寓意作為評
判詩歌的唯一的或主要的標準，則必然流於偏狹。白居易評論杜甫的
作品，只肯定其《新安吏》《石壕吏》《潼關吏》《塞蘆子》《留花門》等，
不過三四十首，便充分暴露了這種詩學思想的狹隘性。宋明兩代受理
學的影響又以是否寓有儒教的義理為評詩的尺度，也同樣忽視了詩歌
的審美特性和創作規律。因此，謝榛提出的詩不必有內意的主張，就
有矯弊正偏的意義。沒有「內意」的詩歌未必不是優秀的詩歌，只要
考察一下歷代的傳世名篇，便可認識到這個結論是無法推翻的。謝榛
的看法得到了後世不少詩家的認同。如清代吳雷發的《說詩菅蒯》中
談到詠物詩時說：

詠物詩要不即不離，工細中有縹緲之致。……夫詩豈不貴寓意
乎！但以為偶然寄託則可，如必以此意強入詩中，詩豈肯為俗子所驅
遣哉！總之，詩須論其工拙，若寓意與否，不必屑屑計較也。大塊中
景物何限，會心之際。偶爾觸目成吟，自有靈機異趣。倘必拘以寓意
之說，是錮人聰明矣。……古人詠物詩，體物工細，摹其形容，兼能

寫其性情，而未嘗旁及他意，將以其不寓意而棄之耶？

　　他認為，詠物詩可以有寄託，也可以無寄託，不能以有無寄託論優劣。而且寄託應是出於自然，觸目會心，才有靈機異趣；不應是勉強注入，這樣的寄託就破壞了詩的審美情趣，古代的詠物詩是大量的，如果只以寄託來衡量，定會把許多佳作排斥掉了。這段話雖然僅就詠物詩而言，其實對詩歌批評是普遍適用的。清代的常州派詞人是力主「寄託」說的，但常州派的最後一位代表人物況周頤則表示了如下的意見：

　　詞貴有寄託。所貴者流露於不自知，觸發於弗克自己。身世之感，通於性靈。即性靈，即寄託，非二物相比附也。橫亙一寄託於搦管之先，此物此志，千首一律，則是門面語耳，略無變化之陳言耳。於無變化中求變化，而其所謂寄託，乃益非真。（《蕙風詞話》卷五）

　　詞所要求的「寄託」是自然的無意的寄託，寄託和性靈是融為一體的，而不是黏合在一起的。如果是有意強加的寄託，那就會變成千首一律的門面話，毫無創新的陳詞濫調，那就是虛假的造作了。這樣的「寄託」說與謝榛所論在精神上是互相溝通的。

　　宋人以文為詩，淡化了詩與文的區別，以至抹殺了詩歌創作的特殊性，把作文之法移用於作詩，也要求先立意後措辭。蘇軾在儋耳教人以作文之法，強調了意的統攝作用，對於作文來說無疑是正確的，對於作詩則未必盡然。在作詩的過程中，藝術思維的活動呈現出更加複雜的狀態：並不單純是由意決定辭，而往往是辭、意互動，辭、意並出，不僅有「文生於情」，也可能「情生於文」，不一定「意在筆

先」，也可以「意隨筆生」，既有「辭前意」，也有「辭後意」；而且詩人可不作整體構思，興會所至，先得一二秀句，然後足成全篇。這些隨機性的靈動變化是與文章寫作（尤其是實用文體的寫作）大不相同的，因此以文律詩，用作文的模式程式來規範作詩，就會敗壞詩興，窒息詩思。謝榛關於「立意」的見解，雖然也有偏頗之處，如認為「不必執於一個意思，或此或彼，無適不可」，以至否定了「意」的確定性，很容易導向形式主義，又過於誇大了「辭前意」的消極作用，也是一種狹隘的觀點。但從總體上看，謝榛是懂得詩歌創作中藝術思維的特殊規律的，他對詩學中某些流行理論的批駁是有道理的。也許是「詩畫本一律」，詩與畫的藝術思維有共同之處的緣故吧，我們在畫論中可以發現有不少與謝榛不謀而合的看法。如明代的李日華就是不承認「意在筆先」的原則的：

　　作畫如蒸雲，度空觸石，一任渺彌遮露晦明，不可預定，要不失天成之致，乃為合作。（《紫桃軒雜綴》）

　　大都畫法以佈置意象為第一，然亦止是大概耳。得其運筆後，雲泉樹石、屋舍人物，逐一因其自然而為之，所謂筆到意生，如漁父入桃源，漸逢佳境，初意不至是也。乃為畫家三昧耳。（《竹懶畫媵》）

　　他認為，繪畫不必預構意象，即使先有意象，落筆時也會發生變化，所謂「筆到意生」與謝榛說的「意隨筆生」如出一轍，只是他說的「意」專指意象。清代的華翼綸也說：

　　求奇求工，皆畫弊也，妙處總在無意得之，一著意象，便落第二

乘矣。（《畫說》）

可見他是反對預構意象的。宋郭若虛《圖畫見聞志》記載，有些畫家是習慣於不構思的，如陸晃：「善畫田家人物，意思疏野，落筆成像，不預構思，故所傳卷軸或為絕品，或為末品也。」高道興：「用筆神速，觸類皆精。……時人諺云：高君墜筆亦成畫。」清畫家蔣和說到畫某種景物是不可用意的：

深山窮谷之中，人跡罕到。其古柏寒松，崩崖怪石，如人之立者、坐者、臥者，如馬者，如牛者，如龍者，如蛇者，形有所似，不一而足，不特因旅客久行山谷心有所疑而生，亦山川之氣、日月之華，積年累月，變幻莫測，有由然也。此景最難入畫，須如宋恪不假思索，隨意潑墨，因墨之點染成畫，庶幾得之，若有意，便惡俗。（《學畫雜論》）

蔣和所言雖然限於特殊的景物，也說明「意在筆先」不是繪畫必遵的定律。而另一位畫家張庚在論氣韻時比較了有意和無意兩種不同的狀態，他說：

氣韻有發於墨者，有發於筆者，有發於意者，有發於無意者。發於無意者為上，發於意者次之，發於筆者又次之，發於墨者下矣。……何謂發於意者？走筆運墨，我欲如是而得如是，若疏密多寡，濃淡乾潤，各得其當是也。何謂發於無意者？當其凝神注想，流盼運腕，初不意如是而忽然如是是也。謂之為足，則實未足；謂之未足，則又無可增加。獨得於筆情墨趣之外，蓋天機之勃露也。然惟靜

者能先知之，稍遲未有不汨於意而沒於筆墨者。(《浦山論畫》〈論氣韻〉)

他所說的「發於意」是指得心應手地運用筆墨將預構的意象物化於紙上，這應該說是相當不容易了，然而並不是繪畫的最高境界。最高的境界是「發於無意」，當走筆運墨之時，心手兩忘，天機自動，超出了原先的擬想，因而達到了高度的自然，又高度的完美。這種繪畫中的無意識狀態，為許多有成就的畫家所親自體驗，因此類似的論述在古代畫論中屢見不鮮，除了上引李日華的話曾述及外，我們還可以舉出明代沈顥的《畫塵》，在〈位置〉一節中說：

胸中有完局，筆下不相應，舉意不必然，落楮無非是機之離合，神之去來，既不在我，亦不在他。

他並不主張不預構思，但認為胸中即使有了完整的意象，落實到紙上又會出現微妙的變化，既不決定於創作主體，也不決定於對象客體，其間是「機」與「神」在起作用。至於這「機」與「神」究竟是什麼，畫家本人恐怕也是難以說清的。而把這種體驗講得最生動的，要數鄭板橋，他在一篇題畫跋中說：

江館清秋，晨起看竹，煙光、日影、露氣，皆浮動於疏枝密葉之間。胸中勃勃，遂有畫意，其實胸中之竹並不是眼中之竹也。因而磨墨展紙，落筆倏作變相，手中之竹又不是胸中之竹也。總之，意在筆先者，定則也；趣在法外者，化機也。獨畫雲乎哉！

　　義大利美學家克羅齊把審美創作的過程分為四個階段：「一、諸印象；二、表現，即心靈的審美的綜合作用；三、快感的陪伴，即美的快感，或審美的快感；四、由審美事實到物理現象的翻譯（聲音、音調、運動、線條與顏色的組合之類）。」[8]我們參照他的分析來看鄭板橋畫竹的三個層次。那麼，「眼中之竹」是畫家所感知的竹的表像，屬於第一階段。「胸中之竹」是畫家心靈中所熔鑄的竹的意象，已是主客體融合的產物，並伴隨著審美的快感，由此產生了創作衝動——「胸中勃勃遂有畫意」，當屬第二、三階段。從「胸中之竹」變為「手中之竹」，亦即畫中之竹，是線條、筆墨等物理現象的翻譯，屬第四階段。克羅齊只承認第二階段是審美活動，而鄭板橋則認為第四階段物質媒介的傳達恰是審美創作的關鍵。他並不否定「意在筆先」的「定則」，但更重視「落筆倏作變相」，這不是簡單地「翻譯」，而是既超越了客體形象的限制，也超越了主體意識的支配，「不知所以神而自神」的神來之筆，所以稱之為「化機」。鄭板橋畫跋的結尾還補充了一句：「獨畫雲乎哉！」意思是說，不僅繪畫是如此，其他藝術創作也有這樣的境界，陸機當年曾為「意不稱物，文不逮意」所困擾，但這裡所說的卻是意高於物，文高於意，而最終的昇華是在「無意」中完成的。

　　古代畫家為了追求「無意」的境界，而有意地想方設法創造條件。如宋鄧椿《畫繼》中記載：

　　陳用之，居小窯村，善山水。宋復古見其畫，曰：「此畫信工，但少天趣耳。先當求一敗牆，張絹素倚之牆上。朝夕觀之，既久，隔素見敗牆之上，高平曲折，皆成山水之勢，心存目想，高者為山，下者

---

8　克羅齊：《美學原理》，朱光潛譯，外國文學出版社1983年版，頁105-106。

為水，坎者為穀，缺者為澗，顯者為近，晦者為遠，神領意造，恍然見其有人禽草木、飛動往來之象，則隨意命筆，自然景皆天就，不類人為，是為活筆。」用之感悟，格遂進。（《山水林石》卷六）

舊說楊惠之與吳道子同師，道子學成，惠之恥與齊名，轉而為塑，皆為天下第一，故中原多惠之塑山水壁。郭熙見之，又出新意，遂令圬者不用泥掌，止以手搶泥於壁，或凹或凸，俱所不問。幹則以墨隨其形跡暈成峰巒林壑，加之樓閣、人物之屬，宛然天成，謂之影壁。其後作者甚盛，此宋復古張素敗壁之餘意也。（《雜說》〈論遠卷九〉）

宋迪和郭熙都是用人為的方法減弱人為的因素，以達到無意的境界，使其畫「宛然天成」，「不類人為」。這與常見的以潑墨作山水用意相同。而畫史上記述最多的是乘醉作畫：

蘇軾，……米元章自湖南從事過黃州，初見公，酒酣，貼觀音紙壁上，起作兩行枯樹、怪石各一，以贈之。山谷《枯木道士賦》云：「恢詭譎怪，滑稽於秋毫之穎，尤以酒為神。故其觴次滴瀝，醉餘顰呻，取諸造化之爐錘，盡用文章之斧斤。」又《題竹石詩》云：「東坡老人翰林公，醉時吐出胸中墨。」先生自題郭祥正壁，亦云：「枯腸得酒芒角出，肺肝槎牙生竹石，森然欲作不可留，寫向君家雪色壁。」則知先生平日非乘酣以發真興，則不為也。（《畫繼》卷三〈軒冕才賢〉）

張昌嗣，……每作竹，必乘醉大呼，然後落筆，不可求……（《畫繼》卷四〈搢紳韋布〉）

　　李覺，……每被酒，則繃素於壁，以墨潑之，隨而成象，曲盡自然之態。（《畫繼》卷六〈山水林石〉）

　　永嘉僧擇仁，……性嗜酒，每醉，揮墨於綃紈粉堵之上，醒乃添補，千形萬狀，極於奇怪。曾飲酒永嘉市，醉甚，顧新泥壁，取拭盤巾濡墨灑其上，明日少增修，為狂枝枯卉，畫者皆伏其神筆。（《圖畫見聞志》卷四）

　　至於書法家乘醉作書的事例則更多，張旭酒酣，以發濡墨作大字，石曼卿劇醉，卷氈書殿榜，一揮而三榜就，均傳為藝林佳話。為什麼那麼多古代藝術家都有帶酒乘酣作書畫的癖好，這是值得思考的。葛立方作了一點解釋：

　　張長史以醉故，草書入神，老杜所謂「楊公拂篋笥，舒卷忘寢食。念昔揮毫端，不獨觀酒德」是也。許道寧以醉故，畫入神，山谷所謂「往逢醉許在長安，蠻溪大硯摩松煙」，「醉拈枯筆墨淋浪，勢若山崩不停手」是也。大抵書畫貴胸中無滯，小有所拘，則所謂神氣者逝矣。鍾、王、顧、陸不假之酒而能神者，上機之士也。如張、許輩非酒安能神哉！（《韻語陽秋》卷十四）

　　人於醉後神志處在不清醒或半清醒狀態，對於科學思維是不利的，然而對於藝術思維卻是有利的，進入無意識的境界可以排除俗慮、引發靈感，這時神氣的運行恰恰能夠通暢無滯。因此，古來多少騷人墨客以飲酒為韻事，與酒結下了不解之緣，酒之用大矣哉！由此，我們聯想到西方現代文學中的超現實主義。這一流派的代表布列東在《什麼是超現實主義？》一書中給「超現實主義」下了一個定義：

「超現實主義，名詞。純粹的精神的無意識活動。……在不受理性的任何控制，又沒有任何美學或道德的成見時，思想的自由活動。」在《超現實主義宣言》中還提出了一種自動寫作法，名為「神秘的超現實主義的秘密」。其操作程式是這樣的：「在思想最易集中的地方坐定後，叫人把文具拿來。儘量使自己的心情處於被動、接納的狀態。……一遍又一遍地對自己說，文學確是一條通向四面八方的最不足取的道路。事先不去選擇任何主題，要提起筆來疾書，速度之快應使自己無暇細想也無暇重看寫下來的文字。……」[9]用這種遊戲式的方法就寫出了「僵屍──絕妙的──將喝新酒」之類不知所云的詩句。[10]超現實主義者的思想，似乎同中國古人崇尚無意的藝術理論很接近，但他們的創作實踐卻並不成功。原因何在呢？文藝創作決定於許多複雜的因素，因此很難作出簡單的回答。但他們在理論上的失誤是顯而易見的，最主要的癥結就是把無意識絕對化了，把不受理性控制，排除主體的能動作用，拋棄一切美學和道德的原則，即所謂「純粹的精神的無意識活動」當作文藝創作的必要條件。按照這個邏輯來推論，那麼瘋子和白癡便最有希望成為卓越的藝術家了。事實上，中國古代的書家、畫家在酣醉中寫字、作畫也並非處在純粹的無意識狀態，之所以能獲得清醒時難以達到的「入神」的效果，是因為排除了外界和內心的干擾，使藝術思維得以自由順暢地運行，以及平時受到抑制的潛意識被啟動、被釋放的緣故。

也許是覺察到只強調「無意」過於絕對化，有些文論家又把「自然」解為「有意無意之間」。如明代的王世貞說：「有意無意之間，卻

---

9　《現代西方文論選》，第169-170頁。

10　參見杜布萊西斯：《超現實主義》，老高放譯，三聯書店1988年版。

是文章妙用」（《藝苑卮言》卷三）。王世懋説：「絕句之源，出於樂府，貴有風人之致。其聲可歌，其趣在有意無意之間」（《藝圃擷餘》）。謝榛説：「凡作古體、近體，其法各有異同，或出於有意無意之間，妙之所由來，不可必也。」（《四溟詩話》卷三）清代的王夫之説：「興在有意無意之間」（《薑齋詩話》〈詩繹〉）。李重華説：「意之遠神，難以言傳，其能者常在有意無意間。」（《貞一齋詩説》）近代詞論家況周頤論詞則説：「詞過經意，其蔽也斧琢；過不經意，其蔽也襵襤（臃腫，笨重）。不經意而經意，易；經意而不經意，難。」（《蕙風詞話》）清畫家查禮論畫梅也要求「若有意若無意」（《題畫梅》）。「有意無意之間」或「經意而不經意」這種折中的説法，或者更能説明「自然」的實質，更符合文藝創作的實際。文藝創作畢竟是文藝家創造性的精神活動，不可能完全「無意」「不經意」，但過於「用意」「經意」又會喪失了自然天真。那麼，「若有意若無意」就是最佳狀態了。我們發現西方的文論家也有相似的認識。別林斯基就認為「創作活動的性質」是「意識中的無意識」。席勒論詩則説：「詩人是從無意識開始的」，「詩就是要能夠把這種無意識轉化為一個對象而予以表現和傳達」。「非詩人和詩人也同樣地憑意識和必然以產生作品，但這作品將不從無意識開始，也不以無意識告終，它僅僅是意識的產物。但是，無意識和意識聯合起來，便形成具有詩意的藝術家了。」[11]可見，他把「無意識和意識」的結合視為詩人區別於非詩人的一項標誌，他承認詩人也要憑意識來創作，然而卻是從無意識開始，又以無意識告終的。我們連繫鄭板橋的畫跋來看席勒的分析感到若合符節。鄭板橋晨起看竹而產生創

---

11　席勒：《致歌德函》，1801年3月27日，轉引自任蠡甫：《歐洲文論簡史》，第203-204頁。

作衝動，「胸中勃勃遂有畫意」，是無意識的；他營構「胸中之竹」則
是有意識的；而「落筆倏作變相，手中之竹又不是胸中之竹」，則又是
無意識的。這不是從無意識開始，又以無意識告終嗎？十九世紀義大
利的文學批評家桑克梯斯説：「藝術家知道自己要創作些什麼，但是他
不會意識到怎樣去創作它。創作的活動是不受他管束的，結果常常出
於他意想之外。」「天才並不自覺，它的施展並不依賴思想系統，而且
常常違反作者的思想系統。」[12]天才藝術家之勝過常人，不是因為他的
創作活動完全排除了意識，而是在於他的創作成果往往超越了他的有
意識的構思。我們看到，中國古代不少文論家正是從這個角度來推崇
「無意」的。

## 第二節　自然——無法

在古代文藝理論中，「法」是一個重要的範疇，指法度、原則、規
範，乃至具體的技法。而作為具體技法的「法」是古人研究藝術創作
論的重點課題，條分縷析，極為細緻，如詩文理論中有篇法、章法、
句法、字法，繪畫理論中有筆法、墨法，書法理論中則以用筆法為
主，其名目十分繁多。「法」是歷代文藝家創作經驗的總結，對於後學
者的入門有嚮導的作用，這是無可否認的。但是，「法」對於創作又是
一種限制、約束，其負面影響便是阻礙了藝術思維的自由運行，損害
了作品的自然天真。因此，「法」在一定條件下會轉化為「自然」的對
立物。而「自然」就意味著對「法」的否定和超越。

---

12　桑克梯斯：《十九世紀義大利文學史·論亞歷桑德羅·孟佐尼》，見伍蠡甫主編：《西
　　方文論選》下卷，上海譯文出版社1979年版，頁466-467。

　　試觀書論、畫論，便多以「無法」來説明創作所達到的「自然」的化境。如張懷瓘《評書藥石論》中説：

　　聖人不凝滯於物，萬法無定，殊途同歸，神智無方而妙有用，得其法而不著，至於無法，可謂得矣。何必鍾、王、張、索[13]，而是規模？道本自然，誰其限約？亦猶大海，知者隨性分而挹之。

　　孫過庭《書譜》中説：

　　數畫並施，其形各異；眾點齊列，為體互乖。一點成一字之規，一字乃終篇之准。違而不犯，和而不同；留不常遲，遣不恒疾；帶燥方潤，將濃遂枯；泯規矩於方圓，遁鉤繩之曲直；乍顯乍晦，若行若藏；窮變態於豪端，合情調於紙上；無間心手，忘懷楷則：自可背義、獻而無失，違鍾、張而尚工。

　　而黃休復《益州名畫錄》則稱「逸格」為「拙規矩於方圓，鄙精研於彩繪；筆簡形具，得之自然」。這些論述都以不遵古法、泯沒規矩、忘懷楷則為書、畫的最高境界。而有些書、畫家則以「無法」自詡。如蘇軾自謂：「我書意造本無法，點畫信手煩推求。」（《石蒼舒醉墨堂》）鄭板橋《題畫》云：「掀天揭地之文，震電驚雷之字，呵神罵鬼之談，無古無今之畫，原不在尋常眼孔中也。未畫以前，不立一格；既畫以後，不留一格。」這裡所説的「格」也就是「法」，所以後來戴熙套用此語說：「未捉筆時不立一法，既擲筆後不留一法」（《習苦齋畫

---

13　鍾，鍾繇；王，王羲之、王獻之；張，張芝；索，索靖。

絮》）。這種崇尚「無法」的論調也見於詩文理論，如袁宏道《答張東阿》云：

> 唐人妙處，正在無法耳。如六朝、漢、魏者，唐人既以為不必法，沈、宋、李、杜者，唐之人雖慕之，亦決不肯法，此李唐所以度越千古也。[14]

明陸時雍《詩鏡總論》云：

> 少陵五言律，其法最多，顛倒縱橫，出人意表。余謂萬法總歸一法，一法不如無法。水流自行，雲生自起，更有何法可設？

但仔細推究上述言論，其實質並不是完全摒棄法度。如張懷瓘說「萬法無定」，「得其法而不著，至於無法」，那麼「無法」正是「得法」的極境，正如清代大畫家石濤說的「聖人無法，非無法也，無法而法乃為至法」（《苦瓜和尚畫語錄》〈變化章〉）。孫過庭則說：「背羲、獻而無失，違鍾、張而尚工」，即雖然違背了先代典範的楷則，卻不失藝術的法度。陸時雍一面說：「萬法總歸一法，一法不如無法」；另一面又說：「凡法妙在轉，轉入轉深，轉出轉顯，轉搏轉峻，轉敷轉平。」（《詩鏡總論》）意思是說，「法」的妙處在其靈活多變，隨機而動，從這個意義上講是「無法」。因此，所謂「無法」實際上是指藝術達到爐火純青的高度成熟，因而不受「法」的束縛。而真正的「法」應該是

---

14 此處「法」字可作「效法」解。「法」是從前代典範作品中總結概括出來的，故古人言「法」，往往兼通「法度」與「效法」二義。

自然的規律，而不是人為的模式。猶如包恢所説：

　　文忠歐公有曰：「文欲開廣，勿用造語，及毋模擬前人。孟（軻）韓（愈）雖高，不必似之，取其自然爾。」至哉言乎！真文法也。(《自識》)

　　「取其自然」，而非「模擬前人」，才是「真文法」。那就不是「自然」即「無法」，而是「自然」即「法」了。「自然」即「無法」和「自然」即「法」，似乎是相反的，然而在內在精神上卻是相通的。
　　我們從古人的文藝論著中可以看到，講得更多的正是自然與法度的統一。如蘇軾稱讚吳道子的畫説：

　　道子畫人物，如以燈取影，逆來順往，旁見側出，橫斜平直，各相乘除，得自然之數，不差毫末。出新意於法度之中，寄妙理於豪放之外，所謂遊刃餘地，運斤成風，蓋古今一人而已。(《書吳道子畫後》)

　　宋董逌頌揚李公麟的畫説：

　　伯時於畫天得也，嘗以筆墨為遊戲，不立寸度，放情蕩意，遇物則畫，初不計其妍蚩得失，至其成功，則無毫髮遺恨。此殆進技於道，而天機自張者邪！(《書伯時縣雷山圖》，《廣川畫跋》卷五)

　　又明李日華評米友仁潑墨山水云：

米元暉潑墨，妙處在樹株向背取態，與山勢相映。然後以濃淡漬染，分出層數。其連雲合霧，洶湧興沒，一任其自然而為之，所以有高山大川之象。若夫佈置段落，視營丘（李成）、摩詰（王維）輩入細之作更嚴也。（《六硯齋筆記》）

這三位傑出的畫家，都不拘守法度，「一任其自然而為之」，因像庖丁解牛、郢人運斤那樣掌握了「自然之數」，最終完成的作品又是嚴格地符合法度的，甚至到了毫髮不爽的地步。唐太宗李世民所作的《指意》這篇短論中說到了書法家領悟「書道」之後的境界：

及其悟也，心動而手均，圓者中規，方者中矩，粗而能銳，細而能壯，長者不為有餘，短者不為不足，思與神會，同乎自然，不知所以然而然矣。

可見，藝術家一旦「進技於道」，就不必時時以規矩繩律，自然會恰到好處地中規中矩，不差毫末。《宣和書譜》稱張旭的草書，「雖奇怪百出，而求其源流，無一點畫不該規矩者，或謂張顛不顛者是也」（卷十八）。「顛」是說他的信筆一揮，狂放不羈，「不顛」又是說他的動由規矩，不離法度。「顛」和「不顛」的統一也就是自然和法度的統一。在文學領域也有同樣的評論。如大詩人李白就是自然和法度統一的典型。朱熹說：「李太白非無法度，乃從容於法度之中，蓋聖於詩者也。」（見《詩人玉屑》卷十四）范晞文說：「謫仙號為雄拔，而法度最為森嚴」（《對床夜語》卷二）。而黃庭堅評杜、韓則說：「觀杜子美到夔州後詩，韓退之自潮州還朝後文章，皆不煩繩削而自合矣。」（《與王觀復書》三首之一）「不煩繩削而自合」就是自然地合乎法度。至於

蘇軾乃自稱：

> 吾文如萬斛泉源，不擇地而出。在平地滔滔汨汨，雖一日千里無難。及其與山石曲折，隨物賦形而不可知也。所可知者，常行於所當行，常止於不可不止，如是而已矣。其他雖吾亦不能知也。（《文說》）

他寫文章宛如行雲流水，無拘無礙，不知道要遵守什麼法度，然而卻「行於所當行」，「止於不可不止」，即處處都是合於法度的。總之，「自然」是文藝家因其造詣精深，純熟地駕馭了創作規律而獲得的自由，從這一點講，「自然」是對法度的超越。然而藝術不能沒有規範，自由不是無限的，任意地胡亂塗抹，只會破壞藝術，喪失了藝術的品格，因此，「自然」是在法度中的自由，從這一點講，「自然」又是與法度的融合。「自然」既與法度合為一體，也就不存在法度對自然的束縛了。「自然」是「無法」的，又是「合法」的。

然而，要達到這樣的理想境界是極其艱難的。大藝術家的垂範，常使後人感到「高山仰止，景行行止」，可望而不可即。連以畫竹名世的鄭燮也不免發出這樣的喟歎：

> 石濤畫竹，好野戰，略無紀律，而紀律自在其中。燮為江君潁長作此大幅，極力仿之。橫塗豎抹，要自筆筆在法中，未能一筆逾於法外。甚矣，石公之不可及也！（《題畫竹》）

要「略無紀律，而紀律自在其中」，把「自然」與法度的矛盾對立轉化為統一，這正是古代文藝家企圖解決的難點。

古人在理論上解決這個問題，大體有兩種思路。一是折中於有法

與無法之間，著眼於把握適宜的「度」。所謂「有法而無定法」就是從這一角度立論的。金王若虛在《滹南遺老集》〈文辨〉中曾説：「或問文章有體乎？曰無。又問無體乎？曰：有。然則果何如？曰：定體則無，大體須有。」「體」指體制，也屬於「法」的範疇。後來元代的郝經就套用了這種説法，説「文有大法，無定法」（《答友人論文法書》）。「法」又有又沒有：大法，即文學創作的基本原則，是有的，但一成不變的法又是沒有的。而清代的文章家魏禧則作了深入透闢的論證：

> 予嘗與論文章之法：法，譬諸規矩。規之形圓，矩之形方，而規矩所造，為橢、為掣、為眼、為倨句磬折，一切無可名之形，紛然各出。故曰：規矩者，方圓之至也。至也者，能為方圓，能不為方圓，能為不方圓者也。使天下物形不出於方，必出於圓，則其法一再用而窮。言古文者，曰伏、曰應、曰斷、曰續。人知所謂伏應，而不知無所謂伏應者，伏應之至也；人知所謂斷續，而不知無所謂斷續者，斷續之至也。（《陸懸圃文序》）

他以工匠所用的規矩作比喻。不以規矩不能成方圓，因此規矩是必備的工具。但事物的圖形是多樣的，不限於方和圓，還有不方不圓各種特異的形狀，如果規矩只能畫方畫圓，那就不是合用的工具了。這裡他實際上揭示了一般和特殊的矛盾。文章的「法」是一般的原則，但文章所反映的事物是千差萬別的，因此「法」又必須是靈活機動、隨宜適變的。古文家大談「伏應」「斷續」，法成了僵硬凝固的公式，其實文章中也可以不要伏應、不要斷續。魏禧的論斷頗有辯證法的思想色彩，他説：「天下之法貴於一定，然天下實無一定之法。古之立法者，因天下之不定而生其一定；後之用法者，因古人之一定而生其不

定。」（《答曾君有》）「立法」和「用法」要求的指向恰好是相反的：
法的確立，是從特殊到一般，從無定到有定，目的是為了指導實踐；
法的運用，則是從一般到特殊，從有定到無定，必須使原則適應具體
情況。因此，「法」應是不變與變、有定與無定的統一。這類提法也見
於畫論。如清方薰《山靜居畫論》中說：

　　或問僕畫法。僕曰：畫有法，畫無定法，無難易，無多寡。嘉陵
山水，李思訓期月而成，吳道子一夕而就，同臻其妙，不以難易別
也。李（成）、範（寬）筆墨稠密，王（維）、米（芾）筆墨疏落，各
極其趣，不以多寡論也。畫法之妙，人各意會而造其境，故無定法也。

　　他和魏禧的觀點是一致的，但視角有所不同，不是從客觀事物的
多樣性，而是從主體風格的多樣性來考察。他也講到了「有常」和「無
定」的統一。如說：「畫無定法，物有常理。物理有常，而其動靜變化
機趣無方，出之於筆，乃臻神妙。」正因為「物有常理」，才有立法的
依據；但繪畫必須表現出無方的機趣，方能臻於神妙，所以又不可墨
守定法。又鄭績《夢幻居畫學簡明》中也說：

　　或曰：畫無法耶？畫有法耶？予曰：不可有法也，不可無法也，
只可無有一定之法。
　　固泥在法謂之板，硜守規習謂之俗。然俗即板，板即俗也。古人
云：寧作不通，勿作庸庸。板俗之病，甚於狂誕。

　　他的論述則側重於強調「無定法」，反對「固泥成法」。但他又說
「不可無法」，那麼「法」又是必需的。可見他的觀點也是有法而無定

法。既然沒有刻板的定法,「自然」與法度就是可以達到統一的。

　　還有一種觀點是所謂「不拘於法,不越於法」,這也是從把握有法無法之間的適度來考慮問題的。如明李東陽《麓堂詩話》中說:

　　律詩起承轉合,不為無法,但不可泥,泥於法而為之,則撐拄對待,四方八角,無圓活生動之意。然必待法度既定,從容閑習之餘,或溢而為波,或變而為奇,乃有自然之妙,是不可以強致也。若並而廢之,亦奚以律為哉?

　　律詩格律最嚴,所以不能廢「法」,廢「法」即不成其為律詩。然而又不可泥於「法」,泥於「法」則「無圓活生動之意」。因此,必須不廢「法」又不泥於「法」,從容於法度之中,才能有「自然」之妙。清黃圖珌論曲,也持同樣的看法:

　　余自小性好填詞,時窮音律。所編諸劇,未嘗不取古法,亦未嘗全取古法。每於審音、煉字之間,出神入化,超塵脫俗,和混元自然之氣,吐先天自然之聲,浩浩蕩蕩,悠悠冥冥,直使高山、巨源、蒼松、修竹皆成異響,而調亦覺自協。頗有空靈杳渺之思,幸無浮華鄙陋之習。毋失古法,而不為古法所拘;欲求古法,而不期古法自備。……(《看山閣集閒筆自跋》)

　　他自述作劇的經驗,歸結為「未嘗不取古法,亦未嘗全取古法」,「毋失古法,而不為古法所拘;欲求古法,而不期古法自備」,如此遂能達到「自然」的境界。宋董逌論書法說:

書法要得自然，其於規矩權衡，各有成法，不可遁也。至於駿發陵屬，自取氣決，則縱釋法度，隨機制宜，不守一定。若一切束於法者，非書也。（《跋唐經》，《廣川書跋》卷八）

他既講到了「有法」而「無定法」，也講到了不可遁於「法」，又不可束於「法」，可見這兩種觀點是相通的，在畫論中則有「不為法縛，不為法脫」（方薰《山靜居畫論》），「奇怪不悖於理法，放浪不失于規矩」（邵梅臣《畫耕偶錄論畫》）等等說法，均可歸屬於此類見解。

值得注意的是清初徐增《而庵詩話》中的一段話：「余三十年論詩，只識得一『法』字，近來方識得一『脫』字。詩蓋有法，離他不得，卻又即他不得；離則傷體，即則傷氣。故作詩者先從法入，後從法出，能以無法為有法，斯之謂脫也。」他所說的「不即不離」，與上述「不泥不越」「不縛不脫」，含意沒有多少差別。但他又提出，「先從法入，後從法出」，這就把有法和無法區分為藝術水準的不同層次，即初學時應遵守法度，而純熟時則能超越法度，「以無法為有法」，也就是自然地合乎法度。這種出入說在畫學中幾乎成為畫家的共識。如清王槩等所著《芥子園畫傳》〈學畫淺說〉中說：

鹿柴氏曰：論畫或尚繁，或尚簡，繁非也，簡亦非也；或謂之易，或謂之難，難非也，易亦非也；或貴有法，或貴無法，無法非也，終於有法更非也。惟先矩度森嚴，而後超神盡變，有法之極歸於無法。如顧長康之丹粉灑落，應手而生綺草；韓幹之乘黃獨擅，請畫

而來神明[15]，則有法可，無法亦可。……然欲無法必先有法，欲易先難，欲練筆簡淨，必入手繁縟。……

蓋「有法」是學畫入門的蹊徑。如果初學者即目無法度，任意揮灑，勢必至於散漫而無拘束，便不能練好基本功，也就無望進取，終歸失敗。反之，初學時嚴守法度，日漸純熟，以至達到隨心所欲不逾矩的地步，那就進入了「無法」的境界。所以說：「欲無法必先有法」，「有法之極歸於無法」。

這種思路反映出儒、道哲學對於古代思維方法的影響。儒家提倡中庸之道，不偏不倚，「允執其中」，因此，在「有法」「無法」之間求得折中平衡，既有「法」，又無定「法」，既不可拘於「法」，也不可離於「法」；道家則主有無相生之說，非有非無，亦有亦無，因此，「有法」「無法」相互依存，相互轉化，「有法」之極歸於「無法」，「無法」而又「法」在其中。「有法」與「無法」截然分割的界限既然撤除，那麼「自然」與法度的矛盾也就可以統一了。

另一種思路則是本於傳統哲學中體用本末的理論，分清何者為體，何者為用，何者為本，何者為末。解決「自然」與法度的矛盾，著眼於正確處理法度與文藝創作的其他因素的關係，擺正法度的適宜的位置。以下幾種觀點都可歸屬於這種思路：

**一、理先於法**

如元代的郝經《答友人論文法書》中說：

---

15　韓幹，唐代畫家，善畫馬。米芾《畫史》載：嘉祐中，有使江南者，渡採石牛渚磯，風大作，不可渡。於是禱中元水府祠。是夕，夢神告：「留馬當相濟。」既寤，遂獻所藏幹馬，已而風止。

古之為文也，理明義熟，辭以達志爾。若源泉奮地而出，悠然而行，奔注曲折，自成態度，匯於江而注之海，不期於工而自工，無意於法而皆自為法。故古之為文，法在文成之後，辭由理出，文自辭生，法以文著，相因而成也，非以求法而作之也。後世之為文也則不然，先求法度，然後措辭以求理。若抱杼軸，求人之絲枲而織之，經營比次，絡繹接續，以求端緒。未措一辭，鈐制天關於胸中，惟恐其不工而無法。故後之為文，法在文成之前，以理從辭，以辭從文，以文從法，一資於人而無我。是以愈工而愈不工，愈有法而愈無法。只為近世之文，弗逮乎古矣。夫理，文之本也；法，文之末也。有理則有法矣，未有無理而有法者也。

郝經深受程朱之學的薰陶，他認為理是文章之本。他指出，古人為文的順序是「辭由理出，文自辭生，法以文著」，「法在文成之後」，理放在首要的地位，法是從屬於理的，因此，文章「無意於法而皆自為法」，是自然地合乎法度的。後世為文則本末倒置，「以理從辭，以辭從文，以文從法」，「法在文成之前」，法被置於先決的地位，理反而要去遷就法，因此，文章為法所束縛，「愈有法而愈無法」。可見，理先于法是文理自然的關鍵，法居理先則既失去了自然，也背離了法度。

## 二、以意役法

如明袁中道說：

自宋元以來，詩文蕪爛，鄙俚雜遝。本朝諸君子出而矯之，文准秦漢，詩則盛唐，人始知有古法。及其後也，剿竊雷同，如贋鼎偽觚，徒取形似，無關神骨。先生出而振之，甫乃以意役法，不以法役意，一洗應酬格套之習，而詩文之精光始出。（《中郎先生全集序》）

　　他指出，明七子矯詩文蕪爛鄙俚之弊，而宣導「文准秦漢，詩則盛唐」，但七子末流尺寸古法，「剽竊雷同」，走向另一極端，袁宏道又起而糾正這種偏失，其宗旨即在於「以意役法，不以法役意」。公安派標榜「獨抒性靈，不拘格套」，格套就是一種成法。「意」不同於「理」，不侷限於儒家的義理、倫理，可以泛指詩文的思想內容，在袁氏兄弟則主要是指發自性靈、「從自己胸臆流出」的獨到之見，所以是「詩文之精光」。「以意役法」，則法受意的調遣；「以法役意」，法便成為意的桎梏。清代的沈德潛雖然文學思想與公安三袁不同，但對「意」與「法」的關係也有一段類似的論述：

　　詩貴性情，亦須論法；亂雜而無章，非詩也。然所謂法者，行所不得不行，止所不得不止，而起伏照應，承接轉換，自神明變化於其中。若泥定此處應如何，彼處應如何，不以意運法，轉以意從法，則死法矣。試看天地間水流雲在，月到風來，何處著得死法？（《說詩晬語》卷上）

　　他不否定「法」，甚至還肯定了「法」對於詩的重要性。但認為，「法」應是自然之法，伏應銜接只可神而明之，不能機械規定。「法」和「意」的正確關係是「意」決定「法」，而不是「法」決定「意」。「以意從法」，「法」就成了死法；「以意運法」，詩就能如行雲流水一樣，「行所不得不行，止所不得不止」。

### 三、以才馭法

清初古文家侯方域說：

　　余少游倪文正公之門，得聞制藝緒論。公教余：為文，必先馳騁

縱橫，務盡其才，而後軌於法。然所謂馳騁縱橫者，如海水天風，渙然相遭，潰薄吹蕩，渺無涯際；日麗空而忽黯，龍近夜以一吟；耳淒今目瞶，性寂乎情移。文至此非獨無才不盡，且欲舍吾才而無從者，此所以卒與法合，而非僅雕鏤組練，極眾人之炫耀為也。今夫雕鏤以章金玉之觀，組練以侈錦繡之華而已，若欲運刀尺於虛無之表，施機杼於縠紋之上，未有不力窮而巧盡者也。……自文正公歿，而天下失其宗，十年以來，後起之俊秀乃務求之繁淫怪誕，以示吾之才高而且博，而先民之規矩蕩然無複存者矣。夫天下之真才，未有肯畔於法者，凡法之亡，由於其才之偽也。（《倪涵谷文序》，《壯悔堂文集》卷一）

　　侯方域轉引倪文涵的見解，論述了「才」與「法」的關係。「才」指作者思維和表現的能力，是屬於主體方面的因素。他主張先盡其才，「後軌於法」，首先要儘量發揮自己的才能，縱橫馳騁，無所拘礙，就像自然界各種變幻莫測的景象，驚心駭目，皆出於自然，這樣寫成的作品便能自然地合乎法度。他反對為了炫耀，而「雕鏤組練」，追求工巧，以至損害了自然之美。但是他並非輕視法度，恰恰以為「先民之規矩」是不能隨意毀棄的，背離法度就不是「天下之真才」，而是「才之偽」者。這種觀點，有些文論家是不同意的。例如同時代的毛先舒便說：「詩須博洽，然必斂才就格，始可言詩。亡論詞采，即情與氣，亦弗可溢。胸貯幾許，一往傾瀉，無關才多，良由法少。」（《詩辯坻》卷一）他與侯方域正好相反，不贊成放縱才情，「一往傾瀉」，而要求用法度來節制，所謂「斂才就格」也就是「斂才就法」。後來葉燮又針對「斂才就法」作了淋漓盡致的批駁：

　　吾見世有稱人之才，而歸美之曰：「能斂才就法。」斯言也，非能知才之所由然者也。夫才者，諸法之蘊隆發現處也。若有所斂而為就，則未斂未就以前之才，尚未有法也。其所為才，皆不從理、事、情而得，為拂道悖德之言，與才之義相背而馳者，尚得謂之才乎？夫於人之所不能知，而惟我有才能知之，於人之所不能言，而惟我有才能言之，縱其心思之氤氳磅礴，上下縱橫，凡六合以內外，皆不得而囿之，以是措而為文辭，而至理存焉，萬事准焉，深情托焉，是之謂有才。若欲其斂以就法，彼固掉臂遊行於法中久矣，不知其所就者又何物也？必將曰：「所就者，乃一定不遷之規矩。」此千萬庸眾人皆可共趨之而由之，又何待於才之斂耶？故文章家止有以才馭法而驅使之，決無就法而為法之所役，而猶欲詡其才者也。……（《原詩》內篇下）

　　葉燮也是運用分辨本末的方法來論證「才」與「法」關係的。他認為，合乎法度是「才」的表現，「才」是「法」的本源，因此，「斂才就法」這種提法便是本末顛倒，不合邏輯，「才」無非是高出於眾人的認識能力和表達能力。葉燮提出理、事、情是構成詩文的三項要素，作者如能自由馳騁其心思，寫成的文辭有「至理存焉，萬事准焉，深情托焉」，那就是有「才」。至於有人說，所就之「法」乃是「一定不遷之規矩」，這種「死法」只有無才的庸眾才會去遵循它。有才的文章家豈能斂而就之？因此，他指出，只應「以才馭法」，「法」為「才」所驅使，而決不能「斂才就法」，「才」反為「法」所役。葉燮的「以才馭法」說和侯方域的「先才後法」說基本上是一致的。「以才馭法」，便在理論上解決了「自然」與法度的矛盾。

### 四、得其「所以法」

　　明代的焦竑論「法」，提出了「法」和「所以法」的區別：

　　竊謂善學者不師其同，而師其所以同。同者，法也；所以同者，法法者也。蒲且子善弋，詹何聞而悅之，受其術而以釣名於楚；吳道子師張顛筆法，其畫特為天下妙。學弋而得魚，臨書而悟畫，豈不相遼絕哉！彼得其所以法，而法固存也。夫神定者天馳，氣完者材放，時一法不立，而眾伎隨之，不落世檢，而天度自全。譬之雲煙出沒，忽乎滿前，雖旁歧詰曲，不可以為方，卒其所以為法者丙丙如丹。噫！此善學者也。如吮毫而勘筆之豐省，蹲磯以廉餌之浮湛，詹吳且不為，況不為詹吳者乎！（《陳石亭翰講古律手抄序》）

　　「所以法」這個概念前人已曾用過，如董逌論書法就說：「觀書似相家觀人，得其心而後形色氣骨可得而知也。古人大妙處，不在結構形體，在未有形體之先，其見於書者，托也。若求於方直橫斜、點注轉折盡合於古者，此正法之跡耳，安知其所以法哉？」（《為張潛夫書官法帖》，《廣川書跋》卷十）而這種分析方法源於莊子。《莊子》〈天運〉中說：「彼知矉美，而不知矉之所以美」；「夫六經，先王之陳跡也，豈其所以跡哉！」究其所以，也就是王弼所說的「崇本息末」。抓住了「本」，「末」的問題也就迎刃而解了。所謂「所以法」就是支配、決定「法」的更根本的東西。其所指可以很靈活。如焦竑上述這番議論是針對明代擬古之風而發的，他認為，七子派、唐宋派之步趨古法只是學到了古人的皮毛，並不是善學者，善學者「得其所以法」，「法」也就在其中了。他以「學弋而得魚，臨書而悟畫」為喻，說明弋與釣、書與畫，雖屬不同的技藝，其根本原理卻有相通之處。因此效法古人不在其「法」，而在其「所以法」。「所以法」是什麼？連繫焦竑論文重

「神」，那麼也可以理解為「神」，而董逌重「心」，則可以理解為「心」。清代畫家石濤標舉「一畫之法」，說法雖然有別，但其思想方法實與「所以法」之說相同。他在《苦瓜和尚畫語錄》中說：

太古無法，太樸不散，太樸一散，而法立矣。法於何立？立於一畫。一畫者，眾有之本，萬象之根，見用於神，藏用於人，而世人不知。所以一畫之法，乃自我立。立一畫之法者，蓋以無法生有法，以有法貫眾法也。……（《一畫章》）

規矩者，方圓之極則也；天地者，規矩之運行也。世知有規矩而不知夫乾旋坤轉之義，此天地之縛人於法，人之役法於蒙，雖攘先天後天之法，終不得其理之所存，所以有是法不能了者，反為法障之也。古今法障不了，由一畫之理不明，一畫明，則障不在目，而畫可從心，畫從心而障自遠矣。……（《了法章》）

石濤所說的「一畫之法」，不是指繪畫的具體技法，而是指根本原理，也就是「所以法」，因而說，「一畫者，眾有之本，萬象之根」，「一畫之法」是統率眾法、貫通眾法的。世人知規矩是法，卻不知規矩之上還有乾旋坤轉、天地運行的宇宙規律，因此為法所縛，為法所役，法就成了「法障」。懂得了「一畫之法」的道理，才能破除法障，獲得藝術創作的自由。由此可見，「得其所以法」正是解決自然與法度的矛盾的根本途徑。

以上四種論點，雖然沒有否定法，但都降低了法的地位。然而文藝領域的重法論者也擁有很大的勢力，宋以後還出現了不少以重法為旗幟的文學流派，如宋代的江西詩派，明代的「七子」派、唐宋派，

清代的桐城派等。但過分講求法度的理論受到了尖銳的批評，如金王若虛就抨擊黃庭堅說：

> 東坡，文中龍也。理妙萬物，氣吞九州，縱橫奔放，若遊戲然，莫可測其端倪。魯直區區持斤斧準繩之說，隨其後而與之爭，至謂「未知句法」。東坡而未知句法，世豈複有詩人！而渠所謂法者，果安出哉？老蘇論揚雄，以為使有孟軻之書，必不作《太玄》。魯直欲為東坡之邁往而不能，於是高談句律，旁出樣度，務以自立而相抗，然不免居其下也。彼其勞亦甚哉！向使無坡壓之，其措意未必至是。……（《滹南詩話》卷中）

王若虛嘲諷江西派的宗師黃庭堅，才氣識見都不逮蘇軾遠甚，因而高談法度，企圖以此相頡頏，實際上是徒勞的。東坡的文章縱橫奔放，文理自然，魯直繩之以法度，顯得十分可笑。可見，法度與自然是不能相提並論的。清代的袁枚也對唐宋派宣導的古文筆法提出非議：

> 若鹿門（茅坤）所講起伏之法，吾尤不以為然。六經三傳，文之祖也，果誰為之法哉？能為文，則無法如有法；不能為文，則有法如無法。霍去病不學孫、吳，但能取勝，是即去病之有法也；房琯學古車戰，乃致大敗，是即房琯之無法也。文之為道，亦何異焉？（《書茅氏八家文選》）

袁枚的指摘是切中肯綮的，評判文章的優劣豈能以「有法」「無法」為標準。「法」不過是前人經驗的總結，後人也可以創造新的經驗，自

立其法。墨守成法，寫不好文章，有法等於無法；不遵古法，寫出了好文章，則無法等於有法。「自然」與法度之爭的焦點是在如何處置「法」的地位，將「法」抬到壓倒一切的高度，必將損害自然，也必然會招致人們的非難。值得注意的一種現象是這些崇尚法度的流派內部總有人出來作理論上的修正，以緩解自然與法度的矛盾。如首創「活法」之說的呂本中就是「江西社裡人」。他在《夏均父集序》一文中說：

學詩當識活法。所謂活法者，規矩備具，而能出於規矩之外；變化不測，而亦不背於規矩也。是道也，蓋有定法而無定法，無定法而有定法。知是者，則可以與語活法矣。……近世惟豫章黃公，首變前作之弊，而後學者知所趣向，畢精盡知，左規右矩，庶幾至於變化不測。

呂本中給黃庭堅補了漏洞，所謂「活法」是「能出於規矩之外」，又「不背於規矩」，「有定法而無定法，無定法而有定法」，那就是折中於「有法」與「無法」之間，避免了尚「法」的絕對化。後來「死法」「活法」之辨又為元方回所承襲。他說：「枯椿者，死法也；非枯椿者，活法也。吾儒之學，上窮性理，下綴詩文，必得活法。」（《景疏庵記》，《桐江集》卷二）從尚「法」到尚「活法」，江西詩派的理論發生了實質性的變化。再如「後七子」的領袖王世貞，雖然未改尚法的宗旨，但他講「法」已不像李夢陽「尺寸古法」那樣死板。他說：

篇法之妙，有不見句法者；句法之妙，有不見字法者。此是法極無跡，人能之至，境與天會，未易求也。（《藝苑巵言》卷一）

「法極無跡」就是後人説的「有法之極歸於無法」，「無法而法乃為至法」，就是超越法度的自然境界。又説：

首尾開闔，繁簡奇正，各極其度，篇法也；抑揚頓挫，長短節奏，各極其致，句法也；點綴關鍵，金石綺彩，各極其造，字法也。篇有百尺之錦，句有千鈞之弩，字有百煉之金。文之與詩，固異象同則，孔門一唯，曹溪汗下後，信手拈來，無非妙境。（《藝苑卮言》卷一）

篇法、句法、字法都有極其嚴整精緻的最高標準，但詩文的極境則是「信手拈來，無非妙境」，即「無意為法而皆自為法」，自然與法度的完美統一。他甚至批評別人用「法」來評析杜詩：

王允甯生平所推伏者，獨杜少陵。其所好談説，以為獨解者，七言律耳。大要貴有照應，有開闔，有關鍵，有頓挫，其意主興主比，其法有正插，有倒插。要之杜詩亦一二有之耳，不必盡然。予謂允甯釋杜詩如朱子注《中庸》一經，支離聖人之言，束縛小乘律，都無禪解。（《藝苑卮言》卷七）

李夢陽曾把古人的詩法歸結為「前疏者後必密，半闊者半必細，一實者必一虛，疊景者意必二」（《再與何氏書》），説得非常具體。王世貞則指出，「照應」「開闔」「關鍵」「頓挫」「正插」「倒插」之類繁瑣的「法」，並不是從古人活生生的創作經驗中總結出來的，以之強加於大家名篇便扞格難通。讀解杜詩，要像禪家那樣地神悟，而不是作支離破碎的分析。這與李夢陽的主張已相距甚遠。「七子」派理論的

變異證明尺尺寸寸地「法式古人」終究是行不通的。

　　綜觀古人這些紛紜雜出的意見，可以得出這樣的結論：中國傳統美學思想的主流是要求自然與法度的統一，但不是自然服從法度，而是法度服從自然。之所以說「自然」即無法，是強調「自然」高於法度。「無法」不是簡單地排斥否棄法度，而是有法之極的「無法」，綜合了法度的「無法」。「無法而法乃為至法」，「無法」是自然地合乎法度，因此「無法」也就是「自然」與法度的統一。

## 第三節　自然──無工

　　「自然」作為美學範疇的內涵，也可以歸結為「無工」。明代的哲學家、文學批評家李贄曾評論《西廂》、《拜月》、《琵琶》這三部經典性的戲曲說：

　　《拜月》《西廂》，化工也；《琵琶》，畫工也。夫所謂畫工者，以其能奪天地之化工，而其孰知天地之無工乎？今夫天之所生，地之所長，百卉具在，人見而愛之矣，至覓其工，了不可得，豈其智固不能得之歟！要知造化無工，雖有神聖，亦不能識知化工之所在，而其誰能得之？由此觀之，畫工雖巧，已落二義矣。……《西廂》、《拜月》，何工之有！蓋工莫工於《琵琶》矣。彼高生者，固已殫其力之所能工，而極吾才於既竭。惟作者窮巧極工，不遺餘力，是故語盡而意亦盡，詞竭而味索然亦隨以竭。……蓋雖工巧之極，其氣力限量只可達於皮膚骨血之間，則其感人僅僅如是，何足怪哉！《西廂》《拜月》，乃不如是。意者宇宙之內，本自有如此可喜之人，如化工之於物，其工巧自不可思議爾。（《雜述》〈雜說〉）

　　「畫工」巧奪天工，窮巧極工，但與「化工」相比，則已等而下之；「化工」如造化生物，是「無工」的，不需要作者的殫精竭慮，不遺餘力，而其工巧是不可思議的，這才是藝術的最高境界。李贄所説的「化工」，就是「自然」。明代的書論家湯臨初也以「化工」稱書法的極境：「大凡天地間至微至妙，莫如『化工』，故曰『神』曰『化』，皆由合乎自然，不煩湊泊。物物有之，書固宜然。……字有自然之形，筆有自然之勢，順筆之勢，則字形成，盡筆之勢，則字法妙，不假安排，目前皆具，此『化工』也。」（《書指》）他就是用「自然」來説明「化工」的。清代畫家華琳説的「畫到無痕時候，直似紙上自然應有此畫，直似紙上自然生出此畫」（《南宗抉秘》），也是指這種境界。畫好像不是經畫家的構思，用手畫出來的，而是紙上自然生出的，這和李贄所謂「宇宙之內，本自有如此可喜之人」，不是由作者塑造而成的，大意相同。析而言之，「無工」包括兩層含義：一是非工巧，一是非人工。工巧是指作品的完成形態，人工是指作者的創作過程。當然，二者是有連繫的。

　　古人評論文藝作品往往以「自然」與「工巧」或「精工」對舉。工巧之作，並非沒有審美價值，但較之自然，終遜一籌。如嚴羽《滄浪詩話》對比陶、謝：

　　漢魏古詩，氣象混沌，難以句摘。晉以還方有佳句，如淵明「采菊東籬下，悠然見南山」，謝靈運「池塘生春草」之類。謝所以不及陶者，康樂之詩精工，淵明之詩質而自然耳。（《詩評》）

　　劉克莊也有相同的看法，他説：「世以陶、謝相配，謝用功尤深，其詩極天下之工，然其品故在五柳（指陶）之下，以其太工也。」（《戊

子答真侍郎選詩》）陶、謝都是晉代的大詩人，齊名於世，但從其自然
與精工的差別，就顯出了高低。歷代以精工見勝的作家，常不能博得
最高的評價。李賀便是一個突出的例子。他的詩，字字句句經過精雕
細琢，如精金美玉，工麗絕倫，卻不能躋身於大家之列。明李東陽評
曰：「李長吉詩，字字句句欲傳世，顧過於劌鉥，無天真自然之趣。通
篇讀之，有山節藻梲而無梁棟，知其非大道也。」（《麓堂詩話》）這個
評語是有一定的代表性的。李商隱也類似李賀，病在過於工巧。元代
的方回取二李與李白作比較，說明李白之不可及：

> 人言太白豪，其詩麗以富。樂府信皆爾，一掃梁陳腐。余編細讀
> 之，要自有樸處。最於贈答篇，肺腑露情愫。何至昌穀生（指李賀），
> 一一雕麗句？亦焉用玉溪（指李商隱），纂組失天趣！（《秋晚雜詩三
> 十首》，《桐江續集》卷二）

李白的詩雖然富麗，但自有其純樸天真之處，不若二李之縟章繪
句，失卻天趣。在大家集中風格多樣，或者自然與工巧並陳，杜甫的
作品便是如此。有人指出：「老杜有自然不做底語到極至處者，有雕琢
語到極至處者。如『丹青不知老將至，富貴於我如浮雲』，此自然不做
底語到極至處者也。如『金鐘大鏞在東序，冰壺玉衡懸清秋』，此雕琢
語到極至處者也。」（呂本中《童蒙詩訓》引謝無逸語）這正是表現了
杜甫所以為大家的無所不能。然而論者仍偏向於欣賞其「自然不做」
的詩句，如《蔡寬夫詩話》云：「『紅稻吸餘鸚鵡粒，碧梧棲老鳳凰
枝』，可謂精切，而在其集中，本非佳處，不若『暫止飛烏將數子，頻
來語燕定新巢』為天然自在。」方回則指出：「詩至於老杜而集大成。
陳子昂、沈佺期、宋之問律體沿而下之，麗之極莫如玉溪，以至西崑；

工之極莫如唐季，以至九僧」[16]。然而，「麗之極工之極，非所以言詩也」。老杜七言律詩中有麗而工者，如「魚吹細浪搖歌扇，燕蹴飛花落舞筵」，「自來自去堂上燕，相親相近水中鷗」，「林花著雨胭脂濕，水荇牽風翠帶長」，「風含翠篠娟娟靜，雨裛紅蕖冉冉香」，但「學者能學此句，未足為雄」。他又列舉了另一類詩句：《撲棗》詩云：「不為困窮寧有此，只緣恐懼轉須親。」《憶梅》詩云：「幸不折來傷歲暮，若為看去亂鄉愁。」《春菜》詩云：「巫峽寒江那對眼，杜陵野老不勝悲。」《送僧》詩云：「念我能書數字至，將詩不必萬人傳。」說「此等詩不麗不工，瘦硬枯勁，一幹萬鈞」，初學者也許不見其奧妙，其實遠勝過麗而工者（《讀張功義南湖集序》）。他認為，杜甫的詩歌創作經歷了「由至工入於不工」的發展過程：

山谷論老杜詩，必斷自夔州以後。試取其庚子至乙巳六年之詩觀之，秦隴劍門行旅跋涉，浣花草堂居處嘯詠，所以然之故，如繡如畫。又取其丙午至辛亥六年詩觀之，則繡與畫之跡俱泯。赤甲、白鹽[17]之間，以至巴峽、洞庭、湘潭，莫不頓挫悲壯，剝落浮華。今之詩人未嘗深考及此。善為詩者，由至工入於不工；工則粗，不工則細，工則生，不工則熟。（《程門山吟稿序》）

方回從杜甫詩風的嬗變中，總結出一條規律，「善為詩者，由至工入於不工」。「不工」是比「工」更高的精緻純熟的境界。所以「自然」之為「無工」，不是初學寫詩者粗率生澀的「不工」，而是「至工」的

---

16　指宋初詩僧希晝、保暹、文兆、行肇、簡長、惟鳳、宇昭、懷古、惠崇等九人。

17　赤甲、白鹽，山名，均在四川奉節東。

昇華，「不工」中已綜合包容了「至工」。由此看來，「如繡如畫」的「至工」又是達到「剝落浮華」的「不工」所必經的階段。後來，清末的劉熙載論書法的造詣也闡明了相同的規律：「學書者始由不工求工，繼由工求不工。不工者，工之極也。《莊子》〈山木篇〉曰：『既雕既琢，復歸於樸。』善夫！」（《藝概》〈書概〉）而鄭板橋論作畫說的「必極工而後能寫意，非不工而遂能寫意也」（《板橋題畫》），也是揭示了「工」與「不工」的辯證關係。

　　既然「不工」之中綜合包容了「至工」，那麼「自然」和「工巧」就不是截然對立的。因此，有些文論家就把「天然工妙」視為詩文的極致，即既是工巧的，又是自然的。這種觀點並不因推崇自然而排抑工巧，恰恰認為工巧的作品也可以出之自然。如葉夢得《石林詩話》評析杜甫的詩句說：

　　詩語固忌用巧太過，然緣情體物，自有天然工妙，雖巧而不見刻削之痕。老杜「細雨魚兒出，微風燕子斜」，此十字殆無一字虛設。雨細著水面為漚，魚常上浮而淰，若大雨則伏而不出矣。燕體輕弱，風猛則不能勝，惟微風乃受以為勢，故又有「輕燕受風斜」之語。至「穿花蛺蝶深深見，點水蜻蜓款款飛」，「深深」字若無「穿」字，「款款」字若無「點」字，皆無以見其精微如此。然讀之渾然，全似未嘗用力，此所以不礙其氣格超勝。……（卷下）

　　杜甫對物態體察入微，用詞精審到毫髮不爽，這些名句不能不說是工巧的，然而，「巧而不見刻削之痕」，「讀之渾然，全似未嘗用力」，又不能不說是自然的。這就是「自然」和工巧的統一。周必大《二老堂詩話》解讀蘇軾的詩，也指出了這一特點：

　　蘇文忠公詩，初若豪邁天成，其實關鍵甚密。再來杭州壽星院寒
碧軒詩，句句切題，而未嘗拘。其云：「清風肅肅搖窗扉，窗裡修竹一
尺圍。紛紛蒼雪落夏簟，冉冉綠霧沾人衣。」寒碧各在其中。第五句
「日高山蟬抱葉響」，頗似無意。而杜詩云：「抱葉寒蟬盡。」並葉言
之，寒亦在中矣。「人靜翠羽穿林飛」，固不待言。末句卻說破：「道人
絕粒對寒碧，為問鶴骨何緣肥。」其妙如此。

　　蘇東坡這首寒碧軒詩，結構精嚴，句句落到「寒碧」二字，中間
暗用杜詩典故，結句破題，首尾圓合，可謂工巧，但渾成自然，毫無
拘束牽強之感。這也是自然與工巧一致的範例。元好問說：「東坡聖
處，非有意於文字之工，乃不得不然之為工也。」(《新軒樂府引》)「不
得不然」的「工」，也就是「天然工妙」了。這種境界是很難達到的。
誠如劉克莊所云：「古今作者旨趣，大率有意於求工者率不能工；惟不
求工而自工者，為不可及。求工不能工者，滔滔皆是；不求工而自工
者，非有大氣魄、大力量不能。」(《回信庵書》)本來，「自然」是對
「工巧」的否定，就藝術品位而言，自然為上，工巧次之。但在某些文
論家看來，「天然工妙」的杜詩、蘇詩，同樣是藝術的高格，可與純以
自然取勝的陶詩並駕齊驅，而關鍵是在於「不求」「無意」。因此，「自
然──無工」這個命題實際上被解為自然即無意於求工而自工，這就
和前面所說的「自然──無意」相合了。
　　「無工」的另一層含義是「非人工」。當然文學藝術是人的創造，
所謂「非人工」，是指創作時的不費力或不著力。謝榛說：「自然妙者
為上，精工者次之，此著力不著力之分」(《四溟詩話》卷四)。他認為
著力不著力便是自然與精工的區別所在。朱熹曾指出：「詩須是平易，
不費力，句法渾成。」(《清邃閣論詩》)「古人文章，大率只是平說而

意自長。……如《離騷》，初無奇字，只恁地說將去，自是好。後來如
魯直，恁地著力做，卻自是不好。」（《朱子語類》卷一三九）他主張
作詩應「不費力」，而批評黃庭堅「著力」去做，卻反倒做不好。很有
意思的是，黃庭堅又嘲笑別人作詩太費力，據宋許顗《彥周詩話》記
述：「黃魯直愛與郭功父戲謔嘲調，雖不當盡信，至如曰『公做詩費許
多氣力做甚？』此語切當，有益於學詩者，不可不知也。」似乎黃庭堅
並不承認自己作詩費力。但江西詩派的另一位宗師陳師道作詩確實是
很費力氣的，因而博得了「閉門覓句陳無己」（黃庭堅《病起荊江亭即
事十首》）的雅稱。江西派在宋代詩壇影響極大，但黃、陳的作詩費力
卻未為後人所認可。如曾師從江西社裡人曾幾的大詩人陸游，即一再
反對雕琢鍛煉：

　　琢雕自是文章病，奇險尤傷氣骨多。君看大羹玄酒味，蟹螯蛤柱
豈同科。（《讀近人詩》）

　　文章本天成，妙手偶得之。粹然無疵瑕，豈復需人為？君看古彝
器，巧拙兩無施。（《文章》）

　　大抵詩欲工，而工亦非詩之極也。鍛煉之久，乃失本旨；斫削之
甚，反傷正氣。（《何君墓表》）

　　可見他是明確地表示作詩不宜著力太過的。宋末元初宗奉江西派
的詩論家方回自述其作詩體會，說：

　　滿眼詩無數，斯須忽失之。精深元要熟，玄妙不因思。默契如神

助，冥搜有鬼知。平生天相我，得句非人為。(《詩思十首》)

　　雖然委之神功鬼助，講得玄之又玄，但無非是強調作詩要靠興會靈感，不是一味用力所能奏效。從以上這些論述看，作詩不尚著力已成為詩家的共識。

　　但在中國文學史上又出現了一批苦吟詩人。他們以苦吟自詡。如賈島自謂：「二句三年得，一吟雙淚流」；孟郊自稱：「夜吟曉不休，苦吟神鬼愁。如何不自閑，心與身為讎。」南唐詩僧貫休賦中秋詩得句：「此夜一輪滿」，至來年始得下句：「清光何處無」，喜極，半夜起身撞鐘，一城盡驚。[18]宋呂東萊少作「風聲入樹翻歸鳥，月影浮江倒客帆」一詩，「嘗嘔血，自此遂得羸疾終身」。(見曾季貍《艇齋詩話》)他如孟浩然因作詩苦思而眉毛盡落，裴祐袖手苦吟而衣袖至穿，等等，都傳為詩壇佳話。對於這種文學現象，論者的看法是有分歧的。有人讚揚苦吟精神。如歐陽修《六一詩話》記述：「唐之晚年，詩人無複李、杜豪放之格，然亦務以精意相高。如周朴者，構思尤艱，每有所得，必極其雕琢。故時人稱樸詩『月鍛季煉，未及成篇，已播人口』，其名重當時如此。」這反映了晚唐的時代風氣是重苦吟的。又宋《陳輔之詩話》云：「人心思究經術，往往不能致精，唯詩冥搜造極，所謂『應須入海求』。唐人有云：『句自夜中得，心從天外歸』。」(見郭紹虞《宋詩話輯佚》上)恰恰認為作詩是應該冥思苦索的。元楊載《詩法家數》云：「詩要苦思，詩之不工，只是不精思耳。不思而作，雖多亦奚以為？古人苦心終身，日煉月鍛，不曰『語不驚人死不休』，則曰『一生精力盡於詩』。今人未嘗學詩，往往便稱能詩，詩豈不學而能哉？」也

---

18　見江鄰幾：《雜誌》，轉引自吳景旭：《歷代詩話》卷五十一。

認為詩必苦思而後能工。明都穆的《南濠詩話》則有這樣的見解：

> 世人作詩以敏捷為奇，以連篇累冊為富，非知詩者也。老杜云：
> 「語不驚人死不休。」蓋詩須苦吟則語方妙，不特杜為然也。賈閬仙
> 云：「兩句三年得，一吟雙淚流。」
> 孟東野云：「夜吟曉不休，苦吟鬼神愁。」盧延遜云：「險覓天應
> 悶，狂搜海亦枯。」杜荀鶴云：「生應無輟日，死是不吟時。」予由是
> 知詩之不工，以不用心之故，蓋未有苦吟而無好詩者。唐山人題詩瓢
> 云：「作者方知吾苦心。」亦此意也。

他以杜甫為苦吟的典範，甚至作出了「未有苦吟而無好詩者」這
樣絕對的判斷。王世貞《藝苑卮言》中引述了皇甫汸的話：「或謂詩不
應苦思，苦思則喪其天真，殆不然。方其收視反聽，研精彈思，寸心
幾嘔，修髯盡枯，深湛守默，鬼神將通之。」（卷一）認為靈感的發生
正是苦思的結果。另一種意見卻與之針鋒相對，是鄙薄苦思的。如宋
葛立方《韻語陽秋》說：

> 陳去非嘗為余言：唐人皆苦思作詩，所謂「吟安一個字，撚斷數
> 莖須」「句向夜深得，心從天外歸」「吟成五字句，用破一生心」「蟾
> 蜍影裡清吟苦，舴艋舟中白髮生」之類是也。故造語皆工，得句皆
> 奇，但韻格不高，故不能參少陵逸步。（卷二）

陳與義沒有完全否定苦思，認為苦思能達到語工句奇，但又指
出，像杜甫那樣的高格，苦吟詩人是無法仰攀的。宋黃徹《䂬溪詩話》
說：「舊說賈島詩，如『鳥從井口出，人自岳陽來』，貫休『此夜一輪

滿，清光何處無』，皆經年方得偶句，以見其辭澀思苦，若非好事者誇辭，亦謬用其心矣。」（《韻語陽秋》卷三）顯然以為如此苦吟是認錯了路頭。宋魏泰《臨漢隱居詩話》以嘲諷的口吻說：「賈島云：『獨行潭底影，數息樹邊身』。其自注云：『二句三年得，一吟雙淚流，知音如不賞，歸臥故山秋。』不知此二句有何難道，至於三年始成，而一吟淚下也。」花了偌大功夫得來的那兩句詩實在並不見佳。清代的王夫之則對著名的「推敲」故事提出質疑：

　　「僧敲月下門」，只是妄想揣摩，如說他人夢，縱令形容酷似，何嘗毫髮關心？知然者，以其沈吟「推」「敲」二字，就他作想也。若即景會心，則或推或敲，必居其一，因景因情，自然靈妙，何勞擬議哉？「長河落日圓」，初無定景；「隔水問樵夫」，初非想得：則禪家所謂「現量」也。（《薑齋詩話》〈夕堂永日緒論內編〉）

　　王夫之認為，作詩應是「即景會心」，即鍾嶸之所謂「即目」、「直尋」，如同佛教法相宗說的「現量」。《相宗絡索》解釋：「現量，現者有現在義，有現成義，有顯現真實義。」「即景會心」，就是寫眼前之景、心中之情，是現在的，也是現成的，不假思量計較，也是顯現真實的，不由作者擬想。因此，賈島的沉吟「推」「敲」，以及韓愈的裁定「敲」字，都是違背作詩規律的。王夫之的分析是從創作原理的高度對苦吟的否定。這類看法也有很大的普遍性。有人便直截了當地說：「伏枕苦吟無好句，描詩容易做詩難。」（袁枚《隨園詩話》卷八引王家駿語）斷定苦吟是寫不出好詩來的。類似的見解亦見於畫論。杜甫寫過一首《戲題王宰畫山水圖歌》，其中有云：「十日畫一水，五日畫一石。能事不受相促迫，王宰始肯留真跡。」意思是頌揚王宰作畫不受

別人的催逼，必俟興之所至，方肯動筆。但清代的畫家湯貽汾則從另一角度表示異議：

> 十日一水，五日一石，經營極矣，非畫之上乘也。造化生物，無所施為。造化發其氣，萬物乘其機而已。吾欲象物，意所至即氣所發，筆所觸即機所乘，故能幻於無形，能形於有聲，若經營慘澹，則無一非團搦而就，生氣生機全無覓處矣。試問造化生物皆團搦而就者耶？（《畫筌析覽》〈總論第十〉）

他認為，繪畫藝術是師法造化的。造化生物，出於自然，「造化發其氣，萬物乘其機」，作畫也應一氣呵成，捉住瞬息即逝的靈感。如果慘澹經營，斷斷續續，那就成了人工的團捏，勢必「生氣生機全無覓處」了。「經營慘澹」相當於作詩之苦思苦吟。湯貽汾和王夫之一樣，也是著眼於創作規律來批判「十日一水，五日一石」的畫法的。

上述兩種關於「苦思」的對立的觀點，究其成因，是在於立足點的不同。前者注重於工巧，所以肯定「苦思」，認為苦思才能精雕細琢，臻於至工；後者則注重於自然，所以否定「苦思」，認為苦思傷氣伐性，有害自然，創作即使工巧，也非藝術中之上品。於是又有第三種觀點的提出，即苦思與自然的統一論。最先發表這種看法的是唐代的皎然。他在《詩式》中說：

> ……又云：「不要苦思，苦思則喪自然之質。」此亦不然。夫不入虎穴，焉得虎子。取境之時，須至難至險，始見奇句。成篇之後，觀其氣貌，有似等閒，不思而得，此高手也。有時意靜神王，佳句縱橫，若不可遏，宛如神助。不然，蓋由先積精思，因神王而得乎？

（〈取境〉）

又在《評論》中説：

　　或曰：「詩不要苦思，苦思則喪於天真。」此甚不然。固當繹慮於險中，采奇於象外，狀飛動之趣，寫真奧之思。夫希世之珍，必出驪龍之領，況通幽名變之文哉！

　　皎然論詩講究「作用」，即藝術構思，但也重視「自然」。他讚美其先祖謝靈運為文，「真於情性，尚於作用，不顧詞彩，而風流自然」（《詩式》〈文章宗旨〉），可見他認為「尚於作用」並不妨害「自然」。「取境」是指營構詩歌的意境，也屬於藝術構思。而他的美學思想是崇尚奇險的（不同於陸遊之以為「奇險尤傷氣骨多」）。「取境」既求奇險，則構思必走艱難的一途。虎穴得子，龍領取珠，只有不避艱險，才能達到目的。因而，在詩歌創作中苦思是必要的。那麼，苦思會不會有傷自然呢？他對這個問題作了相當圓滿的解答。他指出：「成篇之後，觀其氣貌，有似等閒，不思而得，此高手也。」重要的是完成的作品使人看起來是不費力、不著力，至於創作過程中的艱辛，讀者是不知道的。這就是他說的「至苦而無跡」（《詩式》〈詩有六至〉）。苦思而不露痕跡，即為作詩的高手。而且，天機駿利、文思泉湧那種藝術思維的最佳狀態的出現，也往往是由於「先積精思」的緣故。這樣，苦思與自然就完全統一起來了。皎然的創見獲得了不少文論家的認同。王安石的兩句詩：「看似尋常最奇崛，成如容易卻艱辛」（《題張文昌詩後》），可以看作皎然之説的精煉概括。後來包恢又作了引申發揮：

……以為詩家者流，以汪洋澹泊為高。其體有似造化之未發者，有似造化之已發者，而皆歸之於自然，不知所以然而然也。所謂造化之未發者，則沖漠有際，冥會無跡，空中之音，相中之色，欲有執著，曾不可得而自有，屍居而龍見，淵默而雷聲者焉！所謂造化之已發者，真景見前，生意呈露，混然天成，無補天之縫罅，物各付物，無刻楮之痕跡。蓋自有純真而非影，全是而非似者焉！故觀之雖若天下之至質，而實天下之至華；雖若天下之至枯，而實天下之至腴。如彭澤一派，來自天稷者，尚庶幾焉，而亦豈能全合哉！……

半山云：「看似尋常最奇崛，成如容易卻艱辛。」某謂尋常、容易，須從事奇崛、艱辛而入；又妄意以為「《損》先難而後易，《益》長裕而不設」，不外是詩法。況造物氣象，須自大化混浩中沙汰陶熔出來，方見精彩也。（《答傅當可論詩》）

包恢論詩是極其推崇自然的，因此認為作詩應師法造化。詩歌中有虛、實兩種境界。一種似造化之未發者，即隱性的存在，是現實中沒有顯現出來的事物，在詩歌中表現為空靈朦朧的境界，迷離恍惚，似有若無，可望而不可即；一種似造化之已發者，即顯性的存在，是現實中實有的事物，在詩歌中表現為明朗真切的境界，曲寫毫芥，瞻言見貌，宛然在目，生意盎然。這兩種詩境都應歸於自然，看起來要像陶淵明的詩那樣「質而實綺，臞而實腴」。但他認為，除了天才生知之外，一般人要達到自然平易，皆須從學而入，猶如參禪「有漸修始得頓悟」。因此，由艱辛到容易是學詩的必然規律。他引用了王安石的詩句，還引用了〈繫辭〉中說明〈損〉卦和〈益〉卦的兩句話：「〈損〉先難而後易，〈益〉長裕而不設。」「〈損〉，德之修也；〈益〉，德之裕也。」（〈繫辭下〉）損是減損惡念過失以修德，益是德已充裕，不再陷

於困頓（高亨認為「設」即「鷙」，困頓之意），所以由損到益，也就是由難到易的轉化，這是修身的必由之路，也是作詩的規律。這樣，包恢又把苦思與「自然」的統一從創作過程擴大到藝術修養的發展過程。包恢似乎異常讚賞王安石的這兩句詩，在《書徐致遠無弦稿後》中再度引用：「王半山有謂：『看似尋常最奇崛，成如容易卻艱辛。』今泛觀遠齋詩，或者見其若出之易，而語之平也。抑不知其閱之多，考之詳，煉之熟，琢之工，所以磨　圭角而剝落皮膚求造真實者，幾年於茲矣！」這也再一次闡發了苦思而得，貌似等閒的意思。清代的吳雷發論作詩顯然採納了皎然和包恢的論點。他說：「作詩固宜搜索枯腸，然著不得勉強。故有意作詩，不若詩來尋我，方覺下筆有神。詩固以興之所至為妙。唐人云：『幾處覓不得，有時還自來。』進乎技矣。」（《說詩菅蒯》）他不否定苦思，但更強調自然。他又說：「詩須鑱入，尤貴自然。但講鑱入而不求自然，恐雕琢易於傷氣；但講自然而不求鑱入，恐流入於空腔熟調，且便於枵腹者流。宜先從事於鑱入，然後求其自然，則得矣。」（《說詩菅蒯》）鑱是錐子，鑱入就是紮入、刺入，意即深思、苦思，先要深思、苦思，然後求其自然，這就是由難至易。如果只講自然，讓詩來找我，而不求鑱入，便容易流入空腔熟調。這確是懂得作詩甘苦的經驗之談。袁枚《隨園詩話》中也談到了這一點：「陸釴曰：『凡人作詩，一題到手，必有一種供給應付之語，老生常談，不召自來。若作家，必如謝絕泛交，盡行麾去，然後精心獨運，自出新裁。及其成後，又必渾成精當，無斧鑿痕，方稱合作。』余見史稱孟浩然苦吟眉毫脫盡，王維構思走入醋甕，可謂難矣。今讀其詩，從容和雅，如天衣之無縫，深入淺出，方臻此境。唐人有句云：『苦吟僧入定，得句將成功』。」（卷七）不召自來的老生常談是必須棄去的，這樣的「自然」毫無可貴之處，只有經歷苦思而又

無斧鑿痕，宛若渾然天成，才是理想的作品。更多的詩家則是通過評析作家作品來闡明這種觀點的。如明代的王世貞說：「余始讀謝靈運詩，初甚不能入，既入而漸愛之，以至於不能釋手。其體雖或近俳，而其意有似合掌者。然至穠麗之極，而反若平淡，琢磨之極，而更似天然，則非余子所可及也。」（《書謝靈運集後》）又說：「西京、建安，似非琢磨可到，要在專習凝領之久，神與境會，忽然而來，渾然而就，無歧級可尋，無色聲可指。三謝固自琢磨而得，然琢磨之極，妙亦自然。」（《藝苑卮言》卷一）「淵明托旨沖淡，其造語有極工者，乃大入思來，琢之使無痕跡耳。後人苦一切深沉，取其形似，謂為自然，謬以千里。」（《藝苑卮言》卷三）他認為謝靈運、謝惠連、謝朓的詩篇都是經過琢磨而達到自然，甚至陶淵明某些極工的詩句也是由精思得來，但琢磨之使無痕跡，漢魏的作品雖然渾成，也是由於長久地凝神專一，引發靈感而寫成的。他所說的「琢磨之極，妙亦自然」頗得後來詞家的回應。如清彭孫遹說：「詞以自然為宗，但自然不從追琢中來，便率易無味。」（《金粟詞話》）近代詞人況周頤也說：「所謂自然從追琢中出也。」（《蕙風詞話》卷三）清代的史學家、詩人趙翼又有「煉在句前，不在句下」的說法，他評陸放翁詩說：

　　或者以其平易近人，疑其少煉，抑知所謂煉者，不在乎奇險詰曲，驚人耳目，而在乎言簡意深，一語勝人千百，此真煉也。放翁工夫精到，出語自然老潔，他人數言不能了者，只用一二語了之。此其煉在句前，不在句下，觀者並不見其煉之跡，乃真煉之至矣。（《甌北詩話》卷六）

　　「煉」是「錘煉」，亦即「琢磨」。陸游的詩平易自然，好像是未

加錘煉的，實際上經過了精到的錘煉功夫，錘煉而不見痕跡，才是真正的錘煉的極致。那麼，從王世貞、趙翼等人的觀點來看，琢磨、錘煉不僅不會損害自然，反倒是達到「自然」的必要條件了。但也有一些論者以為不經苦思的「自然」與琢磨之極的「自然」是並存的。如明謝榛《四溟詩話》評杜詩有兩段仿佛相反的論斷：

> 或曰：「詩，適情之具，染翰成章，自然高妙，何必苦思以鑿其真？」予曰：「『新詩改罷自長吟』，此少陵苦思處。使不深入溟渤，焉得驪頷之珠哉？」（卷二）

> 子美曰：「細雨荷鋤立，江猿吟翠屏。」此語宛然入畫，情景適會，與造物同其妙，非沉思苦索而得之也。（卷二）

實際上，在杜詩中苦思而得和非苦思而得兩種情況都有。清沈德潛則以陶、謝為例說明兩種自然各有所長：「陶詩合下自然，不可及處，在真、在厚；謝詩經營而反於自然，不可及處，在新、在俊。」（《說詩晬語》卷上）這樣的看法較為全面通達，詩歌創作可以遵循不同的途徑，原不必揚此抑彼。因此，袁枚便明確地聲稱二者不可偏廢：

> 蕭子顯自稱：「凡有著作，特寡思功；須其自來，不以力構。」此即陸放翁所謂「文章本天然，妙手偶得之」也。薛道衡登吟榻構思，聞人聲則怒；陳後山作詩，家人為之逐去貓犬，嬰兒都寄別家。此即少陵所謂「語不驚人死不休」也。二者不可偏廢，蓋詩有從天籟來者，有從人巧得者，不可執一以求。（《隨園詩話》卷四）

　　於是，他把「天籟」和「人巧」放在了同樣的位置上。而劉熙載論詞則作出了「極煉如不煉，出色而本色，人籟悉歸天籟矣」的論斷。從皎然的苦思和自然的統一論出發合乎邏輯地引向了天籟與人巧之別的消解。

　　上述關於苦思的幾種不同的觀點，各有所見，在一定程度上揭示了藝術創作中的規律性現象，但也各有其片面性。相對地説，皎然等人不把創作過程中的苦思與作品的自然對立起來的理論，包含了更多的合理成分。苦思不苦思、用力不用力，不能作為評判優劣的依據。劉勰早就講過：「人之稟才，遲速異分」；「機敏故造次而成功，慮疑故愈久而致績」（《文心雕龍》〈神思〉）。王士禛也説：「苦思自不可少，然人各有能有不能，要各隨其性之所近，不可強同，如所謂書檄用枚皋（枚皋應詔而成賦），典冊用相如（相如含筆而腐毫），又『潘緯十年吟《古鏡》，何涓一夕賦《瀟湘》』，牧齋云『揮毫對客曹能始，簾閣焚香尹子求』，皆未可以此分優劣也。」（《帶經堂詩話》卷二十九〈答問類〉）畫史上記載：同畫嘉陵江山水於大同殿壁，吳道玄一日而就，李思訓累月方畢，皆極其妙。決定創作的遲速有種種複雜的因素，如作者的才分、風格，作品的題材、體式等等，不必強求一律。而苦吟詩人之所以「可憐無補費精神」，耗費生命卻未能取得相應的成就，其癥結也不在苦吟，而在於不是「即目會心」，「有諸其內而見於外」，在於為文造情，脱離生活，單純在形式上下功夫，違背了創作規律，也可以説違背了自然的原則。因此，絕對地肯定苦思，或絕對地否定苦思，都是失之偏頗的。藝術畢竟是人工的創造，要求自然，主要是看完成的作品是否顯得自然，而不須計較創作中是否不費力氣。然而把苦思和自然的統一推衍到抹殺「天籟」與「人巧」的區別的地步，也就無異於否定了「自然」是最高的藝術品位。我們涉獵西方文

論，也發現不少著名美學家的看法與中國古人極其相似，如康得説：

　　美的藝術作品裡的合目的性，儘管它也是有意圖的，卻須像是無意圖的，這就是說，美的藝術須被看做是自然，儘管人們知道它是藝術。但藝術的作品像是自然是由於下列情況：固然這一作品能夠成功的條件，使我們在它身上可以見到它完全符合著一切規則，卻不見有一切死板固執的地方，這就是說，不露出一點人工的痕跡來，使人看到這些規則曾經懸在作者的心眼前，束縛了他的心靈活力。[19]

　　這段話涉及了「自然」的美學內涵的三個方面：「無意（意圖）」「無法（規則）」和「無工（人工）」。所謂「不露出一點人工的痕跡」不就是「成篇之後，觀其氣貌，有似等閒，不思而得」的意思嗎？再如黑格爾。黑氏是確認藝術美高於自然美的，但他也要求藝術品具有自然之美，而自然之美的實現卻是辛苦經營的結果：

　　美作為精神的作品就連在開始階段也要有已經發展的技巧，大量的研究和長久的練習。既簡單而又美這個理想的優點毋寧說是辛勤的結果，要經過多方面的轉化作用，把繁蕪的，駁雜的，混亂的，過分的，臃腫的因素一齊去掉，還要使這種勝利不露一絲辛苦經營的痕跡，然後美才自由自在地，不受阻撓地，仿佛天衣無縫似的湧現出來。……[20]

---

19　康得：《判斷力批判》上卷，宗白華譯，商務印書館1987年版，第152頁。
20　黑格爾：《美學》第三卷，朱光潛譯，商務印書館1981年版，第5頁。

　　黑格爾的這番議論不是可以看作對「至苦而無跡」「成如容易卻艱辛」「琢磨之極，而便似天然」的闡發嗎？

第三章

# 「自然」的制約因素

　　文藝創作要達到無意而成、無法而法、無工而工的「自然」境界，必須具備一定的條件，這就是「自然」的制約因素。古人對此有許多論述，擇其大端，可以歸納為四項：興會、情性、修養、學力。「興會」就是靈感或創作衝動，「情性」主要是情感，這二者的作用發生在具體作品的創作過程中；「修養」是指人格修養，「學力」是指藝術功力，這二者屬於創作主體應有的素質，其作用是經常性的，不限於某一作品的創作。除此之外，還可以列舉出其他的制約因素，如天賦才質、生活經驗、理性認識等等，因見於文獻的理論資料較少，故不再贅述。

## 第一節　興會：機神湊合，乘興而作

　　「興會」，也稱「興」或「感興」，即今之所謂「靈感」。科學思維

也需要靈感，據說十七世紀的德國天文學家開普勒發現宇宙第三定律，就是在研究一闋樂曲中得到的啟發；而藝術思維尤其需要靈感。只有興到神會，文藝創作才能如天機自動，天籟自鳴，無意而至，無工而成。許多文學藝術家都有親身的體驗，最早描述這種體驗的是晉代的陸機，他在《文賦》中說：

> 若夫應感之會，通塞之紀，來不可遏，去不可止。藏若景滅，行猶響起。方天機之駿利，夫何紛而不理。思風發於胸臆，言泉流於唇齒。紛葳蕤以遝，惟毫素之所擬。文徽徽以溢目，音泠泠而盈耳。……

淋漓盡致地形容了靈感勃發時文思流暢的神奇境界。其後，歷代都有詩人吟詠詩興的微妙，例如：

> 經天緯地物，動必是仙才。竟日覓不得，有時還自來。真風含素髮，秋色入靈台。吟向霜蟾下，終須神鬼哀。（五代貫休《言詩》）

> 煉句爐槌豈可無，句成未必盡緣渠。老夫不是尋詩句，詩句自來尋老夫。（宋楊萬里《晚寒題水仙花並湖山》）

> 老來不肯落言筌，一月詩才一兩篇。我不覓詩詩覓我，始知天籟本天然。（清袁枚《老來》）

> 詩思無端滿太空，偶然飛墮酒杯中。來時雪遝紛如雨，去後蒼茫渺若風。（近代何紹基《次韻答梅根居士》）

　　正因為「興會」關係到創作之能否自然天成，古代詩學中極其重視「興會」。楊萬里在理論上作了分析：

　　大抵詩之作也，興上也，賦次也，賡和不得已也。我初無意於作是詩，而是物是事適然觸乎我，我之意亦適然感乎是物是事，觸生焉，感隨焉，而是詩出焉，我何與哉？天也。斯之謂興。或屬意一花，或分題一山，指某物課一詠，立某題徵一篇，是已非天矣，然猶專乎我也。斯之謂賦。至於賡和則孰觸之？孰感之？孰題之哉？人而已矣。出乎天猶懼戕乎天，專乎我猶懼強乎我，今牽乎人而已矣，尚冀其有一銖之天，一黍之我乎？（《答建康府大軍庫監徐達書》）

　　他把詩歌創作區分為三種類型：一是「興」，產生於客體的適然感觸，無意作詩而詩成，屬「天」即自然，所以為上。二是「賦」，立題課詠，有意製作，已非天然，但尚有作者的主體性，即有「我」，所以次之。三是「賡和」，奉和別人的詩作，作者只能遷就於人，連「我」也喪失了，就是被動地生硬拼湊了。唱和之作在唐代已非常盛行，進而崇尚次韻，入宋益甚，必步原韻，更受拘束，成了純粹炫耀才華技巧的方式，即使像蘇軾那樣的大詩人也不能免俗，集中次韻詩極多，以至有人慨歎近世「不復有真詩矣」（見王若虛《滹南詩話》卷中）。楊萬里的以「興」為上，說明作詩要有興會靈感，才能達到自然的理想境界。其實不獨作詩為然，各種門類的藝術創作都有共通之處。唐孫過庭《書譜》列舉「五合」（即五種作書的適宜條件），其中之一為「偶然欲書」，亦即書興的觸發。此說得到詩家的共鳴。清賀貽孫《詩筏》說：「書家以偶然欲書為合，心遽體留為乖。作詩亦爾。」王士禎在《香祖筆記》中也說：「南城陳伯璣久衡善論詩，昔在廣陵評予詩，

譬之昔人云『偶然欲書』，此語最得詩文三昧。今人連篇累牘，牽事應酬，皆非偶然欲書者也。」可見詩書同理，「興會」是非常重要的。張懷瓘《書斷序》曾極言靈感到來之際，運筆的自然出神入化：

……及乎意與靈通，筆與冥運，神將化合，變出無方。雖龍伯絜（系）鼇之勇，不能量其力；雄圖應籙之帝，不能抑其高。幽思入於毫間，逸氣彌於宇內，鬼出神入，追虛捕微，則非言象筌蹄所能存亡也。

這種神妙的體驗也與陸機《文賦》所述相仿佛。至於繪畫之有待于「興會」也是毋庸置疑的。在畫論中或稱之為「天機」，「天機若到，筆墨空靈，筆外有筆，墨外有墨，隨意採取，無不入妙，此所謂天成也。天成之畫與人力所成之畫，並壁諦視，其仙凡不啻天壤矣。」（布顏圖《畫學心法問答》）可見，「興會」是決定文藝創作自然天成的制約因素。

那麼，「興會」又是如何出現的呢？古人作過不少解釋。或曰：「景與意會」，「目前之景，適與意會，偶然發於詩聲」（張戒《歲寒堂詩話》卷下）。「淵明詩：『采菊東籬下，悠然見南山。』采菊之次，偶見南山，初不用意而景與意會，故可喜也。」（《百斛明珠》，見《詩話總龜》卷之七）或曰：「神與境會」「境與意接」。「西京、建安似非琢磨可到，要在專習凝領之久，神與境會，忽然而來，渾然而就。」（王世貞《藝苑厄言》卷一）「山川、風日、物候、居俗，偶得其境以接吾意，而不為意於其境。」（王世貞《皇甫百泉三州集序》）或曰：「機神湊合」。「其始也曾無一點成意於胸中，及至運思動筆，物自來赴，其機神湊合之故，蓋有意計之所不及，語言之所難喻者，頃刻之間，高下流峙之神，盡為筆墨傳出。」（沈宗騫《芥舟學畫編》〈會意〉）以上幾種說法，

大體上概括了「興會」的兩種情況：一種是由於客體的景或境或物與主體的意或神或情猝然相觸，自然感發，自然契合，而產生了創作衝動，完全是出於無意的；但也可能是久積精思，凝念不釋，因偶然的機緣，外境忽然照亮了內心，創作的欲求油然而生。這就是所謂「景與意會」，「神與境會」。另一種則是在構思之際，俄而氣盛神旺，藝術思維進入極其活躍的狀態，不待冥搜苦索，種種美妙的意象自動地絡繹奔集於筆下，完成的作品超出預想之外，而自得天趣。這就是所謂「機神湊合」。無論是哪種情況，「興會」都具有自發性、偶發性和突發性，因而是可遇而不可求的。

正因為「興會」是偶發的、突發的，「興會」的存留是異常短暫的，宛如電光石火，稍縱即逝，於是有「作詩火急追亡逋，清景一失後難摹」（蘇軾）之說。「興會」到來時最怕外界的干擾。葛立方《韻語陽秋》中說：「詩之有思，卒然遇之而莫遏，有物敗之則失之矣。……小說載謝無逸問潘大臨云：『近日曾作詩否？』潘云：『秋來日日是詩思，昨日捉筆得「滿城風雨近重陽」之句，忽催租人至，令人意敗，輒以此一句奉寄。』亦可見思難而敗易也。」由於「興會」的難得而易逝，因此，文藝家都極為珍惜，一旦出現，便振筆直遂，如兔起鶻落。金聖歎講得很生動：「文章最妙是此一刻被靈眼覷見，便於此一刻放靈手捉住。蓋於略前一刻不見，略後一刻便亦不見，恰恰不知何故卻於此一刻忽然覷見，若不捉住便更尋不出。」（《讀第六才子書法》）古人提倡「乘興」，一方面是說，「興會」未至，不要輕易動筆，必乘興而後作，如蔡希綜《法書論》說的，張旭作草書，「乘興之後，方肆其筆」；另一方面也是指「興會」一至，不可少有遲疑，而應火速命筆。蘇軾記述了宋代畫家孫知微畫水的故事：「始知微欲於大慈寺壽寧院壁作湖灘水石四堵，營度經歲，終不肯下筆。一日倉皇入

寺，索筆甚急，奮袂成風，須臾而成，作輸瀉跳蹙之勢，洶洶欲崩屋
也。」（《書蒲永升畫後》）這是「乘興」的典型的一例。

與「乘興」相連繫的是「佇興」。「佇興」就是等待興會的到來。
王士禛《漁洋詩話》中說：「蕭子顯云：『登高極目，臨水送歸，蚤雁
初鶯，花開葉落。有來斯應，每不能已，須其自來，不以力構。』王士
源序孟浩然詩云：『每有製作，佇興而就。』余生平服膺此言，故未嘗
為人強作，亦不耐為和韻詩也。」「佇興而就」亦即楊萬里說的「興到
漫成詩」（《春晚往永和》）。興致未到，不要勉強操筆，這和「乘興」
之義相同，但「佇興」更側重於強調耐心等待，靜候天機。李漁則稱
之為「養機」：「有養機使動之法在。如入手艱澀，姑置勿填，以避煩
苦之勢。自尋樂境，養動生機，俟襟懷略展之後，仍復拈毫。有興則
填，否則又置。如是者數四，未有不忽撞天機者。若因好句不來，遂
以俚詞塞責，則走入荒蕪一路，求辟草昧而致文明。不可得矣。」（《李
笠翁曲話》〈沖場〉）雖然他說的是度曲填詞，但道理是一樣的，他認
為要相信終有撞著天機的時候。清吳喬在《圍爐詩話》中也說：「興會
不屬，寧且已之；而意中常有未完事，偶然感觸，大有玄想奇句。」苦
心不休，偶然得意，「興會」是一定能等來的。而講「佇興」最詳的是
《文鏡秘府論》中〈論文意〉一節：

　　……意欲作文，乘興便作，若似煩即止，無令心倦。常如此運
之，即興無休歇，神終不疲。凡神不安，令人不暢無興。無興即任
睡，睡大養神。常須夜停燈任自覺，不須強起。強起即昏迷，所覽無
益。紙筆墨常須隨身，興來即錄。若無筆紙，羈旅之間，意多草草。
舟行之後，即須安眠。眠足之後，固多清景，江山滿懷，合而生興。
須屏絕事務，專任情興。因此，若有製作，皆奇逸。看興稍歇，且如

詩未成，待後有興成，卻必不得強傷神。

　　這段話說的其實就是劉勰《文心雕龍》〈養氣篇〉所云：「神之方昏，再三愈黷」，「煩而即舍，勿使壅滯」的意思。這似乎是在談論作家創作的生理保健問題，但確乎與興會有關。當精神困倦，身心疲憊之時，興會是無由降臨的；只有頭腦清醒，如刀刃之新發於硎，思維能力處於最佳的運作狀態，興會才可能發生。因此，「佇興」就包含有保證充分的休息，勞逸的適度調節等內容，即劉勰所謂「逍遙以針勞，談笑以藥倦」。這樣，「佇興」便與「養興」相連繫了。

　　「養興」較之「佇興」要積極一些，不是坐待，而是為誘發興會創造主客觀條件。如清代畫家王昱《東莊論畫》中說：

　　未作畫前，全在養興。或睹雲泉，或觀花鳥，或散步清吟，或焚香啜茗，俟胸中有得，技癢興發，即伸紙舒毫，興盡斯止。至有興時續成之，自必天機活潑，迴出塵表。

　　看來王昱採取的養興之法，有動靜二途：「或睹雲泉，或觀花鳥」是動養；「或散步清吟，或焚香啜茗」是靜養。況周頤自述其發興的經驗是：

　　人靜簾垂，鐙昏香直，窗外芙蓉，殘葉颯颯作秋聲，與砌蟲相和答。據梧冥坐，湛懷息機，每一念起，輒設理想排遣之，乃至萬緣俱寂，吾心忽瑩然開朗如滿月，肌骨清涼，不知斯世何世也。斯時若有無端哀怨，棖觸於萬不得已，即而察之，一切境象全失，惟有小窗虛幌，筆床硯匣，一一在吾目前，此詞境也。……（《蕙風詞話》）

　　在寂靜的環境中，收視返聽，排除一切雜念俗慮，心靈進入澄澈空明的境界，此時藝術思維卻呈現活躍狀態，詩思便會不期然而然地產生。這也是劉勰說的「陶鈞文思，貴在虛靜，疏瀹五藏，澡雪精神」（《文心雕龍》〈神思〉）的原理。但也有一些文藝家則反其道而行之，是從與外界事物的接觸中去尋覓引發興會的機緣的。如相傳唐代詩人鄭綮自謂是「在灞橋風雪中驢子背上」獲得詩思的（見《全唐詩話》卷五）。又據畫史記載吳道子作神鬼壁畫竟是借助裴旻舞劍來觸發天機的。郭若虛《圖畫見聞志》云：

　　開元中，將軍裴旻居喪，詣吳道子請於東都天宮寺畫神鬼數壁，以資冥助。道子答曰：「吾畫筆久廢，若將軍有意，為吾纏結，舞劍一曲，庶因猛勵以通幽冥。」旻於是脫去縗服，若常時裝束，走馬如飛，左旋右轉，擲劍入雲，高數十丈，若電光下射，旻引手執鞘承之，劍透室而入。觀者數千人，無不驚慄。道子於是援毫圖壁，颯然風起，為天下之壯觀。道子平生繪事，得意無出於此。

　　只有與外物相接，才可能「景與意會」「境與神會」，心物共振，喚起靈感。因此，灞橋驢背，較之靜室隱幾，更易引發詩思，此理不言自明。而其中還有一個重要的因素就是情感，「情以物遷，辭以情發」，文藝創作要有情感的驅動，而情感則因外物而觸發，古老的「物感說」已闡明了這一原理機制。南朝的蕭統是這樣敘述他的創作生活的：「或日因春陽，其物韶麗，樹花發，鶯鳴和，春泉生，暄風至，陶嘉月而熙遊，借芳草而眺屬。或朱炎受謝，白藏紀時，玉露夕流，金風多扇，悟秋山之心，登高而遠托。或夏條可結，眷於邑而屬詞；冬雲千里，睹紛霏而興詠。……」（《答湘東王求文集及〈詩苑英華〉書》）

「炎涼始貿，觸興自高，睹物興情，更向篇什。」（《答晉安王書》）雖然蕭統身為東宮太子，生活面不廣，但他的詩興也來自「睹物興情」，大自然的物換星移，絢麗多姿，激起了他的審美情感，從而產生了創作衝動。吳道子畫除災患變相其實就是利用了情感效應。裴旻舞劍不是他描繪的對象，但高超的劍技卻以猛厲之勢、陽剛之氣使他受到強烈的感染，因而「神來、氣來、情來」，情感激越，興會淋漓，此時操筆援毫，遂畫出了「天下之壯觀」。然而，動和靜並不是互不相容的，狂亂騷動的情感不會引出藝術靈感。正如清代文論家魏禧所說：「詩之為物，觸於境，感於事，而勃然發諸言，是動物也。然非有靜氣以為之根，則囂然雜出，不能自成其文理。」（《許士重詩敘》）「重為輕根，靜為躁君」（《老子》），沒有靜的主宰，理智的支配，藝術家是無法投入創作的，所以西方美學家凱西爾稱藝術為「動態的靜謐」（《人論》）。就「養興」而言，靜養和動養也是相輔相成的。

　　「興會」是「自然」的制約因素，而興會本身也是自然而然地發生的。因此，只能「乘興」、「佇興」、「養興」，而不能「造興」，對客揮毫，次韻作詩，強為興會，天與人離，是絕難達到「自然」的境界的。

## 第二節　情性：感物而動，不能不發

　　「自然」如果僅僅由「興會」所制約，那麼就可以歸結為偶然性。但偶然性的背後又潛存著必然性。古人常以「不得已」或「不能已」來說明詩文創作之出於自然，便是指出了這種必然性。如韓愈《送孟東野序》中的一段著名的論述：

　　　大凡物不得其平則鳴：草木之無聲，風撓之鳴；水之無聲，風蕩

之鳴，其躍也或激之，其趨也或梗之，其沸也或炙之；金石之無聲，或擊之鳴。人之於言也亦然，有不得已者而後言，其歌也有思，其哭也有懷。

「物不得其平則鳴」是宇宙間的普遍規律，人之所以形諸歌哭、發為詩文，也是由於心中之不平，也是這一規律的表現。韓愈用自然界的事物作比喻，生動地揭示了詩文的產生是不得已而後言，是有其必然性的。又如朱熹《詩集傳序》中說：

> 人生而靜，天之性也；感於物而動，性之欲也。夫既有欲矣，則不能無思；既有思矣，則不能無言；既有言矣，則言之所不能盡而發於諮嗟詠歎之餘者，必有自然之音響節奏而不能已焉：此詩之所以作也。

從性到欲、到思、到言、到有韻律的詩歌，這一逐級發展的過程，也是「不能已」的，是有其必然性的。因此，全面地闡釋「自然」應是偶然和必然的統一，偶然是自然，必然也是自然。

那麼，從必然的方面制約文藝創作的「自然」的因素是什麼呢？首先是情感，古人往往稱之為「情性」或「性情」。古代哲學中性和情是有區別的。《荀子》〈正名篇〉說：「性者，天之就也；情者，性之質也。」《淮南子》〈原道訓〉說：「人生而靜，天之性也；感而後動，性之害（容）也。」大抵性指人的天賦本性，性感於外物而生情，情是性的表現。性是靜的，情是動的。但在文藝理論中，渾言「性情」，則常側重於指「情」。所謂「不得已」或「不能已」，多指內心情感的要求傾吐和宣洩是不能扼制的，情感是文藝創作的內驅力。文藝創作之出

於自然，也就是「自然」發於情性。例如明竟陵派詩人鐘惺說：「夫詩道性情者也，發而為言，言其心之所不能不有，非謂其事之所不可無而必欲有言也。以為事之所不可無而必欲有言者，聲譽之言也；不得已而有言，言其心之所不能不有者，性情之言也。」（《陪郎草序》）清代常州派詞人張惠言說：「夫民有感於心，有慨於事，有達於性，有郁於情，故有不得已者而假於言。」（《七十家賦鈔目錄序》）又有《言詩》詩說：「情至不能已，氤氳化作詩。屈原初放日，蔡女未歸時。得句鬼神泣，苦吟天地知。此中難索解，解者即吾師。」（袁枚《隨園詩話》補遺卷九引）都是說的情感之不能自已是推動詩文創作的重要契機。

在真情實感的驅動下作詩作文，其創作便是「無意」的：

夫作詩者一情獨往，萬象俱開，口忽然吟，手忽然書，即手口原聽我胸中之所流，手口不能測，即胸中原聽我手口之所止，胸中不可強。（譚元春《汪子戊巳詩序》）

之所以能進入心手兩相忘的無意識境界，正是由於情感的發溢。即所謂「情之所至，詩亦至焉」。又是「無法」的：

韓文公絕妙詩文，多在骨肉離別生死間，信筆揮灑，皆以無心得之，矩矱天然，不煩繩削。亦是哀至即哭，真情流溢，非矜持造作所可到也。文則《祭十二郎》是已，詩則吾得《河之水》二首焉。……（賀貽孫《詩筏》）

以韓愈的詩文為例，發自真情，無心計慮法度，而自合矩矱，如《祭十二郎文》《河之水》，遠非他那些「鉥心劌腸」、刻意求奇的作品

所可及。也是「無工」的：

> 唐歌詞多宮體，又皆極力為之。自東坡一出，情性之外不知有文
> 字，真有「一洗萬古凡馬空」氣象。⋯⋯東坡聖處，非有意於文字之
> 為工，不得不然之為工也。（元好問《新軒樂府引》）

這是讚揚蘇軾「情性之外不知有文字」，所以能無意於工而自工。
總之，文學作品之能否具有自然之美，決定於其是否發自情性。前章
所述的「自然」的三項美學內涵——「無意」「無法」「無工」，實際
上都有情性為其基礎。

情感是一種精神能量，只有積聚到極端充溢的程度才能產生強大
的爆發力，這樣發而為詩文，才有強大的感染力和震撼力。清代的文
論家方東樹拈出了一個「滿」字，說：「傳曰：『詩人感而有思，思而
積，積而滿，滿而足。言之不足，故長言之，長言之不足，故嗟歎詠
歌之。』⋯⋯思積而滿，乃有異觀，溢出為奇。若第強索之，終不得滿
量。所謂滿者，非意滿、情滿即景滿。」（《昭昧詹言》卷一）其實，
對於詩歌創作來講，最重要的是「情滿」。而情感的蓄積又是一個自然
的過程，不能強求，如果蓄積不足，便倉猝命筆，也不可能創作出具
有「奇觀」的作品。白居易有詩讚揚謝靈運說：「謝公才廓落，與世不
相遇。壯志鬱不用，須有所泄處。泄為山水詩，逸韻諧奇趣。」（《韻
語陽秋》卷八引）謝詩之所以有「逸韻」「奇趣」，正是來自長久鬱結
的「壯志」的宣洩。因此，古人論詩都非常重視情感的蓄積。陸遊說：

> 蓋人之情，悲憤積於中而無言，始發為詩。不然，無詩矣。蘇
> 武、李陵、陶潛、謝靈運、杜甫、李白，激於不能自已，故其詩為百

代法。(《澹齋居士詩序》)

　　陸游把悲憤積於中而發為詩提升為普遍原理，自古以來大詩人的典範之作無不是這樣寫成的。他尤其突出了人情中的「悲憤」之情，大約歡樂喜悦之情是不大會長期鬱積的，因此也難以聚集起巨大的能量。這種觀點是同司馬遷所倡的「意有所鬱結，不得通其道，故述往事，思來者」的「發憤著書」説一脈相承的。明代的貝瓊也闡明了這一原理：

　　詩固未易知也。三經三緯之體（指風、雅、頌、賦、比、興）已備於《三百篇》中。然當時自朝廷公卿大夫以及閭巷匹夫匹婦，因時之治亂，政之得失，蓄於中而泄於外，如天風之振，不能不為之聲，而不知聲之所出，海濤之湧，不能不為之文，而不知文之所成。……（《隴上白雲詩稿序》）

　　貝瓊所説的「蓄於中而泄於外」，則著重指出了其自然而然，如「天風之振」「海浪之湧」，不能不出聲，不能不成文，詩人無心作詩，但為情感所驅迫，也不能不泄而為詩。「蓄於中而泄於外」不獨詩歌為然，也適用於小説戲曲的創作。如李贄即謂《水滸傳》乃施耐庵、羅貫中洩憤之作：

　　《水滸傳》者，發憤之所作也。蓋自宋室不競，冠屨倒施，大賢處下，不肖處上。馴致夷狄處上，中原處下，一時君相猶然處堂燕鵲，納幣稱臣，甘心屈膝於犬羊已矣。施、羅二公身在元，心在宋；雖生元日，實憤宋事。是故憤二帝之北狩，則稱大破遼以泄其憤；憤南渡

之苟安，則稱滅方臘以泄其憤。（《忠義水滸傳序》）

　　且不論李贄的論斷是否準確，通過寫小說以宣洩胸中的積憤，這種現象是大量存在的。金聖歎評王實甫之寫《西廂記》也有類似的説法：

　　此一書中所撰為古人名色，如君瑞、鶯鶯、紅娘、白馬，皆是我一人心頭口頭，吞之不能，吐之不可，搔爬無極，醉夢恐漏，而至是終竟不得已而忽然巧借古之人之事，以自傳道其胸中若干日月以來七曲八曲之委折乎！（《西廂記》〈驚豔〉批語）

　　劇中的人物、故事成為寄託作者情感的載體，宣洩作者情感的手段，這就是所謂「借他人之酒杯，澆自己之塊壘」。如果説金聖歎的評論只是就《西廂記》而言，那麼在吳偉業的一段話中則已把宣洩情感視為傳奇創作的普泛性動機了。他説：

　　今之傳奇，即古者歌舞之變也。然其感動人心，較昔之歌舞更顯而暢矣。蓋士之不遇者，鬱積其無聊不平之慨於胸中，無所發抒，因借古人之歌呼笑罵，以陶寫我之抑鬱牢騷；而我之性情，爰借古人之性情，而盤旋於紙上，宛轉於當場。於是乎熱腔罵世、冷板敲人，令閲者不覺其喜怒悲歡之隨所觸而生，而亦於是乎歌哭笑罵之不自已，則感人之深，與樂之歌舞所以陶淑斯人而歸於中正和平者，其致一也。（《北詞廣正譜序》）

　　在他看來，從宣洩情感這一點來講，戲曲與詩歌並無二致，但因

其不僅訴諸筆墨，而且搬演於舞臺，對接受者的情緒感染便更為強烈，而閱者或觀眾也因情感的宣洩獲得了心理的平衡和審美的快感。在中國傳統文論中，對於創作主體的情感作用是特別重視的，幾乎沒有人認為作者是可以冷漠無情的，情感積聚的深度決定作品感人的強度，這也是眾所公認的。

　　但是，從情感蓄積到創作，中間還有一個不可缺少的環節，就是外物的觸發。錢謙益在《虞山詩約序》一文中涉及了這個問題：

　　古之為詩者，必有深情蓄積於內，奇遇薄射於外，輪囷結，朦朧萌折。如所謂驚瀾奔湍，鬱閉而不得流；長鯨蒼虯，偃蹇而不得伸；渾金樸玉，泥沙掩匿而不得用；明星皓月，雲陰蔽蒙而不得出。於是乎不能不發之為詩，而其詩亦不得不工。

　　這段話的重心是說，情感的蓄積要經歷一個抑制的過程，他用一連串的比喻來形容抑制的狀態。抑制得愈嚴、愈久，積聚的能量也愈大，一旦釋放，其勢也愈猛。正如我們要利用水能，便須築起一道攔河大壩一樣。但開啟情感之流的閘門卻不單純是由作者的主觀意志決定的。錢謙益提出了「奇遇薄射於外」，雖然沒有就此展開論述，卻已暗示這「奇遇」是「深情」從抑制到迸發的重要的外部條件。從李夢陽的文論中，我們看到了他對「情」與「遇」的論述：

　　情者，動乎遇者也。……故遇者物也，動者情也，情動則會，心會則契，神契則音，所謂隨遇而發者也。……契者會乎心者也，會由乎動，動由乎遇，然未有不情者也。故曰：情者，動乎遇者也。……故遇者因乎情，詩者形乎遇。（《梅月先生詩序》）

　　古老的物感說是比較粗略的，從〈樂記〉所說的「凡音之起，由人心生也；人心之動，物使之然也」到鍾嶸所說的「氣之動物，物之感人」，都只是籠統地說明了情感的產生是由於人心（或性）受到外物的感動。然而沒有明確地揭示情感從蓄積到進發，從內蘊到外泄，即從「動於中」到「形於言（或聲）」，也需要外物的感發。物感的作用實際上發生在情感的形成和表達兩個不同的階段。李夢陽所謂情「動乎遇」，「遇者物也」，正是對於後一種物感的解析。在情與物遇的過程中，情是根據，是主體，所以說「未有不情者也」，如果沒有「情」也就無所謂「遇」。而且，情對物是有選擇性的，即要選擇與情相當的對應物，如《梅月先生詩序》中所述，「身修而弗庸，獨立而端行，於是有梅之嗜；耀而當夜，清而嚴冬，於是有月之吟」，嚴冬月下的梅花是與詩人要抒發的高潔的情懷相一致的，這就是「情動則會，心會則契」，「契者會乎心者也」，情與物是心會神契的。但這樣的契合又不是有意去求索的，而是出於自然的，所以稱之為「遇」，只可遇而不可求，「隨遇而發」。情與物的遇合在詩歌創作中的重要作用，可歸結為兩條：一是「情動乎遇」，這是指情因遇物而趨於活躍，即情的強化，而不是情的發生；「遇者因乎情」，情不是被動的，恰恰是「遇」的原因。這就是李贄所謂「見景生情，觸目興歎」，情的強化到了無法遏制的程度，便引發了傾吐宣洩的強烈要求。二是「詩形乎遇」，用詩歌的形式（其他文藝形式亦然）表達情感需要具有審美的外觀，即給人以美感的物質載體，而情與物遇就解決了情感的外形化問題，使情感的泄之於詩成為可能。這兩個條件的具備便是萌生創作衝動的契機。因此，情感與興會是密切相關的，沒有情感就沒有情物的遇合，也就沒有興會，情感是基礎，是根本的動因。王士禛說：「夫詩之道，有根柢焉，有興會焉，……根柢原於學問，興會發於性情。」（〈漁洋文〉，見

《帶經堂詩話》）這一論斷是大致不差的。「興會」與情性的結合也就是偶然與必然的統一。

我們還需要進而探究：使詩人感動興起的「外物」是自然景物，還是社會生活？或以何者為主？這也要從情感的形成和表達來分別考察。從情感形成的緣起來看，無疑應是社會生活。例如文天祥在《東海集序》中敘述了作者身遭亡國喪家亂離之苦，悲慨鬱結，發之於詩的經過：

自喪亂後，友人挈其家避地遊官嶺海，而全家毀於盜。孤窮流落，困頓萬狀，然後崖山除禮部侍郎，中且權直學士矣。會南風不競，禦舟漂散，友人倉卒蹈海者，再為北軍所鉤致，遂不獲死，以至於今。凡十數年間，可驚可愕可悲可憤可痛可悶之事，友人備嘗，無所不至。其慘戚感慨之氣，結而不信（伸），皆於詩乎發之。蓋至是動乎情性，自不能不詩。

如此苦難的經歷才積聚起如此深廣的憂憤，無處可泄而泄而為詩。這是一個典型的例子。豐富的社會生活孕育了詩情，造就了詩人，已是全部文學史反覆證明的定律。即使從情感的表達來講，也只有深入生活才能獲得「情與物遇」的機會。生活的貧乏必然導致情感的枯竭，也就導致詩思的枯竭。明末清初的詩人陳子龍從這兩方面說明了生活體驗對於詩歌創作的重要性：

陳子曰：明其源，審其境，達其情，本也；辨其體，修其辭，次也。……夫蘇、李之別河梁，子建之送白馬，班姬「明月」之篇，魏文「浮雲」之作，此境與情會，不得已而發之詠歌，故深言悲思不期

而至。今也既無忠愛惻隱之性，而境不足以啟情，情不足以副境，所
紀皆晨昏之常，所投皆行道之子，胡其不情而強為優之啼笑乎？故曰
明其源，審其境，達其情，本也。……（《青陽何生詩稿序》）

生活是詩歌創作的源泉。如果生活面非常狹窄，作詩只能以「晨
昏之常」為內容，以「行道之子」為對象，「境不足以啟情，情不足以
副境」，那麼，僅在辨體、修辭上下功夫，便是捨本逐末。因此，歷代
的文學藝術家都十分注重生活視野的拓展。陸遊有詩云：「法不孤生自
古同，癡人乃欲鏤虛空。君詩妙處吾能識，正在山程水驛中。」（《題
廬陵蕭顏毓秀才詩卷後》）沒有充實的生活，只講究作詩的技法，無異
雕虛鑿空，他讚揚這位秀才的詩篇正是得力於足跡的廣遠。

然而，我們又注意到，古人論物感往往突出自然景物的感發。劉
勰《文心雕龍》〈物色篇〉說：「春秋代序，陰陽慘舒，物色之動，心
亦搖焉。」所羅列的都是自然景物。最後的結語是：「山林皋壤，實文
思之奧府」，「然屈平所以能洞監風騷之情者，抑亦江山之助乎！」就
是談論作家的生活閱歷，也常著眼於遍覽名山大川，與大自然的親
近。如宋黃徹《溪詩話》中說：

書史蓄胸中，而氣味入於冠裾；山川曆目前，而英靈助於文字。
太史公南遊北涉，信非徒然。觀杜老《壯遊》（詩略），其豪氣逸韻可
以想見。序太白集者，稱其隱岷山，居襄漢，南游江淮，觀雲夢，去
之齊魯，之吳，之梁，北抵趙魏燕晉，西涉岐邠，徙金陵，止潯陽，
流夜郎，泛洞庭，上巫峽。白自序亦曰：「偶乘扁舟，一日千里，或遇
勝景，終年不移。」其恣橫采覽，非其狂也。使二公穩坐中書，何以垂
不朽如此哉！

　　李白一世蹭蹬，浪跡天涯，嘗遍了人生百味，但黃徹用以說明的卻是：「山川歷目前，而英靈助於文字」。清代的學者焦循總結自己的創作經驗，家居時每年作詩不過數首，而游齊魯，半年得詩五十首，游吳越，半年得詩六七十首，其原因是：「山川舊跡與客懷相摩蕩，心神血氣頗為之動，動則詩思自然溢出」（《答羅養齋書》）。也是歸功於山川舊跡（指人文景觀，與自然景物是融為一體的）的感發。那麼這些論述是否反映出古代的文學家對於社會生活有所忽視呢？（有些研究者就批判陸機《文賦》只提「悲落葉於勁秋，喜柔條於芳春」，而不及於社會生活。）其實不然，古人對社會生活是創作的源泉未嘗沒有認識。但就情感轉化為詩歌來看，自然景物常常起了極其重要的作用，如前所說，它可以使情感強化、激化，並給情感賦予審美形態，於是「詩情緣境發」，作詩的興會也就油然而生。由於中國古代詩歌以抒情詩為主，因此關於情景的探討便成為詩學中的傳統論題。情景論的內容是極為豐富的。如宋范晞文云：「景無情不發，情無景不生。」（《對床夜語》卷二）明謝榛云：「景乃詩之媒，情乃詩之胚。」（《四溟詩話》卷三）都穆引陳嗣初之言：「作詩必情與景會，景與情合。」（《南濠詩話》）清王夫之云：「景生情，情生景，哀樂之觸，榮悴之迎，互藏其宅。」（《薑齋詩話》卷一）吳喬云：「詩以情為主，景為賓。景物無自生，惟情所化。」（《圍爐詩話》卷一）李重華云：「景中情，情中景，二者循環相生，即變化不窮。」（《貞一齋詩說》）都從不同的角度闡明了情與景相互生發、相互融合的辯證關係。其中尤以謝榛和王夫之的情景論最為全面深刻。而謝、王二家又都指出了情景的互感交融以自然的遇合為佳。謝榛評杜甫詩說：「子美曰：『細雨荷鋤立，江猿吟翠屏。』此語宛然入畫，情景適會，與造物同其妙，非沉思苦索而得之也。」（《四溟詩話》卷二）王夫之評謝靈運詩說：「天壤之景物，作者

之心目，如是靈心巧手，磕著即湊，豈復煩其躊躇哉！」（《古詩評選》卷五）這就是說，情與景會，不是作者根據情去有意尋求與之相應的景，而是自然地相遇、自然地契合，這樣寫出來的作品才是自然的。

## 第三節　修養：道勝者文不難而自至

古人還認為，作者的人格修養也決定著作品是否出於自然，這是制約自然的又一個重要因素。

本來孔子早就說過：「有德者必有言，有言者不必有德。」（《論語》〈憲問〉）當然，這話不是針對文學創作說的，但後人往往由此連繫到詩文寫作。漢代儒者對孔子的遺訓有所闡發。如揚雄《法言》〈吾子〉中說：「或問：君子言則成文，動則成德，何以也？曰：以其弸中而彪外也。……」王充《論衡》〈書解〉中說：「德彌盛者文彌縟」，「德高而文積」。不過，「有德者必有言」似乎並未為事實所證明，即以孔門弟子中德行最高的顏淵來講，就未曾立言傳世，而「有言者不必有德」在歷史上倒是屢見不鮮的。以至魏代的曹丕慨歎，「古今文人，類不護細行，鮮能以名節自立」（《與吳質書》）。文人無行被視為世之通病。後來顏之推也說：「自古文人，多陷輕薄」（《顏氏家訓》〈文章〉）。南北朝時期，劉勰作《文心雕龍》專設〈程器〉一篇，討論文德問題。他也列舉了文士之疵，但他是為文人鳴不平的，以為「古今將相，疵咎實多」，只是他們位崇勢顯，人家不敢議論罷了，「將相以位隆特達，文士以職卑多誚」，於是惡名唯歸無權無勢的文人了。然而他並非不重文德，借用揚雄的說法，提出文人的標準應是「蓄素以弸中，散采以彪外」。同時代的蕭統評論陶淵明，也極為推崇其高尚的品格，稱揚他「貞志不休，安道苦節，不以躬耕為恥，不以無財為病」（《陶淵

明集序》）。但其弟蕭綱則以為，「立身之道與文章異，立身先須謹重，文章且須放蕩」（《誡當陽公大心書》），乾脆把修身與作文的要求區分開來，看作兩碼事了，這也反映了當時的風尚。到了唐代，文人的品德就受到格外的重視。裴行儉說：「士之致遠，先器識，後文藝。」（見《新唐書》〈裴行儉傳〉）李華說：「有德之文信，無德之文詐。」（《贈禮部尚書清河孝公崔沔集序》）明確了德先文後的主次關係。及至韓愈遂將君子的修養與文學創作連繫起來。他在《答尉遲生書》中說：「夫所謂文者，必有諸其中，是故君子慎其實。實之美惡，其發也不掩，本深而末茂，形大而聲宏，行峻而言厲，心醇而氣和，昭晰者無疑，優遊者有餘。」又在《答李翊書》中說：「將蘄至於古之立言者，則無望其速成，無誘於勢利，養其根而俟其實，加其膏而希其光。根之茂者其實遂，膏之沃者其光燁，仁義之人，其言藹如也。……」文章是內在人格的表現，有諸其中才能形於外，因此，「本深而末茂，形大而聲宏」，「根之茂者其實遂，膏之沃者其光燁」，立言應先修身，學文務須進德。韓愈提倡古文，以明道為旗幟，得出這樣的結論是合乎邏輯的。由此可見，注重文德是古代的傳統觀念，儘管在不同的時代有強弱的變化，卻並沒有中斷。

值得注意的是，在宋代的文論中重新發揚「有德者必有言」的思想，於是人格修養便與文藝自然論相連繫。首先作出全面論述的是文學家歐陽修，他在多篇文章中再三談及這個問題。如在《答祖擇之書》中說：

　　學者當師經，師經必先求其意。意得則心定，心定則道純，道純則充於中者實，中充實則發為文者輝光。

　　這是說，要從學習儒家經典入手，加強思想修養，使內心充實，寫出的文章自然煥發光彩。又在《與樂秀才第一書》中說：

　　聞古人之於學也，講之深而信之篤，其充於中者足，而後發乎外者大以光。譬夫金玉之有英華，非由磨飾染濯之所為，而由其質性堅實，而光輝之發自然也。……今之學者或不然，不務深講而篤信之，徒巧其詞以為華，張其言以為大。夫強為則用力艱，用力艱則有限，有限則易竭。又其為辭不規模於前人，則必屈曲變態以隨時俗之所好，鮮克自立。此其充於中者不足，而莫自知其所守也。

　　他以古今之學者作對比：古之學者致力於義理的探究，見解深刻而信念堅定，由於內在的充實，發而為文章自然卓具異采；今之學者只是在言詞上下功夫，不是模擬前人，便是迎合流俗，雖然很費力氣，但由於內在的不足，缺少自己的主心骨，便很容易陷於枯竭。這段話的宗旨是在思想方面強調文人的修養。而從儒者的觀點來看，思想修養也就是對孔孟之道的領會和把握，因此，歐陽修又提出了「道勝者文不難而自至」的論斷。他在《答吳充秀才書》中說：

　　昔孔子老而歸魯，六經之作，數年之頃爾。然讀《易》者如無《春秋》，讀《書》者如無《詩》，何其用功少而至於至也。聖人之文雖不可及，然大抵道勝者文不難而自至也。故孟子皇皇不暇著書，荀卿蓋亦晚而有作。若子雲（揚雄）、仲淹（王通）方勉焉以模言語，此道未足而強言者也。後之惑者，徒見前世之文傳，以為學者文而已，故愈力愈勤而愈不至。此足下所謂終日不出於軒序，不能縱橫高下皆如意者，道未足也。若道之充焉，雖行乎天地，入於淵泉，無不之也。

　　他把《六經》之作說成出於孔子之手，當然不符合歷史事實，但他的用意是以孔、孟、荀為範例說明儒家的古聖先賢，一生為推行其學說而四處奔波，沒有多少時間用於著書，卻成就了不朽的至文。他又以揚雄、王通為相反的典型，二人窮畢生的精力於著作，卻不過是在形式上模襲聖人（揚雄作《法言》擬《論語》，作《太玄》擬《易》，王通作《文中子》擬《論語》）。由此證明「道勝者文不難而自至」，如果只是著眼於學文，那就用力愈勤而愈不至。歐陽修的觀點，其淵源所自實即孔子所說的「有德者必有言」。

　　道充則文章自然臻於完美，這樣的理論在宋代發生了很大的影響。如曾鞏在《答李沿書》中說：「夫道之大歸非他，欲其得諸心，充諸身，擴而被之國家天下而已，非汲汲乎辭也。其所以不已乎辭者，非得已也。」他不贊成對方表示的「發憤而為詞章」的志願，認為學道的目的是修身、治國，發為文章是不得已，不應汲汲乎追求文辭。其意思也是說，由於道的充實，不得已而形諸文字，才能成為天下之至文。而對這種自然論鼓吹最力的是理學家。如程頤的語錄中有云：

　　問：「出辭氣，莫是於言語上用工夫否？」曰：「須是養乎中，自然言語順理。今人熟底事，說得便分明。若是生事，便說得寒澀。須是涵養久，便得自然。若是慎言語，不妄發，此卻可著力。」

　　問題是從曾子的一席話引出的。《論語》〈泰伯〉載，曾子稱「君子貴乎道者三」，其中之一便是「出辭氣，斯遠鄙倍矣」，由此看出曾子是很重視言語的。但程頤的回答卻是「須是養乎中」，修養到家了，言語便自然順理，因此不需要在言語上用工夫；至於「慎言語，不妄發」，他是肯定的，那也是屬於修養。程頤又說：「孔子曰：『有德者必

有言。」何也？和順積於中英華發於外也。故言則成文，動則成章。」（〈遺書二十五〉）這就把歐陽修的論述同孔子的「有德者必有言」相銜接。但據此，他批評韓愈：「退之晚來為文所得處甚多。學本是修德，有德然後有言，退之卻倒學了。」（〈遺書十八〉）沿著這條思路推演，他便作出了「作文害道」的結論：「問：作文害道否？曰：害也。凡為文不專意則不工，若專意則志局於此，又安能與天地同其大也？《書》云『玩物喪志』，為文亦玩物也。」（〈遺書十八〉）「不專意則不工，若專意則志局於此」，在兩難選擇中就只有拋棄「文」了。把「文」等同於「玩物」，也就是否定了「文」的價值，其實也否定了「道勝者文不難而自至」的命題。理學家和文學家在這裡分道揚鑣了。當然，理學家並不都像程頤那樣認為「作文害道」，但過分地強調「道充」或人格修養終究會走向反面，導致文學的「取消主義」，修養就不是決定文學創作能否自然的制約因素，而是取消文學的破壞因素了。這同歐陽修的原意是大相徑庭的。

歐陽修論自然，在「道」之外還提到了「氣」。他在《唐元結華岩銘》中評論唐代詩人元結說：

元結，好奇之士也。其所居山水，必自名之，惟恐不奇。而其文章用意亦然，而氣力不足，故少遺韻。君子之欲著於不朽者，有諸其內而見於外者，必得於自然。顏子蕭然臥於陋巷，人莫見其所為而名高萬世，所謂得之自然也。

元結是曾為杜甫所推重的詩人，主張發揮詩歌的諷喻美刺作用，但歐陽修對他的文章評價不高，認為好奇而「氣力不足」。接著說：「君子之欲著於不朽者，有諸其內而見於外者，必得於自然」。那麼，元結

就是未能「有諸其內」,「氣力不足」亦即「充於中者不足」。但什麼是「氣力」,歐陽修語焉不詳。我們參照宋代呂南公的說法:「古人之於文,知由道以充其氣,充氣然後資之言,以了其心,則其序文之體,自然盡善,而不在准仿。」(《與汪秘校論文書》)可知,「氣」介於「道」和「言」(「文」)之間,道影響到言或文是經過了氣這個中間環節。文章之能否「自然盡善」,決定於「道充」和「氣充」。而氣對於文的作用比道更為直接。根據孟子的「養氣」說,「浩然之氣」是「集義所生」,「氣」可以理解為道德力量,而「養氣」也就是人格修養了。蘇轍的養氣說便將孟子的養氣說引入文學理論,說明了氣與文的關係:

　　轍生好為文,思之至深。以為文者,氣之所形。然文不可以學而能,氣可以養而致。孟子曰:「我善養吾浩然之氣。」今觀其文章,寬厚宏博,充乎天地之間,稱其氣之小大。太史公行天下,周覽四海名山大川,與燕、趙間豪俊交遊,故其文疏蕩,頗有奇氣。此二子者,豈嘗執筆學為如此之文哉?其氣充乎其中,而溢乎其貌,動乎其言,而見乎其文,而不自知也。

　　「文以氣為主」是曹丕首先提出的,但蘇轍所謂「文者,氣之所形」,似與曹丕不同。因為曹丕所說的「氣」純系天賦,是不可以養而致的。蘇轍所說的「氣」源於《孟子》,是指一種道德力量或人格力量,而不是先天稟受的「體氣」。而從他所舉的司馬遷的範例來看,養氣的途徑不限於師經學道,還要通過增廣社會閱歷,這就與歐陽修和理學家所奉行的人格修養不同。蘇轍認為,「氣充乎其中」,就會自然地「不自知」地表現於文辭。因此,匯總起來說,人格修養包括了學

道和養氣兩個重要方面，「道充」和「氣充」正是文章能達到自然境界的前提。南宋理學家魏了翁的一段話也許可以看作總結性的全面概括：

> 辭雖末技，然根於性，命於氣，發於情，止於道，非無本者能之。且孔明之忠忱，元亮之靜退，不以文辭自命也。若表若辭，肆筆脫口，無復雕繪之工，人謂可配《訓》《誥》《雅》《頌》，此可強而能哉？（《楊少逸不欺集序》）

他認為文辭是「末」，那麼其「本」也就是性、氣、情、道四個因素。而諸葛亮的《出師表》、陶淵明的《歸去來辭》之所以不求雕繪之工，卻能達到可配經典的水準，就是由於二人品德的高尚。在儒者看來，性、氣、情、道都是人格修養的內容。

古人常以道德與文章並提，而道德又制約著文章。這種「有德者必有言」的思想也影響到藝術領域。比如畫論，就非常注重人格修養。宋郭若虛《圖畫見聞志》〈論氣韻非師〉云：

> 六法精論，萬古不移，然而骨法用筆以下五法可學，如其氣韻，必在生知，固不可以巧密得，復不可以歲月到，默契神會，不知然而然也。嘗試論之，竊觀自古奇跡，多是軒冕才賢，巖穴上士，依仁遊藝，探賾鉤深，高雅之情一寄於畫。人品既已高矣，氣韻不得不高；氣韻既已高矣，生動不得不至；所謂神之又神而能精焉。

他說「氣韻必在生和」，似乎委之於天賦，其實他的意思是說，氣韻生動不是工巧琢磨所能達到，而是出於自然的。從下文來看，他認

為氣韻生動是由人品決定的，因此，「自古奇跡」多成於「軒冕才賢，岩穴上士」之手，這些畫家無論在朝在野，都具有高尚的品格，因而才有「高雅之情」寄寓畫中，這正是氣韻生動的先決條件。後來鄧椿《畫繼》為畫家作小傳，就專門列出《軒冕才賢》〈岩穴上士〉一卷。可見畫論家是何等重視人格修養對於藝術創作的作用。郭熙《林泉高致》〈畫意〉中也有類似的看法，他說：

　　人須養得胸中寬狀，意思悅適，如所謂易直子諒，油然之心生，則人之啼笑情狀，物之尖斜偃側，自然列布於心中，不覺見之於筆下。……

　　「易直子諒」語出《禮記》〈樂記〉：「致樂以治心，則易直子諒（《韓詩外傳》作『慈良』）之心油然生矣。」孔穎達疏：「易謂和易，直謂正直，子謂子愛，諒謂誠信。」四者是人的美德。郭熙以為有了這樣善良美好的心態，就自然能畫好人情物貌。如此說來，則人格修養還關係到藝術技巧的高下了。

　　以上列舉的都是宋代的文獻資料，但不是說這種理論只限於宋代，後世共鳴者也不乏其人。如明代的董其昌論畫就完全認同了郭若虛的觀點，但又略加修正：

　　六法精論，萬古不移。然而骨法用筆以下五法可學，如其氣韻，必在生知。固不可以巧密得，復不可以歲月到。默契神會，不知其然而然也。然亦有學得處：讀萬卷書，行萬里路，胸中脫去塵濁，自然丘壑內營，成立鄞鄂，隨手寫出，皆為山水傳神。（《畫旨》）

　　他所補充的「學得」，也就是人格修養，包含了學問和閱歷。達到「胸中脫去塵俗」的澄淨境界，便自然能為山水傳神。而清代的石濤則講得更具體，他說：

　　愚者與俗同識。愚不蒙則智，俗不澂則清。俗因愚受，愚因蒙昧。故至人不能不達，不能不明。達則變，明則化，受事則無形，治形則無跡，運墨如已成，操筆如無為。尺幅管天地山川萬物，而心淡若無者，愚去智生，俗除清至也。（《苦瓜和尚畫語錄》〈脫俗章〉）

　　「受事則無形，治形則無跡，運墨如已成，操筆如無為」，就是藝術創作的「自然」化境；而去愚脫俗，即為人格修養的要求。只是他所說的「心淡若無」乃道家標置的「至人」品格，而非儒家樹立的「聖人」標準罷了。清代程廷祚的文學自然論，則融合儒、道兩家思想提出了獨到的見解。他在《覆家魚門論古文書》中說：

　　……天地雕刻眾形，而咸出於無心；文之至者，體道而出，根心而生，不煩繩削而自合。……《易》曰：「君子黃中通理，正位居體，美在其中，而暢於四支，發於事業。」言道充而文見也，非強道以生文也。……孔子曰：「修辭立其誠」；又曰：「辭，達而已矣。」以「誠」為本，以「達」為用，蓋聖人之論文盡於是矣。因文以見道，非誠也；有意而為之，非達也。不反其本，而惟文之求，於是體制繁興，篇章盈溢，徒敝覽者之精神，而無補於實用，亦奚以為！……古之有至德卓行者，多不以文自見，不得已而欲自見於文，其取精用宏，固自有術，而要之以進德修業為本原，以崇實黜浮為標準，以有關係發明為體要。理充者華采不為累，氣盛者偶儷不為病，陳言不足去，新語不

足撰，非格式所能拘，非世運所能限，在山滿山，在谷滿穀，則庶幾乎由秦而前聖賢人之文矣。……

程廷祚是顏（元）李（王恭）學派的繼承者。顏李學派崇尚實用，不同於空談義理的理學家，也不同於偏重詞章的古文家。他這段議論則是主要針對古文家而發的。首明天地刻雕眾形出於無心，此語本於《莊子》〈天道〉：「覆載天地刻雕眾形而不為巧」。「文之至者」也效法天地，「體道而出，根心而生」，皆出於自然。以下引用《易》〈坤〉〈文言〉，而解釋為「道充而文見」，「非強道以生文」；引用孔子的教導，而闡發為「因文以見道，非誠也，有意而為之，非達也」：都歸結為「自然」之義。他認為，「古之有至德卓行者」，不得已而自見於文，完全是自然的；而古文家的「惟文之求」，屏斥偶儷，務去陳言，恰恰是違背自然的。雖然韓愈聲言「文者必有諸其中」，歐陽修反覆申述「中充實則發為文者輝光」，但程廷祚卻指摘，「退之之張惶號叫，永叔之纏綿悲慨，皆內不足而求工好於文」，他們的創作實踐是和他們的理論脫節的。因此，程廷祚更加強調地宣揚了「有德者必有言（文）」，並與道家的自然思想合而為一，也就更加突出地闡明了人格修養對於文學創作的決定作用。當然，他並沒有與理學家合流，沒有引出「作文害道」的結論，相反地對於風格形式採取了相容並包的態度，只要理充氣盛，不妨華美，不妨駢儷，不避陳言，不逐新詞，隨意賦形，不拘一格，也貫徹了崇尚自然之旨。

「有德者必有言」，固然未可一概而論，但宣導重視作家的人格修養是有積極意義的，作品總是在不同程度上顯示了作者的人品，而弄虛作假的矯情之作也必定是不自然的，因此把人格修養論定為創作達到自然境界的制約因素，這樣的觀點是不容否認的。

## 第四節　學力：力學者，自然之根基

　　文藝創作進入了自然的境界，仿佛信手拈來，都成妙諦。也許少數天才可以不學而能，但多數藝術家是經過艱辛的磨煉才達到這樣的化境的。西方的詩人龐德說：「真實的作品有好幾種。有一種是一揮而就的。又有一種是精心寫成的，比前者所付出的勞動要多得多，因為前者根本沒有花費什麼勞動，不過要做到一揮而就，可能事先需要進行大量的勞動。」[1]中國古代的文藝家也有同樣的體驗。歐陽修有詩云：「少雖嘗力學，老乃若天成。濡毫弄點畫，信手不自停。」（《答蘇子美離京見寄》）正是由於少時的「力學」，才有老來的「天成」。宋韓駒以學禪比學詩：「學詩當如初學禪，未悟且遍參諸方；一朝悟罷正法眼，信手拈出皆成章。」（《贈趙伯魚》）未「悟」之前是要下「遍參諸方」的功夫的。元畫家吳鎮自謂：「始由筆墨成，漸次忘筆墨，心手兩相忘，融化同造物。」（《題畫竹》）從講求筆墨到心手兩忘是畫藝從必然到自由的漸進過程。唐孫過庭說：「心不厭精，手不忘熟，若運用盡於精熟，規矩闇於胸襟，自然容與徘徊，意先筆後，瀟灑流落，翰逸神飛。」（《書譜》）沒有技巧的精熟、規矩的諳練，也就不可能有書法的瀟灑飄逸。總之，學力不僅不與自然相背逆，恰恰是自然的必要條件，事先付出了巨大的勞動，創作時才會不費力氣。

　　所謂「學力」含義很廣：或指勤讀書以求學問之廣博，從前人的作品中採擷英華，如韓愈之「口不絕吟於六藝之文，手不停披於百家之編」，「焚膏油以繼晷，恒兀兀以窮年」（《進學解》）；白居易之「苦節讀書」，「以至於口舌成瘡，手肘成胝」（《與元九書》）。或指精心地體察物象，如黃子久「終日只在荒山亂石叢木深篠中坐，意態忽忽」，

---

1　《嚴肅的藝術家》，見伍蠡甫主編：《現代西方文論選》，第271頁。

「雖風雨驟至，水怪悲詫而不顧」（見李日華《紫桃軒雜綴》）；曾無疑「取草蟲籠而觀之，窮晝夜不厭，又恐其神之不完也，複就草地之間觀之」（見羅大經《鶴林玉露》）。或指苦練基本功，如張芝「凡家之衣帛，必先書而後練之，臨池學書，池水盡墨」（見衛恒《四體書勢》）；懷素好草書，「棄筆堆積，埋於山下，謂之筆塚」（見《唐國史補》）。這些勤學苦練的故事多傳為藝林美談。

　　大抵在詩文評中更著重於融匯吸收前人精華及充實學問。如呂本中《童蒙詩訓》中說：

　　作文不可強為，要須遇事乃作，須是發於既溢之餘，流於已足之後，方是極頭，所謂既溢已足者，必從學問該博中來也。

　　後生為學，必須嚴定課程，必須數年勞苦，雖道途疾病亦不可少渝也。若是未能深曉，且須廣以文字，淹漬久久之間，自然成熟。

　　讀三蘇進策，涵養吾氣，他日下筆自然文字滂沛，無吝嗇處。

　　張文潛嘗云：「但把秦漢以前文字熟讀，自然滔滔地流也。」……（見郭紹虞《宋詩話輯佚》）

　　這是教導初學作文者，先要下苦功夫熟讀典範作品，含英咀華，涵泳既久，文章便能自然地滂沛流溢。當然只講讀書，並非探本之論，但不失為示人以行之有效的門徑。如果說，呂本中所謂「自然」不是高標準的「自然」，那麼，元好問所說的「學至於無學」則是揭示了大家的成功經驗：

　　竊嘗謂子美之妙，釋氏所謂「學至於無學」者耳。今觀其詩，如元氣淋漓，隨物賦形；如三江五湖，合而為海，浩浩瀚瀚，無有涯涘；

如祥光慶云，千變萬化，不可名狀。固學者之所以動心而駭目。及讀之熟，求之深，含咀之久，則九經百氏古人之精華，所以膏潤其筆端者，猶可仿佛其餘韻也。夫金屑丹砂、芝術參桂，識者例能指名之；至於合而為劑，其君臣佐使之互用，甘苦酸成之相入，有不可複以金屑丹砂、芝參術桂而名之者矣。故謂杜詩為無一字無來處，亦可也；謂不從古人中來，亦可也。前人論子美用故事，有著鹽水中之喻，固善矣，但未知九方皋之相馬，得天機於滅沒存亡之間，物色牝牡，人所共知者為可略耳。（《杜詩學引》）

元好問指出杜詩之「元氣淋漓」「千變萬化」，如大海之吸納百川，浩瀚汪洋，不可名狀，正是由於汲取了「九經百氏」之精華，但這是經過了溶解消化成為自己的血肉，猶如金屑丹砂、芝術參桂配製成藥劑，已合為有機的整體，不復能分辨其原有的成分。因此，杜詩可以說「無一字無來處」，但也可以說「不從古人中來」，完全是獨創性的藝術，而且他的學習古人，如同九方皋之相馬是略其形跡，得其天機的。杜甫的創作經驗昭示後人，深厚的學力是詩歌藝術臻於自然的化境的基礎，然而學習前人不是簡單的形式摹擬，而是取精容宏的創造。無論從初學者的入門之階來看，還是從大詩人的造極之基來看，學力都是不能忽視的。後來許多文論家都談及學力與自然的關係。如袁枚說：

用巧無斧鑿痕，用典無填砌痕，此是晚年成就之事。若初學者，正要他肯雕刻，方去費心；肯用典，方去讀書。（《隨園詩話》卷六）

方東樹說：

詩有用力不用力之分。然學詩先必用力，久之不見用力之痕，所謂炫爛之極，歸於平淡。此非易到，不可先從事於此，恐入於淺俗流易也。（《昭昧詹言》卷十四）

況周頤說：

填詞之難，造句要自然，又要未經前人說過。自唐五代已還，名作如林，那有天然好語，留待我輩驅遣。必欲得之，其道有二：曰性靈流露，曰書卷醞釀。性靈關天分，書卷關學力。學力果充，雖天分少遜，必有資深逢源之一日，書卷不負人也。（《蕙風詞話》卷一）

都以親身的體會說明，詩文創作要自然而無斧鑿痕跡，不能只靠天分（雖然袁枚說過武將能詩，皆由天授，如斛律金之賦《敕勒川》，更重要的是靠學力，多數人是以學力補天分之不足的。）所以姜夔說：「自然與學到，其為天一也。」（《白石詩說》）學到的自然也同樣是自然。

在畫論中講學力，主要是指對客觀對象的精心觀察和筆墨功夫的高度熟練。如宋羅大經《鶴林玉露》中說：

大概畫馬者，必先有全馬在胸中，若能積精儲神，賞其神駿，久之則胸中有全馬矣。信意落筆，自然超妙。所謂用意不分，乃凝於神者也。

胸有全馬，是說對馬作長期的凝神專一的精細深入的觀察，不僅洞曉其形體，而且熟審其神采，因而在胸中所儲存的是生氣勃勃的完

整的馬，然後落筆畫馬，才能「自然超妙」。而李開先則對畫家提出了
更高的要求：

> 物無巨細，各具妙理，是皆出乎玄化之自然，而非由矯揉造作焉
> 者。萬物之多，一物一理耳。惟夫繪事雖一物，而萬理具焉。非筆端
> 有造化而胸中備萬物者，莫之擅場名家也。（《畫品序》）

「筆端有造化」是同「胸中備萬物」相關聯的，畫家要像造化生物
那樣出之自然，便不能侷限於瞭解一物一理，而須通曉萬物之理，對
各種事物作廣泛的觀察，因為在繪事之中包含了「萬理」。所謂物理，
就不是指外在的形態，而是指內在的規律，因此，觀察就要求更加深
入。

但在畫論中談得更頻繁的是筆墨功夫。如清代畫家唐岱提出「自
然者學問之化境，而力學者又自然之根基」的結論：

> 自天地一闔一辟而萬物之成形成象，無不由氣之摩蕩自然而成。
> 畫之作也亦然。古人之作畫也，以筆之動而為陽，以墨之靜而為陰，
> 以筆取氣為陽，以墨生彩為陰，體陰陽以用筆墨，故每一畫成，大而
> 丘壑位置，小而樹石沙水，無一筆不精當，無一點不生動，是其功力
> 純熟，以筆墨之自然合乎天地之自然，其畫所以稱獨絕也。然工夫至
> 此，非粗浮之所能知，亦非旦暮之間所可造，蓋自然者學問之化境，
> 而力學者又自然之根基。學者專心篤志，手畫心摹，無時無處，不用
> 其學。火候到則呼吸靈，任意所至，而筆在法中，任筆所至，而法隨
> 意轉。至此則誠如風行水面，自然成文，信手拈來，頭頭是道矣。所
> 謂自然者非乎？語云：「造化入筆端，筆端奪造化。」此之謂也。（《繪

事發微》）

　　他將筆墨技法提升到天地陰陽之氣自然化生萬物的宇宙論高度來比擬，似乎故陳玄虛，但其主旨是在說明，功夫純熟，才能「以筆墨之自然合乎天地之自然」。而功夫的純熟，絕非一朝一夕之所能，而要依仗日積月累的苦學。一旦火候已到，便能進入「任意所至，而筆在法中，任筆所至，而法隨意轉」，即沒有規律而合規律性的自然境界。因此，他強調力學是自然的根基。又如方薰，他是極其推重自然的，特別欣賞倪瓚和黃公望，稱：「雲林、大癡畫，皆於平淡中見本領，直使智者息心，力者喪氣，非巧思力索所能造。」「倪迂客畫，正可匹陶靖節（潛）詩、褚登善（遂良）字，皆洗空凡格，獨運天倪，不假造作而成者，可為藝林鼎足。」（《山靜居畫論》）他認為這樣的造詣是從苦學中來的，其題沈周山水云：「每視人畫多信手隨意，未嘗從古人甘苦中領略一分滋味。石翁與董、巨劘壘，敗管幾萬，打熬過來，故筆無虛著，機有神行，得力處正是不費力處。」（《山靜居畫論》）沈周（白石翁）之所以能與董源、巨然相頡頏，正是由於下過敝筆數萬的苦功夫，「得力處正是不費力處」不是輕易能達到的。他告誡學畫者尤其不可忽略苦練筆墨技法：

　　山谷云：「余初未嘗識畫，然參禪而知無功之功，學道而知至道不煩，於是觀畫悉知巧拙工俗，造微入妙。然豈可為單見寡聞者道。」又曰：「如蟲蝕木，偶爾成文，吾觀古人妙處類多如此。」僕曰：「此為行家說法，不為學者說法。行家知工於筆墨，而不知化其筆墨，當悟此意。學者未入筆墨之境，焉能畫外求妙？凡畫之作，功夫到處，處處是法。功成以後，但覺一片化機，是為極致。……（《山靜居畫

論》）

　　所謂「無功之功」，「偶然成文」都是自然之境，然而不可能一蹴而就，學者還是要先入「筆墨之境」，功夫到後，才會出現「一片化機」。正因為筆墨蹊徑是到達自然之境的必由之路，不少畫家對於「逸品」一格頗有微詞，認為推崇逸品容易成為缺乏功力的末流畫家自我辯護的飾辭、欺人眼目的手法。如明董其昌説：

　　畫家以神品為宗極，又有以逸品加於神品之上者，曰出於自然而後神也。此誠篤論，恐護短者竄入其中。士大夫當窮工極妍，師友造化，能為摩詰而後為王洽之潑墨，能為營丘（李成）而後為二米（米芾、米友仁）之雲山，乃足關畫師之口，而供賞音之耳目。……（《畫旨》）

　　清代的李修易講得更為透徹，他説：

　　逸格之目，亦從能品中脫胎，故筆簡意賅，令觀者興趣深遠，若別開一境界。近世之淡墨塗鴉者，輒以逸品自居，其自欺抑欺人乎！佛者苦梵網之密，逃而為禪；仙者苦金丹之難，逃而為玄；儒家苦經傳之博，逃而為心學；畫者苦門戶之繁，逃而為逸品。（《小蓬萊閣畫鑒》）

　　方薰也指出：「三品畫外，獨逸品最欺人眼目。」（《山靜居畫論》）實際上，逸品是很難攀登的品位，需要有能品、神品的功力才能昇華為真正的逸品。然而一些懶得用功的畫家卻以此為避難就易的途徑，

而一些粗劣的畫作也標上逸品之目藉以欺世盜名，以致敗壞了逸品的
聲譽，難怪有的畫家憤而唾棄逸品了。同時，過分地高揚逸品也會成
為對學畫者的誤導。如清畫家范璣加以辨正，說：

> 從來畫品有三：曰神、妙、能。學者由能入妙，由妙入神。唐朱
> 景元（玄）始增逸品，乃評者定之，非學者趨途。宋黃休復將逸品加
> 三品之上，以故人多摹而思習，為謬甚矣。夫逸者放佚也，其超乎塵
> 表之概，即三品中流出，非實別有一品也。即三品而求古人之逸正不
> 少，離三品而學之，有是理乎？（《過雲廬畫論》）

他認為逸品是從三品中流出，「非實別有一品」，這種看法未必允
當。但他指出學畫者不能開手就學逸品是完全正確的，正如詩論家認
為學詩「宜先學鮑（照）、謝（靈運），不可便先學陶公（潛）」（方東
樹《昭昧詹言》卷十四）一樣，學習要有一個循序漸進的過程，先練
好扎實的基本功才是正途。對此，另一位清代畫家松年也有一段精闢
的議論：

> 畫工筆墨專工精細，處處到家，此謂之能品。如畫仙佛現諸法
> 相，鬼神施諸靈異，山水造出奇境天開，皆人不可思議之景，畫史心
> 運巧思，纖細精到，栩栩欲活，此謂之神品。以上兩等，良工皆能擅
> 長，惟文人墨士所畫一種，似到家似不到家，似能畫似不能畫之間，
> 一片書卷名貴，或有仙風道骨，此謂之逸品。若此等必須由博返約，
> 由巧返拙，展卷一現，令人耐看，毫無些許煙火暴烈之氣。久對此
> 畫，不覺寂靜無人，頓生敬肅，如此佳妙，方可謂之真逸品。有半世
> 苦功而不能臻斯境界者。然初學入門者，斷不可誤學此等畫法，不但

學不到好處，更引入迷途而不可救矣。……（《頤園論畫》）

　　他對能、神、逸三品作了獨到的闡釋，與前人所云不盡相同，但無疑他是十分推崇逸品的，逸品高出能、神一頭，能、神是優秀的畫工所能達到的，然而躋身逸品則要具備更多的條件，如畫者深厚的文化素養，脫塵出俗的高尚人格，等等，而且逸品之簡約、樸拙不是缺少功底的粗陋，而是無法之法，無工之工，「由博返約，由巧返拙」，是更高層次的向「約」和「拙」回歸。辨明了逸品的實質，便可了然而知，初學者斷不可先學此等畫法，否則誤入迷途，就連畫學之門也進不去了。如前所述，逸品亦即自然，因此關於逸品的討論的焦點也就是自然與學力的關係。自然不是不需要學力，相反地要求更高更深的學力，這是絕大多數有成就的畫家所取得的共識。對於這個問題，松年從理論上作了一個總結性的概括：

　　天地以氣造物，無心而成形體，人之作畫，亦如天地以氣造物，人則由學力而來，非到純粹以精，不能如造物之無心而成形體也。以筆墨運氣力，以氣力驅筆墨，以筆墨生精彩。曾見文登石，每有天生畫本，無奇不備，是天地臨模人之畫稿耶？抑天地教人以學畫耶？細思此理莫之能解，可見人之巧即天之巧也。《易》曰：「在天成象，在地成形。」所以人之聰明智慧則謂之天資。畫理精深，實奪天地靈秀。諸君能悟此理，自然九年面壁，一旦光明。（《頤園論畫》）

　　他重新闡發了傳統的「師造化」之說。天地以氣造物是出於無心的，人之作畫效法天地也應出於無心，但要學到造化生物的本領，卻須「由學力而來」。這就說明了學力正是自然（無心）的根基；因為作

畫的手段是筆墨，「以筆墨運氣力，以氣力驅筆墨，以筆墨生精彩」，沒有筆墨功夫也就喪失了造物的手段。他又提出了這樣的問題：「是天地臨模人之畫稿耶？抑天地教人以學畫耶？」類似的問題前人也提出過，如問：「景之美者，人曰似畫；畫之佳者，人曰似真。孰為正？」（楊慎《畫似真，真似畫》）這實際上接觸到深層次的美學問題。西方美學家也討論過自然美高於藝術美，還是藝術美高於自然美，是藝術模仿自然，還是自然模仿藝術，眾說紛紜，莫衷一是。松年也無法作解答，但他思考的結果，是提出了「人之巧即天之巧也」的論斷，即「人之巧」是可以與「天之巧」等同的，藝術美是可以與自然美相提並論的，所以讚賞自然美可曰「似畫」，讚賞藝術美可曰「逼真」。古老的「天人合一」說被賦予了藝術論的新義。就繪畫來說，「畫理精深，實奪天地靈秀」，畫家憑著天賦的聰明智慧是能夠取得造物主的資格的。由此，他也論證了學力、功夫的重要性，有了學力、功夫，才能「如造物之無心而成形體」，因此「九年面壁，一旦光明」，長期的艱苦修煉是必不可少的。

　　在中國書法理論中，也有重視功夫的傳統。遠在梁代，庾肩吾《書品》即以「天然」「工夫」論書。他列張芝、鍾繇、王羲之三人為「上之上」，讚其書法為「疑神化之所為，非世人之所學」。又分別加以評論：「張工夫第一，天然次之，衣帛先書，稱為『草聖』。鍾天然第一，工夫次之，妙盡許昌之碑，窮極鄴下之牘。王工夫不及張，天然過之；天然不及鍾，工夫過之。」可見他認為，書法要達到「神化」的境界，取決於兩個因素，一為「天然」（即天資），一為「工夫」，二者可有長短，但必須兼備。後人因襲其說，評書常標舉「天然」與「工夫」。唐代張懷瓘《書議》稱，「先其天性，後其習學」，似更重天資，但也不偏廢學力。近代書家康有為則批評張說不妥，說：「夫書道有天然，有

工夫，二者兼美，斯為冠冕，自余偏至，亦足稱賢。必如張懷瓘，『先其天性，後其習學』，是使人惰學也，何勸之為？必軒舉之工夫為上，雄深和美，各自擅場。」（《廣藝舟雙楫》〈碑品〉）他排列碑品的次第是：神、妙、高、精、逸、能，降低了逸品的地位。由此觀之，他更加注重功夫。清馮班說：「學草書須逐字寫過，令使轉虛實一一盡理，至興到之時，筆勢自生，大小相參，上下左右，起止映帶，雖狂如（張）旭、（懷）素，咸臻神妙矣。古人醉時作狂草，細看無一失筆，平日工夫細也，此是要訣。」（《鈍吟書要》）信手放筆，處處合法，沒有平時的功夫精深是辦不到的。總之，書論家也是以學力為自然的基礎的。

第四章

# 「自然」的相關範疇

　　自然論在中國古代文藝理論中是源遠流長的，「自然」也是古典美學範疇中的基本範疇，或者可以稱作「元範疇」。由「自然」又派生、衍化出一系列的相關範疇，這些範疇都具有獨立的意義，但又相互溝通、相互補充，共同豐富了自然論的內容。因此，考察「自然」的相關範疇，對於深入研究「自然」的美學內涵是有必要的。與「自然」相關的範疇為數甚多，本書只擇其較重要的四種加以探討，即：真、生拙、淡、本色。

## 第一節　真：真久必見，自然之理

　　「真」是「自然」的題中應有之義。「自然」也就是真，即保持事物的真實狀態，不加作偽。真指客觀的真實，也指主觀的真誠。在道家的自然論中所頌揚的是主觀的真誠。《莊子》中明確地提出了「貴真」

的理論:「真者,精誠之至也。不精不誠,不能動人。故強哭者雖悲不哀,強怒者雖嚴不威,強親者雖笑不和。真悲無聲而哀,真怒未發而威,真親未笑而和。真在內者,神動於外,是所以貴真也。……禮者,世俗之所為也。真者,所以受於天也,自然不可易也。故聖人法天貴真,不拘於俗。」(《漁父》)所謂「精誠」就是指主觀的真誠。道家認為儒家提倡的禮是偽飾的,是「世俗之所為」,因此「真」是和「禮」相對立的,而「貴真」是和「法天」(即自然)相一致的。《老子》中雖然沒有明言貴真,但歌頌了「赤子」的品格:「含德之厚,比於赤子。毒蟲不螫,猛獸不據,攫鳥不搏。骨弱筋柔而握固,未知牝牡之合而朘作,精之至也。終日號而不嗄,和之至也。」(五十五章)《莊子》也有類似的話:「兒子終日嗥而嗌不嗄,和之至也;終日握而手不掜,共其德也;終日視而目不瞚,偏不在外也;行不知所之,居不知所為,與物委蛇,而同其波:是衛生之經已。」(《庚桑楚》)赤子或嬰兒之可貴,就在於其真誠自然,毫無虛假做作,所以是「精之至也」,「和之至也」。莊子也厭惡「矯情」,在〈外物〉中敘述了一則故事:「演門(宋城門名)有親死者,以善毀(居喪時過度哀痛而損害健康)爵為官師,其黨(鄉)人毀而死者半。」為了謀取官職,而強作哀毀,以致因此送了命,這是對偽造情感者的絕大諷刺。

　　道家的貴真論對古代文論產生了很大的影響,以自然為美也就是以真為美,虛假造作是不能動人的。劉勰《文心雕龍》〈情采〉中就強調了情感的真,主張「為情而造文」,反對「為文而造情」。批評近世作者:「體情之制日疏,逐文之篇愈盛」;「故有志深軒冕,而泛詠皋壤;心纏幾務,而虛述人外:真宰弗存,翩其反矣」。並指出這種風氣始於辭賦。楊慎的評語中作了解釋:「屈原《楚辭》,有疾痛而自呻吟也;東方朔以下擬《楚辭》,強呻吟而無疾痛者也。」無病而強呻吟,

就是矯情，就是不真，辭人之所以不及詩人就在於不是從真情實感出
發的。後來的詩人中陶淵明是自然的典範，也是真的典範。蕭統評之
為：「語時事則指而可想，論懷抱則曠而且真」（《陶淵明集序》）。但
陶詩未為時人所重。如明代許學夷所說：「晉、宋間詩以俳偶為工，靖
節則真率自然，傾倒所有，當時人初不知尚也。顏延之作《陶徵士誄》
云：『學非稱師，文取指達。』延之意或少之，不知正是靖節妙境。」
（《詩源辯體》卷六）在逐文之風極盛的南北朝時期，陶淵明的「真率
自然」愈為可貴，而蕭統稱賞其懷抱之真也是很有見地的。但劉勰的
貴真論在當時回應者尚不多。及至唐代，大詩人杜甫以其創作實踐，
充分體現了貴真的思想。其詩中言真處甚多，如「由來意氣合，直取
性情真」（《贈王二十四侍禦契四十韻》），「不愛入州府，畏人嫌我真」
（《暇日小園散病》），雖然不是論詩，卻顯示了他求真的創作傾向，所
以劉熙載說：「杜詩云：『畏人嫌我真』；又云：『直取性情真』。一自
詠，一贈人，皆於論詩無與，然其詩之所尚可知。」（《藝概》〈詩概〉）
唐以後的詩壇，偽風甚熾，范仲淹曾指出：「五代以還，斯文大
剝。……因人之尚，忘己之實。吟詠情性而不顧其分，風賦比興而不
觀其時。故有非窮途而悲，非亂世而怨。華車有寒苦之述，白社為驕
奢之語。」（《唐異詩序》）針對這種現象，宋代大文學家蘇軾便以陶淵
明為效法的榜樣，宣導「貴真」：

　　余嘗有云：言發於心，沖於口，吐出則逆人，茹之則逆心，余以
為寧逆人也，故率吐之。與淵明「紆轡誠可貴，違己詎非迷」詩意不
謀而合。（《錄陶淵明詩》）

　　孔子不取微生高，孟子不取於陵仲子，惡其不情也。陶淵明欲仕

則仕，不以求之為嫌；欲隱則隱，不以去之為高。饑則叩門而乞食，
飽則雞黍以延客。古今賢之，貴其真也。(《書李簡夫詩集後》)

他認為，作詩應無所顧忌，坦露真性情，像陶淵明那樣率真自
然，不為矯飾。南宋的包恢也抨擊了矯情之作。他在《答曾子華論詩》
一文中說：

所謂未嘗為詩而不能不為詩，亦顧其所遇如何耳。或遇感觸，或
遇扣擊而後詩出焉，如《詩》之變風、變雅與後世詩之高者是矣。此
蓋如草木本無聲，因有所觸而後鳴；金石本無聲，因有所擊而後鳴。
如草木無所觸而自發聲，則為草木之妖矣；金石無所擊而自發聲，則
為金石之妖矣。聞者或疑其為鬼物而掩耳避之不暇矣。世之為詩者鮮
不類此。蓋本無情而牽強以起其情，本無意而妄想以立其意，初非彼
有所觸而此乘之，彼有所擊而此應之者。故言愈多而愈浮，詞愈工而
愈拙，無以異於草木金石之妖聲矣。

他就是以自然論來批判虛情假意的詩歌的。有感而發，有所擊而
鳴，是自然的，也是正常的，「本無情而牽強以起其情，本無意而妄想
以立其意」，這樣寫出來的作品，就成了「妖聲」。雖然他用的比喻未
必恰切，但他將自然與貴真相連繫，無疑是正確的。元代文論家陳繹
曾論詩也標舉「真」字。他評《古詩十九首》為：「情真，景真，事真，
意真」；評陶淵明為：「情真，景真，事真，意真，幾於《十九首》矣，
但氣差緩耳。至其工夫精密，天然無斧鑿痕跡，又有出於《十九首》
之表者」。在四「真」中，列「情真」於第一位，可見性情之真是尤其
重要的。

　　詩學中的「貴真」傳統至明代而更加發揚光大。後人評詩稱：「詩壞於明，明詩又壞於應酬。朋友為五倫之一，既為詩人，安可無贈言？而交道古今不同，古人朋友不多，情誼真摯，世愈下則交愈泛，詩亦因此而流失焉。《三百篇》中，如仲山甫者不再見。蘇、李贈別詩，未必是真。唐人贈詩已多，明朝之詩，惟此為事。唐人專心於詩，故應酬之外，自有好詩。明人之詩，乃時文之屍居餘氣，專為應酬而學詩，學成亦不過為人事之用……」（吳喬《圍爐詩話》卷四）這一評論是切中肯綮的，明人都穆亦嘗譏評：「今人之詩，惟務應酬，真無為而強作者」（《南濠詩話》）。正因為創作多為應酬，膚廓而缺少真情，詩論中才格外需要強調「貴真」。首先是「七子」派舉起了「貴真」的旗幟。「七子」派一方面標舉格調，另一方面又極其重視性情之真。貴真在一定程度上突破了「格調」說的侷限。李夢陽晚年在〈詩集自序〉中引述了王叔武的一段議論：

　　夫詩者，天地自然之音也。今途咢而巷謳，勞呻而康吟，一唱而群和者，其真也，斯之謂風也。孔子曰：「禮失而求之野。」今真詩乃在民間。而文人學子，顧往往為韻言，謂之詩。夫孟子謂《詩》亡然後《春秋》作者，雅也，而風者亦遂棄而不采，不列之樂官。悲夫！

　　對於王叔武的觀點，李夢陽是完全贊同的，所以他在《郭公謠跋》中又重加申述：「李子曰：世嘗謂刪後無詩，無者謂雅耳，風自謠口出，孰得而無之哉？今錄其民謠一篇，使人知真詩果在民間。於乎，非子期孰知洋洋峨峨哉！」正由於痛感文人學士多為文造情，才轉而發現民間歌謠發自真情，也真正繼承了《三百篇》中「風」的傳統。「真詩乃在民間」這個論斷發生了非同小可的效應，推動了明代文人對民

歌的收集、整理和研究，如李開先輯《市井豔詞》，馮夢龍輯《山歌》，即其著者。李開先在《市井豔詞序》中論證了民歌的價值：

〔〔山坡羊〕〔鎖南枝〕〕二詞嘩於市井，雖兒女子初學言者，亦知歌之。但淫豔褻狎，不堪入耳。其聲則然矣，語意則直出肺肝，不加雕刻，俱男女相與之情，雖君臣朋友，亦多有托此者，以其情尤足感人也。故風出謠口，真詩只在民間。

李開先讚賞〔山坡羊〕〔鎖南枝〕二詞，「直出肺肝，不加雕刻」，也就是質樸自然，情真意切，而斷言「真詩只在民間」，則比「真詩乃在民間」更加強了語氣。馮夢龍在〈山歌序〉中也從情真的角度推崇民間的「山歌」：

桑間、濮上，國風刺之，尼父錄焉，以是為情真而不可廢也。山歌雖俚甚矣，獨非鄭、衛之遺歟？且今雖季世，而但有假詩文，無假山歌，則以山歌不與詩文爭名，故不屑假，而吾籍以存真，不亦可乎？

馮夢龍以為當今有假詩文而無假山歌，也是「真詩乃在民間」之意。他和李開先都激賞民歌之表現男女之情，反映出明代士大夫思想意識的變化。《詩經》中收了不少愛情詩，漢儒曲解為諷喻美刺，宋代朱熹還其本來面目，又斥之為「淫奔之人所作」。而明人則並不忌諱情歌，李開先稱「雖君臣朋友，亦多有托此者」，是說愛情詩可以寄託隱喻，而馮夢龍便直截了當地提出「借男女之真情，發名教之偽藥」，那麼，愛情詩適足以揭發封建禮教的虛偽。當然在明代也不止一種聲

音。如許學夷《詩源辯體》中引述趙凡夫的話即對「真詩乃在民間」表示異議：

　　或曰：唐末詩不特理致可宗，而情景俱真，有不可廢。趙凡夫云：「情真、景真，誤殺天下後世。不典不雅，鄙俚疊出，何嘗不真？於詩遠矣。古人胸中無俗物，可以真境中求雅；今人胸中無雅調，必須雅中求真境。如此求真，真如金玉；如彼求真，真如砂礫矣。大抵漢、唐之真如此，宋人之真如彼；初、盛唐之真如此，晚唐之真如彼。二法懸殊，不可不辨。」（卷三十二）

　　評論的對象雖是晚唐詩歌，但批駁的目標則是明代的「貴真」論，其尚雅絀俗，要求真服從雅，在雅中求真，顯然是同李、馮等人的觀點針鋒相對的。但在明代「貴真」論畢竟是主流。除李夢陽外，「七子」派中其他代表人物也多有宣導「貴真」的，如「後七子」的領袖王世貞提出「有真我而後有真詩」（〈鄒黃州鵁鶄集序〉），這是從作者的個性的方面來強調「真」的，也是對李夢陽「法式古人」、「尺尺古法」的「格調」說的修正，他要求「用格」，而非「用於格」，只是模擬古人格調，那就喪失了「真我」。王世貞之弟王世懋則論及真與道的關係：

　　余謂君之故俗言性命，好節儉，於道似近，而君善詩酒，慕俠游，於道似遠。然君顧舍彼而趨此，何也？丈夫要在行己意為真耳。得之非真，即近，遠也；得之真，即遠，近也。（《曾應元詩畫冊小序》）

　　表面上恪守聖人之道，於道似近而實遠，率性任真，則於道似遠而實近。因此，「真」不僅關係到文藝作品之是否感人，說到底是人格修養問題，道德標準問題。

　　如果把「真」置於道德標準的首位，那麼，封建禮教的束縛就得以解脫了。在明中葉以後的解放思潮中，幾位先鋒人物無不倡言「貴真」，於是「貴真」論帶有了反禮教的叛逆色彩。首先是徐渭，他在〈贈成翁序〉一文中說：

　　今天下事鮮不偽者，而文為甚。夫真者，偽之反也。故五味必淡，食斯真矣；五音必希，聽斯真矣；五色不華，視斯真矣。凡人能此三者，推而至於他，將未有不真者。

　　他批判當時虛偽的社會風氣而及於文學，運用的理論武器是道家思想。老子說過：「五色令人目盲，五音令人耳聾，五味令人口爽」。（十二章）追求過分的文飾，以強烈的色、聲、味刺激感官，就必然趨向虛華，因此他要求歸真返璞。而對於文學來講，最重要的是真情，真情是文學，尤其是詩歌的靈魂。徐渭在〈肖甫詩序〉中辨析了詩的本質：

　　古人之詩本乎情，非設以為之者也，是以有詩而無詩人。迫於後世，則有詩人矣，乞詩之目多至不可勝應，而詩之格亦多至不可勝品，然其於詩，類皆本無是情，而設情以為之。夫設情以為之者，其趨在於幹詩之名，幹詩之名，其勢必至於襲詩之格而剿其華詞，審如是，則詩之實亡矣，是之謂有詩人而無詩。

　　情乃詩之本，但情是不可以偽造的，必須出自肺腑。而後世作詩用於應酬以至「乞詩之目多至不可勝數」，又標置格調，「詩之格亦多至不可勝品」，於是只能為文造情，「本無是情，而設情以為之」，這樣虛假之風遂彌漫於詩壇。徐渭稱「有詩人而無詩」是對這種詩風的有力鞭撻，其中也包含了對「七子」派的譏評，標榜格古調逸是和表現真情相矛盾的。叛逆傾向最鮮明的是李贄的「貴真」論，他提出了著名的「童心說」，本書上編中已詳加評述。湯顯祖雖然對「貴真」的論題涉及不多，但也有兩段議論值得注意。一是〈壽方麓王老先生七十序〉，他借讚美這位王老先生（名樵）的品格，闡發了「貴真」的人生哲學：

　　凡道所不滅者真……真則可以合道，可以長年。……壽非真人之所愛，而人之所愛於真人也。……必不可不壽者，真人也。孝則真孝，忠則真忠，和則真和，清則真清。進而有社稷之役，大，為可恃之臣，其次，不失為可信之臣。能則行，不能則退而修先王之業，紬性命之心。……凡若此人者，無所害於人，而有功於人，取天下者少，與天下者多，人之所不厭，而天下之所獨容也。

　　這裡所說的道是「西方之道」，即佛道，「真人」則是道家的概念，而王公是一位儒者，看來湯顯祖是以「真」來統一儒、釋、道三家的人格理想了。他鄙薄那些「自以為機（機智、機巧）」的「通人長者」，因為這種人很虛偽。唯有真人是絕假純真的，「孝則真孝，忠則真忠，和則真和，清則真清」，進退出處都符合道德規範。此文是壽序，所以又連繫到長壽，真「可以長年」，唯有真人是「不可不壽」的，也就是莊子所謂「不導引而壽」了。湯顯祖歌頌了「真」的品格，又以「真」

作為衡文的尺度。在《答張夢澤》這封信中，謝絕了為他刊行文集的建議，列舉了五條理由，其二即是：「我朝文字，宋學士（濂）而止。方遜志（孝儒）已弱，李夢陽而下，至琅邪（王世貞），氣力強弱巨細不同，等贗文爾。弟何人，能為其真？不真不足行，二也。」雖屬自謙之辭，卻揭露了「七子」派對偽文氾濫難辭其咎，因而提出了「不真不足行」的原則。其後，袁宏道又以「質」釋「真」。他在《行素園存稿引》一文中說：

> 物之傳者必以質，文之不傳，非曰不工，質不至也。樹之不實，非無花葉也；人之不澤，非無膚髮也；文章亦爾。行世者必真，悅俗者必媚；真久必見，媚久必厭，自然之理也。故今之所刻畫而求肖者，古人皆厭離而思去之。古之為文者，刊華而求質，斂精神而學之，惟恐真之不極也。博學而詳說，吾已大其蓄矣，然猶未能會諸心也。久而胸中渙然，若有所釋焉，如醉之忽醒，而漲水之思決也。雖然，試諸手猶若掣也，一變而去辭，再變而去理，三變而吾為文之意忽盡，如水之極於澹，而芭蕉之極於空，機境偶觸，文忽生焉。風高響作，月動影隨，天下翕然而文之而古之，人不自以為文也，曰是質之至焉者矣。大都入之愈深，則其言愈質，言之愈質，則其傳愈遠。

這段話充分闡發了「真」和「自然」的關係。他認為，文章的傳世靠的是「質」，而不是「華」。所謂「質」，是質幹，兼指素樸的形式和充實的內容。「質」與「真」相關，所以他又說：「行世者必真」。「真」與「媚」相對立，媚俗之文，因其不真，歷久必使人生厭。因此，為文應該求真、求質。那麼，怎樣才能達到「真」和「質」的要求呢？他以創作從醞釀到完成的全過程來說明：其先是「博學而詳

説」，即要有學識的準備，但此時尚未能融會消化；以至「胸中濊然若有所釋焉」，內心的思想感情逐漸成熟、充溢，萌生了表達的欲求，然而不能得心應手，順暢地形諸文字，因此還不宜倉促命筆；繼而再經過蓄積沉澱，以至不復計慮如何修辭，如何合理，甚至為文之意也已消失，進入了虛靜空明的境界，這時靈感忽至，興會淋漓，文章便自然而然地寫成了，而作者並不「自以為文」。這才是「質」的極致。由此可見，「真」「質」和「自然」是統一的。出於「自然」，就是「質」，就是「真」。因此，袁宏道反對「七子」派的模擬古人：「大抵物真則貴，真則我面不能同君面，而況古人之面貌乎？」（《與丘長孺》）而主張「獨抒性靈」，即「從自己胸臆中流出」（《敍小修詩》）。綜上所述，徐渭等人由於擺脫了「格調」說的羈絆，因而更加徹底地發揚了貴真論，從社會批評到文學批評，從人生哲學到文藝美學，都貫徹了「貴真」的精神，使傳統的貴真論提高到了新的水準。

　　清代的貴真論大體上是明人理論的繼續。如錢謙益提倡「真詩」：

　　詩言志，志足而情生焉，情萌而氣動焉。如土膏之發，如候蟲之鳴，歡欣噍殺，紆緩促數，窮於時，迫於境，旁薄曲折而不知其使然者，古今之真詩也。（〈題燕市酒人篇〉）

　　太史公曰：「國風好色而不淫，小雅怨誹而不亂。」此千古論詩之祖。……《三百篇》變而為騷，騷變而為漢魏古詩，根柢性情，籠挫物態，高天深淵，窮工極變，而不能出於太史公之兩言……有真好色，有真怨誹，而天下始有真詩。（〈季滄葦詩序〉）

　　他所推崇的真詩，即出於胸臆，發於自然，如同他在另一篇文章

中説的，「志意逼塞，才力價盈，如風之怒於土囊，如水之壅於息壤，傍魄結，不能自喻，然後發作而為詩」（《書瞿有仲詩卷後》），是情感經過長期鬱結，蓄積極久，而一朝傾瀉。他指出「真詩」必有真性情，「真好色」，「真怨誹」，卻並不強調「不淫」「不亂」，即情感的合於禮義規範。這與明人之論「真詩」沒有多大差別。又如尤侗之談「真」：

　　詩無古今，惟其真爾。有真性情，然後有真格律；有真格律，然後有真風調。勿問其似何代之詩也，自成其本朝之詩而已；勿問其似何人之詩也，自成其本人之詩而已。晉人有云：「我與我，周旋久，寧作我也。」（〈吳虞升詩序〉）

　　他以崇尚「真性情」「真我」來批判擬古的「格調」説，也和李贄、袁宏道的觀點十分相似。但因大局的變化，清代的貴真論也反映出時代的特徵。如處於明清易代之際的啟蒙思想家顧炎武就把矛頭指向士大夫中的投降變節分子，如錢謙益、吳偉業之流，揭露其作品的虛偽性：

　　末世人情彌巧，文而不慚，因有朝賦〈采薇〉之篇，而夕有捧檄之喜者。苟以言取之，則車載魯連，鬥量王蠋矣。曰是不然，世有知言者出焉，則其人之真偽，即以其言辨之，而卒莫能逃也。《黍離》之大夫，始而「搖搖」，中而「如噎」，既而「如醉」，無可奈何而付之蒼天者，真也。汨羅之宗臣，言之重，詞之複，心煩意亂，而其詞不能以次者，真也。栗里之徵士，淡然若忘於世，而感憤之懷，有時不能自止而微見其情者，真也。其汲汲於自表暴而為言者，偽也。……（《日知錄》卷十九）

　　顧炎武的批評具有極大的尖銳性，面臨亡國破家的嚴酷考驗，而貪慕官祿、喪失氣節的漢族士人確實大有人在，至於「文而不慚」，用眷戀故國的詩文來掩飾屈膝事敵的穢行，就比李贄所譏諷的假道學、假清高更為可恥、可憎。顧炎武的貴真論，從審美評判轉移到道德評判，也是時之使然。另一位啟蒙思想家王夫之的崇真疾偽，則甚至罪及歷代的文章家。他在《詩廣傳》中說：

　　拂天地之位則亂，刊萬物之幾則賊。賊與亂非偽人不能，然且標門庭於辭之中曰：吾能為位置也，吾能為開闔也，吾能為筋脈也，吾能刮摩以淨也，吾能立要領於一字而群言拱之也，吾能縈紆往來而不窮於虛也，吾能剖胸嘔沫而使老嫗稚子之無不喻也。嗚呼！偽人逞其偽辨之才，而煩促捭闔，顛倒黷亂，鄙媟之風中於民，而民不知，士乃以賊，民乃以牿，盜夷乃以興，國乃以亡，道乃以喪於永世。……韓愈、李翱、元稹、白居易、蘇洵、曾鞏之辭興，而天下蔑不偽，知言者可弗　哉！（《大雅》〈板〉）

　　罵倒了一大批古文家和詩人，未免過於偏頗，但也是有感而發。在民族危急存亡的關頭，還熱衷於探究文章的開闔、位置之法，斤斤於文辭的琢磨，無疑是捨本逐末，也助長了偽風。謂其惡果乃至於亡國喪道云云，固屬危言聳聽，但偽人偽文顛倒黑白，淆亂是非，確能發生極壞的作用，只是不應由韓愈等人來負責。在當時的環境中，王夫之提出這些偏激之論也是可以理解的。事過境遷，貴真論也隨之轉向。如賀貽孫便從藝術創作的角度發表了獨特的見解：

　　世有至真之文疑於假者：《國策》設辨，有同系影；漆園著論，譬

諸畫風；龍見鳥瀾，初無定質；波詭雲譎，難以形求；然此幻筆空
腸，皆依實相真體。又其次者，織彩為花，鋪錦成霞；鮫人泣珠，無
非明月；蜃氣出海，皆成樓臺；亦須學問踐實，乃能富有日新。凡此
二者，假即似假，真則至真。故曰：大文必樸；又曰：修詞立誠。樸
誠者，真之至也。為文必本於樸誠，而後隨境所觸，隨筆所之，旁見
側出，主客變換，恍惚離奇，鬼神莫測；譬如鏡中西施，身影皆麗，
雪夜梅花，香色難分。以是為文，則假乃即真之謂，而非反真之謂。
不佞不必去假以存真，足下亦何必崇假而滅真耶？（《答友人論文
二》）

以往的貴真論認為真和假是不相容的，崇真則必去假，而賀貽孫
卻把真和假統一起來了：「假即似假，真則至真。」他所說的「假」是
指奇特的想像、浪漫主義的幻筆，與主觀的真誠並無矛盾，恰恰可以
濃墨重彩渲染真情，所以說：「以是為文，而假乃即真之謂，而非反真
之謂。」在此之前，戲曲理論中已有「無理有情」之說，小說理論中也
有真幻兼長之論，賀貽孫指出詩文中也有至真而疑假的作品，文如《國
策》《莊子》，他在《詩筏》中又舉了詩中的例子：「漢古詩云：『客從
北方來，欲到到交趾，遠行無他貨，惟有鳳凰子。』句似迂鄙，想極荒
唐，而一種真樸之氣，有張（衡）、蔡（琰）諸人所不能道者。」將奇
幻的藝術手法和虛情假意區別開來，這也是貴真論的深化。清代的文
論雖有各種觀點的歧異，但在「貴真」這一點上幾乎是一致的。貴真
論的傳統是綿延不絕的。直至近代的王國維仍然宣導「貴真」，他的
《人間詞話》中說：

「昔為倡家女，今為蕩子婦。蕩子行不歸，空床難獨守。」「何不

策高足，先據要路津？無為久貧賤，轗軻長苦辛。」可謂淫鄙之尤。然無視為淫詞鄙詞者，以其真也。

　　這種説法雖然趨於極端，但也有其合理的因素。在文學作品中矯揉造作的高尚純潔，既無感人的力量，亦必為人所唾棄，而像《古詩十九首》那樣思想境界不高，情感也甚卑微的詩篇，卻因其表現了真性情，而保持了長久的生命力。王國維還首創「隔」與「不隔」之説，近人錢振鍠《詞話》中解釋道：「案靜安言詞之病在隔，詞之高處為自然。予謂隔只是不真耳。真則親切有味矣，真則自然矣。」那麼，「不隔」也就是「真」，也就是「自然」。「自然」與「真」是密不可分的，真才能自然，自然的也必定是真的。

## 第二節　生拙：既雕既琢，複歸於樸

　　道家自然論中與「貴真」相連的思想是「尚樸」。「自然」也就是素樸，即保持事物的本來面目，不加文飾。老子提倡「見素抱樸」（《老子》〈十九章〉），莊子要求「明白入素，無為復樸」（《莊子》〈天地〉），主張純素：「素也者，謂其無所與雜也；純也者，謂其不虧其神也。能體純素，謂之真人。」（《莊子》〈刻意〉）因此反對「飾羽而畫」（《莊子》〈列禦寇〉），在天然美麗的羽毛上再塗以華彩只會破壞素樸的美。《莊子》中還有「雕琢復樸」（《莊子》〈應帝王〉）的説法，「既雕既琢，復歸於樸」（《莊子》〈山木〉），雕琢的結果應該是重新回到素樸。這種觀念對於文學藝術理論也有顯著的影響。大抵重自然者都崇尚素樸。司空圖就非常欣賞素樸之美。《二十四詩品》中涉及素美者甚多。「素處以默」（「沖淡」），「虛佇神素」（「高古」），「體素儲潔」（「洗

煉」)，「絕佇靈素」(「形容」)，正是素美的寫照。蘇軾自謂：「軾長於草野，一時學文，詞語甚樸，無所藻飾。」(《上梅龍圖書》) 也以「樸」自居。然而，在文論中運用更廣的美學範疇卻是從「素」「樸」演化而來的「拙」。

「拙」與「巧」相對。孔子曾説：「情欲信，辭欲巧。」(《禮記》〈表記〉) 而老子則云：「大巧若拙。」(《老子》〈四十五章〉)「巧」「拙」之辨即由是而起。從現存的文獻來考查，至魏晉南北朝時期，還沒有標舉「拙」的，相反地，以「巧」作為褒美之詞，卻是很普遍的。如鍾嶸《詩品》評詩，稱：張協「巧構形似之言」，謝靈運「尚巧似」，張華「巧用文字，務為妍冶」，顏延之「尚巧似……謝赫《古畫品錄》評畫，稱：姚曇度「巧變鋒出」，戴逵「風趣巧拔」，吳暕「制置才巧」，張則「變巧不竭」……。而「拙」作為「巧」的反面，則屬貶義。如謝赫評毛惠遠：「定質塊然，未盡其善，神鬼及馬，泥滯於射，頗有拙也。」降及唐代，皎然《詩式》中有云：「雖欲廢巧尚直，而思致不得置」(《詩有二廢》) 始見「廢巧」之説。又皮日休《孟亭記》讚孟浩然詩有「當巧不巧」之評，其文云：

明皇世，章句之風，大得建安體。論者推李翰林杜工部為尤。介其間能不愧者，惟我鄉之孟先生也。先生之作，遇景入詠，不鉤奇抉異，令齯齯束人口者，涵涵然有幹霄之興，若公輸氏當巧而不巧者也。北齊美蕭愨「芙蓉露下落，楊柳月中疏」，先生則有「微雲淡河漢，疏雨滴梧桐」。樂府美王融「日霽沙嶼明，風動甘泉濁」，先生則有「氣蒸雲夢澤，波動岳陽城」。謝朓之詩句，精者有「露濕寒塘草，月映清淮流」，先生則有「荷風送香氣，竹露滴清響」。此與古人爭勝於毫釐間也。

所謂「廢巧尚直」大約是指對纖巧晦澀的避忌；所謂「當巧不巧」，連繫其所舉詩例看，大約是指氣象闊大、意境清遠，不墮入穠豔巧麗一途。因此，不奉「巧」為詩之高格，但都沒有「尚拙」之意。

以拙為美的風尚是在宋代形成的。陳師道《後山詩話》中提出了這樣的原則：

**甯拙毋巧，甯樸毋華，甯粗毋弱，甯僻毋俗，詩文皆然。**

他在評論作品中又說：「望夫石在處有之，古今詩人，共用一律，惟劉夢得云：『望來已是幾千歲，只似當年初望時』，語雖拙而意工。」黃庭堅論書法，也說：「凡書要拙多於巧，近世少年作字，如新婦妝梳，百種點綴，終無烈婦態也。」（《書說》）其後，詩話中便有讚揚「拙句」的。如《苕溪漁隱叢話》中說：

《漫叟詩話》云：「詩中有拙句，不失為奇作，若退之逸詩云，『偶上城南土骨堆，共傾春酒兩三杯』，子美詩云，『兩個黃鸝鳴翠柳，一行白鷺上青天』之類是也。」苕溪漁隱曰：「唐人絕句：『野人自愛山中宿，況近葛洪丹井西，庭前有個長松樹，半夜子規來上啼。』其句雖拙，亦不失為偶奇也。」（前集卷九）

從所舉詩例來看，所謂「拙句」無非是用語的直白淺俗，如果僅僅如此，還屬於對「拙」的淺層次的理解。但詩歌中適當地融入俗語俚詞，可以別具自然天真的情趣，因此一概地排斥「拙句」不是真正懂得詩家的三昧。張戒《歲寒堂詩話》指出：

　　王介甫只知巧語之為詩，而不知拙語亦詩也。山谷只知奇語之為詩，而不知常語亦詩也。歐陽公詩專以快意為主，蘇端明（軾）詩專以刻意為工，李義山詩只知有金玉龍鳳，杜牧之詩只知有綺羅脂粉，李長吉詩只知有花草蜂蝶，而不知世間一切皆詩也。惟杜子美則不然，在山林則山林，在廊廟則廊廟，遇巧則巧，遇拙則拙，遇奇則奇，遇俗則俗，或放或收，或新或舊，一切物，一切事，一切意，無非詩者。故曰：「吟多意有餘」，又曰「詩盡人間興」，誠哉是言。（卷上）

　　這是說杜甫之所以為大家，是因為能兼收並蓄巧、拙、奇、俗，作品呈現出豐富多樣的風格。那麼，容納「拙」，也並不否定「巧」。因此，有些詩論家就認為杜詩的過人之處是在「工拙相半」，如范溫《潛溪詩眼》中說：「老杜詩，凡一篇皆工拙相半，古人文章類如此，皆拙固無取，使其皆工，則峭急無古氣，如李賀之流是也。」（《苕溪漁隱叢話》前集卷九）「工拙相半」這種主張，黃庭堅評論書法時也提出過，據《苕溪漁隱叢話》轉引：「山谷云：『……沈傳師《道林嶽麓寺詩》，字勢豪逸，真復奇倔，所恨工巧太深耳，少令巧拙相半，使子敬（王獻之）復生，不過如此。』」（後集卷三十二）後來王若虛轉述其舅周昂的話則稱之為「巧拙相濟」：「以巧為巧，其巧不足；巧拙相濟，則使人不厭。唯甚巧者乃能就拙為巧，所謂遊戲者。一文一質，道之中也。雕琢太甚，則傷其全；經營過深，則失其本。」（《滹南詩話》卷一）而南宋的包恢則有「非巧非拙」、「不巧不拙」之論：

　　予觀聖賢矯週末文敝之過，故禮從野，智惡鑿。野近於拙，鑿窮於巧。禮智猶然，況詩文乎！嘗聞之曰：江左齊梁，競爭一韻一字之

奇巧，不出月露風雲之形狀。至唐末則益多小巧，甚至近於鄙
俚。……以今視古，不巧不拙無如淵明。知之者謂其寫胸中之巧，亦
不足以稱之；不知者或謂其切於事情，但不文爾，是疑其拙也。……
抑一言蔽處，又能思之，非巧非拙，得其正矣。……（《書侯體仁存拙
稿後》）

　　所謂「巧拙相半」、「巧拙相濟」、「非巧非拙」，種種提法雖然不
同，但其大意都是指折中於巧拙之間，取得巧與拙的適度綜合平衡，
並使之融化為和諧統一的有機整體。這表明巧拙問題的探討已逐漸深
入，不再停留在雜取俚詞俗語的理解上。然而同陳師道所揭櫫的「寧
拙毋巧」則並不符合。在明代以後的文論中，我們看到「尚拙」的言
論逐漸增多。如「後七子」的領袖王世貞說：

　　賈島「三月正當三十日」與顧況「野人自愛山中宿」同一法，以
拙起，喚起巧意，結語俱堪諷詠。

　　詩格變自蘇、黃，固也。黃意不滿蘇，直欲凌其上，然故不如蘇
也，何者？愈巧愈拙，愈新愈陳，愈近愈遠。（《藝苑卮言》卷四）

　　「七子」派的晚輩胡應麟也說：

　　古詩降魏，雖加雄贍，溫厚漸衰。阮公起建安後，獨得遺響。第
文多質少，詞衍意狹。東、西京則不然，愈樸愈巧，愈淺愈深。（《詩
藪》內編卷二）

這說明巧與拙是可能相互轉化的，賈島顧況的詩以拙起巧，黃庭堅的詩「愈巧愈拙」，兩漢古詩「愈樸愈巧」。一般人都認為巧是美的，卻不知求巧則不得巧，由拙倒可入巧。這種巧拙的辯證法原理，《淮南子》中早已言之：「求美則不得美，不求美則美矣」（《說山訓》）。有意去追求巧，流於矯揉造作，便成了拙；不求巧的樸拙，卻是自然的，反而顯出了巧。因此，樸拙之所以為美，就在於其自然。於是，有些文論家遂進而提倡「拙」。如明末的侯方域說：

> 古人之從事於拙之效，非徒其文辭也。然而文亦有之：平淡之理，惟拙者見之，巧則或蔽之矣；渾樸之氣，惟拙者全之，巧者或鑿之矣。……古人之不以巧易拙者有三，而文居一焉。拙於立身者，忠信之徒也，巧則儇矣；拙於讀書者，經術純固之儒也，巧則炎炎、則詹詹矣；拙於為文者，大家先正之遺也，巧則鄙倍，自以為新奇而朽腐矣。（〈宋牧仲文序〉）

作為古文家的侯方域主張文章要渾樸古拙，認為華巧的表現形式會影響說理的明晰性。他又將立身、治學、為文三者連繫起來，都要求尚拙而黜巧。這樣就把巧拙之別提到品德、學風和文風的高度來認識。拙和巧都被賦予了特定的含義，「拙」是指質樸、端正、篤實的品格，而「巧」則屬於輕薄、瑣屑、鄙俗一類。與侯方域同時的艾南英論古文也是尚拙而黜巧的，他所作的界定是：

> 夫文之古者，高也、樸也、疏也、拙也、典也、重也。文之卑而為六朝者，輕也、渺也、詭也、俊也、巧也、排也。此宜有識者所共知矣。（《與周介生論文書》）

　　「拙」被列為古文的風格特徵之一。可見，「甯拙毋巧」的原則在古文理論中得到了闡揚。後來這種觀點也見於藝術理論，如清代邵梅臣說：「畫筆甯拙毋巧」（《畫耕偶錄論畫》）。

　　與巧拙幾乎密不可分的另一對範疇是「生熟」。宋人詩話《復齋漫錄》中說：

　　韓子蒼言，作語不可太熟，亦須令生。近人論文，一味忌語生，往往不佳。東坡作《聚遠樓詩》，本合用青江綠水對野草閑花，以此太熟，故易以雲山煙水，此深知詩病者。予然後知陳無己所謂「甯拙毋巧，甯朴毋華，甯粗毋弱，甯僻毋俗」之語為可信。（《苕溪漁隱叢話》後集卷二十七引）

　　這是把「生熟」歸結為「巧拙」，「不可太熟，亦須令生」實即「甯拙毋巧」。但韓子蒼所說的「熟」是指「熟濫」，「生」是指「生新」，熟語庸套為詩家所忌，是比較淺顯的道理。那麼，如「彈丸脫手」的「圓熟」又該如何看待呢？明代顧凝遠的畫論則作了更深入的探討。他說：

　　畫求熟外生，然熟之後不能復生矣。要之爛熟、圓熟則自有別，若圓熟則又能生也。工不如拙，然既工矣，不可復拙。惟不欲求工而自出新意，則雖拙亦工，雖工亦拙也。生與拙，惟元人得之。……然則何取於生且拙？生則無莽氣，故文，所謂文人之筆也；拙則無作氣，故雅，所謂雅人深致也。（《畫引》）

　　顧凝遠也是將生熟與巧（工即巧）拙相提並論，並以元人之畫為

典型而推崇生、拙。「生則無莽氣」，即不流於鄙野，所以是「文」，文即野之反；「拙則無作氣」，即不流於造作，所以是「雅」，雅即俗之反，「生拙」是與「文雅」相連繫的。但是他並不把生熟巧拙絕然對立起來。他分辨了「爛熟」和「圓熟」的區別，如果是「爛熟」之「熟」，當然與「生」是不相容的，但如果是「圓熟」之「熟」，則又能與「生」相統一，因此，重「生」卻不廢「圓熟」。工與拙亦然，「不欲求工而自出新意」，即出於自然，就可不計工拙，「雖拙亦工，雖工亦拙」，工拙也沒有不可逾越的界限。顧凝遠的觀點是有代表性的，歷代文論家論生熟，都重在闡發其互滲互補、相反相成的關係。論詩文，如元代的方回，他評論時人的作品說：「他人之詩，新則不熟，熟則不新。熟而不新則腐爛，新而不熟則生澀。惟公詩熟而新，新而熟，可百世不朽。」（〈恢大山西山小稿序〉）又說：「於熟之中更加之熟，則不可。熟而又新，則可也。」（〈跋俞中疇詩〉）這是就已完成的詩篇說，要求新熟互濟。新，也就是生。又如清代的賀貽孫，評論古人的創作說：「杜詩韓文，其生處即其熟處，蓋其熟境，皆從生處得力。百物由生得熟，累丸斲堊，以生為熟，久之自能通神。若舍難趨易，先走熟境，不移時而腐敗矣。」（《詩筏》）這是就學習創作的過程言，應該「由生得熟」，即從難處入手，不可捨難趨易。論書、畫，如明代的董其昌說：「畫與字各有門庭，字可生，畫不可熟，字須熟後生，畫鬚生（應為『熟』）外熟。」（《畫禪室隨筆》〈畫訣〉）又清唐志契《繪事微言》引李仰懷語：「畫山水不可太熟，熟則少文；不可太生，生則多戾。練熟還生，斯妙矣。」明湯臨初說：「書必先生而後熟，亦必先熟而後生。始之生者，學力未到，心手相違也；熟而生者，不落蹊徑，不隨世俗，新意時出，筆底具化工也。故熟非庸俗，生不凋疏。⋯⋯故由生入熟易，由熟得生難。」（《書指》）吳德旋說：「董思翁（其昌）

云：『作字須求熟中生。』此語度盡金針矣。山谷生中熟，東坡熟中生，君謨、元章亦尚有生趣。趙松雪一味純熟，遂成俗諺。……」（《初月樓論書隨筆》）這些論述也是講到了兩個方面：一是説書畫作品的藝術風格應是生和熟的協調，不可太熟，不可太生，不可不熟，又不可一味純熟，要在生熟之間把握適度。一是説書畫作者的發展道路應是由生入熟，又由熟得生，要經歷否定之否定的昇華和飛躍，才能登上藝術的高峰。而把這種生熟的辯證運動闡明得最生動、最透闢的則是明人張岱一段關於彈琴的議論：

> 彈琴者，初學入手，患不能熟，及至一熟，患不能生。夫生，非澀勒離歧遺忘斷續之謂也。古人彈琴，吟猱綽注（彈琴的指法），得手應心，其間勾留之巧，穿度之奇，呼應之靈，頓挫之妙，真有非指非弦，非勾非剔，一種生鮮之氣，人不及知，己不及覺者，非十分純熟，十分陶洗，十分脫化，必不能到此地步。蓋此練熟還生之法，自彈琴撥阮，蹴鞠吹簫，唱曲演戲，描畫寫字，作文做詩，凡諸百項，皆借此一口生氣。得此生氣者，自致清虛；失此生氣者，終成渣穢。吾輩彈琴，亦惟取此一段生氣已矣。……（《與何紫翔》）

這是張岱述説一次聽琴後的感想，雖然談的是琴技，實際上道出了藝術創作的普遍規律。由生求熟，這是一般習藝者都懂得的，然而既熟之後，還要「練熟還生」，卻往往為常人所忽略。當然，「練熟還生」之「生」，不是初學時的生澀、生疏，而是「一種生鮮之氣」，如果失掉了這種生氣，「熟」就會成為爛熟、油滑。所以要講究「熟後生」「熟中生」。譬如一個優秀的演員，同一齣戲已演過十次、百次，但每一回演出都不是以往演出的刻板重複，而是新鮮的創造。清代藝術家

鄭板橋的一首題畫詩，精練地概括了他的親身體驗：

四十年來畫竹枝，白日畫竹夜間思，刪盡繁冗留清瘦，畫到熟時是生時。

「畫到熟時是生時」，正是「由熟得生」「練熟還生」的境界。

畫論於生拙之上又提出「荒率」。清代畫家惲格評黃公望的畫說：「癡翁畫，林壑位置，雲煙渲暈，皆可學而至。筆墨之外，別有一種荒率蒼莽之氣，則非學而至也。」（《南田畫跋》）可見「荒率」是山水畫極難達到的境界。盛大士《溪山臥游錄》曾對「荒率」有所闡釋：

作畫蒼莽難，荒率更難，惟荒率乃益見蒼莽。所謂荒率者，非專以枯淡取勝也。鉤勒皴擦，皆隨手變化，而不見痕跡，大巧若拙。能到荒率地步，方是畫家真本領。余論畫詩有云：「粉本倪黃下筆初，先教煙火氣全除，荒寒石發千絲亂，絕似周秦篆籀書。」頗能道出此中勝境。

「荒率」既是「隨手變化，而不見痕跡，大巧若拙」，那麼就是較「生」「拙」更上一層的高度自然的境界。

我們回過頭來再推究「生」「拙」的實質，其核心內涵也應歸結為「自然」。林紓關於「拙」與「生」的兩段解析可供參考：

昔人論畫，貴一「拙」字，此詣真不易到。老手之頹唐非拙也。既頹唐矣，或多敗筆，不能謂之拙筆。拙者精神到，不肯一筆諧俗，亦無一筆近於矯揉，純以天行，看似極拙，即之卻雅極，則方謂之真

拙。……

　　「拙」字之外，尚有一「生」字，卻極難到。凡聰明過人者，初學作畫，偶出一二筆極生，然有畫工百思不到者。更求其常常如是，則不能矣。此天趣偶與人合也。惟神於畫者，卻能於熟複求生。蓋「繩墨」二字，良工已得之爛熟，偶然斥去繩墨，便覺無繩墨中，卻有自在遊行之致，則「生」字之真面也。（《春覺齋論畫》）

　　林紓比較全面、準確地闡明了「拙」和「生」的基本精神。「拙」，「無一筆近於矯揉，純以天行」，「不求工而自出新意」（林紓評新羅山人語）；「生」，是「天趣偶與人合」，「無繩墨（即無法）中，卻有自在遊行之致」。可見，「拙」與「生」是無意而成，無工而工，無法而法，也就是「自然」。「拙」非笨拙之謂，因此「拙」並不排除「巧」（或曰「工」），「拙處正由工處得來，不工亦不能拙也」（林紓評新羅山人語），巧或工恰恰是「拙」的基礎，「拙」是「大巧若拙」，是在更高的層次上綜合了「巧」。「生」非生澀之謂，因此「生」並不排除「熟」，在熟練地掌握了繩墨之後，才能斥去繩墨，熟又是生的前提，「生」是熟後之生，是在更高的層次上綜合了「熟」。古典文藝美學中的崇尚「生」「拙」是從崇尚自然的美學思想中演化出來的。但是「生」「拙」也並不簡單地等同於「自然」，因為其中又融進了「古樸」、「蒼老」、「典雅」、「新鮮」等美學含義，所以「生」、「拙」作為美學範疇又具有其不可替代的獨立意義。

## 第三節　淡：平淡出於自然

　　古代文藝美學中尚「淡」的思想，源自道家。《老子》中說明「道」的品格是「道之出口，淡乎其無味」（三十五章）。《莊子》中更一再言「淡」：

　　游心於淡，合氣於漠，順物自然，而無容私焉，而天下治矣。（〈應帝王〉）

　　釋夫恬淡無為，而悅夫啍啍（諄諄）之意，啍啍已亂天下意。（〈胠篋〉）

　　夫虛靜恬淡、寂寞無為者，天地之平而道德之至，故帝王聖人休焉。……夫虛靜恬淡、寂寞無為者，萬物之本也。……（〈天道〉）

　　夫恬淡寂寞，虛無無為，此天地之平而道德之質也。……平易恬淡，則憂患不能入……虛無恬淡，乃合天德。……無所於忤，虛之至也；不與物交，淡之至也……淡而無為，動而以天行，此養神之道也。……（〈刻意〉）

　　君子之交淡若水，小人之交甘若醴；君子淡以親，小人甘以絕。（〈山木〉）

　　在莊子那裡「淡」就不僅是道本體的本質特徵，而且是人格理想、治國方略、處世原則，「淡」或「恬淡」，和「虛靜」「無為」等概念

一起，構成了自然論的精義。「淡」在審美領域發生巨大影響，始於宋代，宋人以「平淡」為美蔚成一代風尚，「淡」成為與「自然」相關聯的重要美學範疇。在本書上編第二章中已有詳述。本節需要補充的是宋以後「淡」美觀的傳承和變化。

明人論「淡」，基本上紹述宋人，而更突出人品的決定作用，強調「淡」必須出於自然、真誠。如董其昌的論述：

> 昔劉邵《人物志》，以平淡為君德。撰述之家，有潛行眾妙之中、獨立萬物之表者，淡是也。世之作者，極其才情之變，可以無所不能。而大雅平淡，關乎神明，非名心薄而世味淺者終莫能近焉。談何容易！《出師》二表，表裡《伊訓》；《歸去來詞》，羽翼《國風》。此皆無門無徑，質任自然，是之謂淡。乃武侯之明志、靖節之養真者何物，豈澄練之力乎？……（〈詒美堂集序〉）

> 作書與詩文，同一關捩，大抵傳與不傳，在淡與不淡耳。極才人之致，可以無所不能，而淡之玄味，必由天骨，非鑽仰之力，澄練之功，所可強入。……蘇子瞻曰：筆勢崢嶸，辭采絢爛，漸老漸熟，乃造平淡。實非平淡，絢爛之極。猶未得十分，謂若可學而能耳。《畫史》云，若其氣韻，必在生知，可為篤論矣。（《容台別集》卷之一）

這兩段話的共同要旨都在說明，詩文書畫之「淡」須以作者品格之「淡」為根本。才高之人在藝術上可以無所不能，唯有這「淡」的境界，不是靠「澄練之功」所能達到的，「非名心薄而世味淺者」是難以接近的。所以他不大同意蘇軾所謂絢爛之極，乃造平淡，這種說法仿佛以為「淡」可學而能，實際上「淡之玄味，必由天骨」，「必在生

知」。他舉出諸葛亮和陶淵明為楷模，可知他的意思是説，「淡」不是
藝術造詣問題，而是人格修養問題，那麼「天骨」「生知」云云，其實
並非指先天的稟賦。董其昌的觀點在明代是有一定的代表性的。後來
許學夷在《詩源辯體》中論「蕭散沖淡」，雖然立論的角度不同，但也
注意到了人品是決定的因素。他説：「唐人五言古，氣象宏遠，惟韋應
物、柳子厚，其源出於淵明，以蕭散沖淡為主。」但他勸告不要以「蕭
散沖淡」教後學，指出「學韋、柳詩，須先養其性氣，倘崢嶸之氣未
化，豪蕩之性未除，非但不能學，且不能讀。」而韋、柳較之陶潛仍有
所弗及，「二公是由工入微，非若淵明平淡出於自然也」。即是説韋、
柳的「蕭散沖淡」還不完全出於自然，只是消弭了人工的痕跡，讀者
不易察覺罷了。他又説到韋應物後期的轉變：「晚年鮮食寡欲，所居焚
香掃地而坐。蓋其人既自豪放以歸恬淡，故其詩亦自縱逸以歸沖淡
也。」（以上引文均見《詩源辯體》卷二十三）可見詩風的嬗變，其源
蓋出於人生態度的改變。在明代論「淡」最有特色的是袁宏道，他在
《敘咼氏家繩集》一文中説：

　　蘇子瞻酷嗜陶令詩，貴其淡而適也。凡物釀之得甘，炙之得苦，
唯淡也不可造；不可造，是文之真性靈也。濃者不復薄，甘者不復
辛，唯淡也無不可造；無不可造，是文之真變態也。風值水而漪生，
日薄山而嵐出，雖有顧、吳，不能設色也，淡之至也。元亮以之。東
野（孟郊）、長江（賈島）欲以人力取淡，刻露之極，遂成寒瘦。香山
（白居易）之率也，玉局（蘇軾）之放也，而一累於理，一累於學，故
皆望岫焉而卻。其才非不至也，非淡之本色也。

　　他對「淡」的美學特徵的剖析可謂鞭辟入裡。他揭示了「淡」的

兩個方面：一是「不可造」，「淡」必須發自「其性靈」，是人格的本
色，所以是不能人為造作的；一是「無不可造」，「淡」不是單調、枯
寂，而是最富於變化的，因為「淡」是本色，所以能變幻出無限多樣
的色彩。其中機理前人也已言之。如劉勰曾説：「青生於藍，絳生於
茜，雖逾本色，不能複化」；「故練青濯絳，必歸藍茜」（《文心雕龍》
〈通變〉），司空圖也説：「濃盡必枯，淡者屢深」（《詩品》〈綺麗〉）。
從發展的眼光看，「淡」正是蘊含著「通變無方」的可能性，這是符合
事物變化的一般規律的。但袁宏道更加著意申述的是「不可造」，他也
以陶淵明為範例，元亮之淡出於自然，如同「漪生」「嵐出」，這種自
然的色彩，是任何大畫家所不能加以烘染的。孟郊、賈島想以「人力
取淡」，結果只能成為寒、瘦，即使白居易和蘇軾這樣的天才詩人，能
夠真率，能夠放縱，也因「理」和「學」這些人為因素的干擾，不能
達到真正的「淡」。因此，説到底「淡」是由人品決定的，有了淡泊的
人格才會有沖淡的詩格。明代文藝家把「淡」歸結於人格修養，是與
宋人之側重於藝術意境有所不同的；當然宋代理學家論「淡」也注重
儒家的心性修養，但明人心目中的修養則傾向於道、禪，因此更強調
自然，與莊子關於「恬淡」的論述有更多的契合之處。

　　到了清代，關於「淡」的探討的重心，又重新回到藝術方面，而
且大都致力於「淡」的美學內涵的辨析。如賀貽孫辨「淡」與「薄」：

　　陶元亮詩淡而不厭。何以不厭？厚為之也。詩固有濃而薄，淡而
厚者矣。（《詩筏》）

　　自竟陵派鍾惺、譚元春標舉「厚」，以後清代詩家也貴厚，故賀貽
孫特別辨明「淡」非「薄」之謂，「淡」要與「厚」相結合。又如黃子

雲辨「淡」與「淺」：

> 理明句順，氣斂神藏，是謂平淡。如《十九首》豈非平淡乎？苟
> 非絢爛之極，未易到此。竊見詩家誤以淺近為平淡，舉世作不經意、
> 不費力，皮殼數語，便栩栩自以為歷陶、韋之奧，可慨也已。（《野鴻
> 詩的》）

袁枚也有類似的意見：

> 《漫齋語錄》曰：「詩用意要精深，下語要平淡。」余愛其言，每
> 作一詩，往往改至三五日，或過時而又改。何也？求其精深，是一半
> 工夫；求其平淡，又是一半工夫。非精深不能超超獨先，非平淡不能
> 人人領解。（《隨園詩話》卷八）

「平淡」是極難達到的境界，流俗誤認「平淡」為淺易，確是絕大
的曲解，黃、袁的分辨是有道理的。但把「平淡」僅僅理解為「人人
領解」則未免失之淺薄。又有辨「枯淡」的，毛先舒《詩辯坻》中説：

> 東坡謂陶詩外枯中腴，鍾（惺）云：「陶閒遠自其本色，而淵永溫
> 潤，佳在不枯。」先舒曰：「知陶詩非枯，識去蘇遠。」（卷四《竟陵詩
> 解駁議》）

「枯淡」是蘇軾所肯定的，又以陶詩為「枯淡」，即「外枯而中膏，
似淡而實美」，而鍾惺以為陶非「枯淡」，毛先舒亦表首肯。又翁方綱
對於宋人的詩評表示異議：「《詩林廣記》（宋蔡正孫撰）云：『後山之

詩，近於枯淡。」愚觀宋詩之枯淡者，惟梅聖俞可以當之。若後山則益無可回味處，豈得以枯淡為辭耶？」（《石洲詩話》卷四）按：朱熹嘗評梅聖俞詩云：「不是平淡，乃是枯槁。」（見《詩人玉屑》卷十）而翁方綱則認為梅詩是「枯淡」，而陳師道的詩連「枯淡」也算不上。可見毛、翁二人對「枯淡」的理解與蘇軾不同。又有聲色臭味之辨。宋朱熹曾以「無聲色臭味」稱韋蘇州之「平淡」。明陸時雍也說：「詩之妙者，在聲色臭味之俱無，陶淵明是也。」（《詩鏡總論》）而清代的宋大樽則對此提出質疑：

> 或問：「詩至靖節，色香臭味俱無，然乎？」曰：「非也，此色香臭味之難可盡者，以極淡不易見耳。太平之世，風不鳴條，雨不破塊，雷不驚人，電不眩目，霧不塞望，雪不封條，陰陽和也。和氣之該，必有色香臭味。雲則五色而為慶，三色而成霄；露則結味而成甘，結潤而成膏。人養天和，其色香臭味亦發於自然。有《三百》之和，則有《三百》之色香臭味；有靖節之和，則有靖節之色香臭味。」（《茗香詩論》）

他認為，陶淵明的詩不能沒有「色香臭味」，只是極淡而不明顯罷了。陰陽之氣調和，就自然有「色香臭味」，陶詩得天地之和，也就有其獨特的「色香臭味」。方東樹也不同意把好文章說成「不帶聲色」：

> 王厚齋云：「蘇子由評品文章，至佳者，輒云不帶聲色。」何義門云：「不帶聲色，則有得於經矣。」愚謂此二說有得有失，須善參之，否則徒高無當。如《唐書》論韓休之文，如太羹玄酒，有典則而薄滋味。竊謂經者道之腴也，其味無窮，何止但有典則；矧經亦自有極其

聲色者在也。王、何皆非深於文事者，皮傅之論耳。(《昭昧詹言》卷一)

　　所謂「色香臭味」或「聲色」是指訴諸感官的形式美。六朝人崇尚華麗，認為平淡的作品是缺少形式美的。但作為「平淡」詩風典範的陶詩，鍾嶸仍評之為「風華清靡」，對於「世歎其質直」並不苟同，即承認陶潛的語言是美的。後世稱陶、韋之詩為「無聲色臭味」，確實不夠切當。清人注意到了這個問題，加以辨正，是有意義的。不僅是論詩，而且擴大到論文，桐城派古文家姚鼐標舉「所以為文者八，曰：神、理、氣、味、格、律、聲、色」(《古文辭類纂序目》)，氣、味、聲、色即居其半。方東樹(後期桐城派代表、姚門弟子)寫下這段話也是為了捍衛這一綱領。總起來看，清代文論中關於「淡」的論述，偏重於藝術形式，其哲理性較之前代大大減弱了。這一特點也表現在畫論中。例如畫家邵梅臣之論「淡」：

　　昔人妙論曰：「萬物之毒，皆主於濃，解濃之法曰淡。」「淡」之一字，真繪素家一粒金丹。然所謂淡者，為層層烘染，由一道至二道，由二道至三至四，淡中仍有濃，有陰陽，有向背，有精神，有趣味。⋯⋯

　　蕭條淡漠，是畫家極不易到功夫，極不易得境界。蕭條則會筆墨之趣，淡漠則得筆墨之神。⋯⋯(《畫耕偶錄論畫》)

　　自宋米芾評董源山水「平淡天真多」，其後元四家，尤其是倪雲林「以天真幽淡為宗」，把山水畫的「平淡天真」之美推進到極致，而在

這些繪畫精品中都蘊含著深厚的思想意境。但清代畫家論「淡」則多著眼於筆墨技法和筆墨情趣，因此「淡」與道家自然論的連繫也顯得疏遠了。在清代的樂論中則可以看到理學家的深刻影響。如汪烜論樂：

> 樂，和而已，而周子加以淡之一言，猶先進野人云也。然而節有度，守有序，無促韻，無繁聲，無足以悅耳，則誠淡也。至淡之旨，其旨愈長，惟其淡也，而和亦至焉矣。……蓋縱欲敗度，則無以道五常之行，而不淡；下民困若，則無以合生氣之和，而不和。不淡，則妖淫而導欲；不知，則愁怨而增悲。……

> 其辭善，則其聲淡矣。……必政善而後人心和平，人心和平而後詩辭皆善，詩辭既善，然後審一定和，而聲律之合亦無不淡且和。此盡人事之和以合天氣之和也。（《樂經律呂通解》〈樂教第七〉）

又如他的論琴：

> 士無故不撤琴瑟，所以養性怡情。先王之樂，惟淡以和。淡，故欲心平；和，故躁心釋。「由之瑟，奚為於丘之門」，蓋以其不足於中和之致也。……其間篇什，酌以淡和，或怡然自適，或淒以哀思，或遠杳清冥，或和平廣大，而要必以祇以庸，約乎中正。（《立雪齋琴譜小引》）

儒家傳統樂論一向以「和」為宗旨，周敦頤論樂始以「淡」「和」並提，融進了道家思想。但與莊子「自然恬淡」的精神不同，他提倡

「淡」是為了抑制平息人的欲求、欲望，所謂「淡則欲心平」，是要利用音樂作為「滅人欲」的教化手段。因此，他反對音樂的創新，慨歎「後世禮法不修，政刑苛紊，縱欲敗度，下民困苦，謂古樂不足聽也，代變新聲，妖淫愁怨，導欲增悲，不能自止」，認為「不復古禮，不變今樂，而欲至治者，遠矣！」雖然他對當時社會政治的不滿有其正確的一面，但他的音樂美學思想是極端保守的。汪烜論樂幾乎就是《周子通書》論樂的翻版。他很重視「淡」，以為「惟其淡也，而和亦至焉矣」，有了「淡」也就有了「和」。但所謂「至淡」的藝術特徵是「無促韻，無繁聲，無足以悅耳」，這就如同《樂記》中說的「樂之隆，非極音也」，把審美要求降至無足輕重的地位，片面地突出了音樂的教化功能。因此，他激烈地指斥戲曲音樂和民歌小調：「昆腔妖淫愁怨，弋腔粗暴鄙野，秦腔猛起奮末，殺伐尤甚；至於小曲歌謠，則淫褻不足言矣」，這類樂曲當然不符合「淡」與「和」的標準，只能「導欲增悲」，「敗風亂俗」，他認為是「不可不禁絕者」。汪烜的琴論也同樣標榜「淡和」，而排斥「恣意吟猱，遂成滌濫，煩聲促節，導欲增悲」的技法和曲譜。說到汪烜琴論的論「淡」，不妨和徐上瀛的論「淡」作一比較。徐上瀛的《溪山琴況》共列二十四「況」，「淡」為其中之一，其文云：

弦索之行於世也，其聲豔而可悅也。獨琴之為器，焚香靜對，不入歌舞場中；琴之為音，孤高岑寂，不雜絲竹伴內。清泉白石，皓月疏風，翛翛自得，使聽之者遊思縹緲，娛樂之心不知何去，斯之謂淡。

舍豔而相遇於淡者，世之高人韻士也。而淡固未易言也。祛邪而存正，黜俗而歸雅，舍媚而還淳，不著意於淡而淡之妙自臻。

夫琴之母音本自淡也，制之為操，其文情沖乎淡也。吾調之以淡，合乎古人，不必諧於眾也。每山居深靜，林木扶蘇，清風入弦，絕去炎囂，虛徐其韻，所出皆至音，所得皆真趣，不禁怡然吟賞，喟然云：「吾愛此情，不綠不競；吾愛此味，如雪如冰；吾愛此響，松之風而竹之雨，　之滴而波之濤也。有寤寐於淡之中而已矣。」

徐上瀛是明末遺民，抗清失敗後隱居學道。他的琴論本於儒家禮樂論，強調「中和」「大雅」，反對煩聲促節的「邪靡悅耳之音」，但其論「淡」一節則更近於道家思想。他首先指出，琴不同於其他樂器，不是以華麗的音色取悅於人，琴的沉靜孤高的品格決定了尚淡的審美要求。他所描摹的「淡」是「清泉白石，皓月疏風」這樣一種特定的審美意境。他繼而說明，與「淡」相契合的是高人韻士的淡泊情懷，因此，達到「淡」的境界是很不容易的，要以人格修養為根本，而如果能「存正」、「歸雅」、「還淳」，「淡」又是出於自然的，「不著意於淡而淡之妙自臻」。最後，他又渲染了「山居深靜」的外部環境與「淡」的琴韻之融會，不知不覺地沉浸在審美愉悅之中的體驗。徐上瀛筆下的「淡」是審美，不是娛樂，是陶冶性情，不是倫理教化。他所標置的人格理想是道家的「寂寞恬淡」不是儒家的「中正和平」。在二十四況中與「淡」相接的是「恬」，「恬」可使淡而有味，「恬」是「不味而味」，「不馥而馥」，這種說法也是道家的思想路數。徐上瀛論「淡」帶有濃厚的道家色彩，與汪烜論「淡」是大異其趣的，而其注重人格修養則與明人一脈相承。他所陶醉於其中的清寂澄淨的物境和超塵絕俗的心境相融合，將己身融入大自然中的審美境界，完全體現了莊子自然論的精神。

## 第四節　本色：所以保全天趣也

「本色」一詞的原義即為本來的顏色。如《晉書》〈天文志〉中說：「凡五星有色，大小不同，各依其行而順時應節，……不失本色而應其四時者，吉。」文論中最早的用例見於《文心雕龍》〈通變〉：「夫青生於藍，絳生於茜，雖逾本色，不能複化。」用的是原義。宋代普濟所撰的《五燈會元》中記載長慶大安禪師語錄：「雪峰因入山采得一枝木，其形似蛇，於背上題曰：『本自天然，不假雕琢。』寄與師。師曰：『本色住山人，且無刀斧痕。』」（卷四）此處所謂「本色」，較原義稍有擴大，泛指事物的本來面目，是「本自天然，不假雕琢」的，因而與禪宗的崇尚自然相連繫。宋代文論中開始廣泛地運用「本色」的概念，但多指某種文體的固有特色。如陳師道說：

退之以文為詩，子瞻以詩為詞，如教坊雷大使之舞，雖極天下之工，要非本色。（《後山詩話》）

曾季貍說：

東坡之文妙天下，然皆非本色，與其他文人之文、詩人之詩不同。文非歐、曾之文，詩非山谷之詩，四六非荊公之四六，然皆自極其妙。（《艇齋詩話》）

劉克莊說：

唐文人皆能詩，柳尤高，韓尚非本色。（《竹溪詩序》）

坡詩略如昌黎，有汗漫者，有謹嚴者，有麗縟者，有簡澹者，翕張開合，千變萬態，蓋自以其氣魄力量為之，然非本色也。（《後村詩話》前集卷二）

張炎說：

詞中一個生硬字用不得，須是深加鍛煉，字字敲打得響，歌誦妥溜，方是本色語。（《詞源》〈字面〉）

都是指詩、文、詞各種體裁業經約定俗成的藝術特徵。這種用法後世也一直沿襲。例如明代的胡應麟《詩藪》中論詩多言「本色」：

四言句法高古者，已經前人采摭。自余精工奇麗，代有名篇，雖非本色，不可盡廢。……（內編卷一）

文章自有體裁，凡為某體，務須尋其本色，庶幾當行。（內編卷一）

曰仙、曰禪，皆詩中本色，惟儒生氣象，一毫不得著詩；儒者語言，一字不可入詩。而杜（甫）往往兼之，不傷格，不累情，故自難及。（內編卷五）

清代的黃宗羲也說：

詩降而為詞，詞降而為曲。非曲易於詞，詞易於詩也，其間各有

本色，假借不得。近見為詩者，襲詞之嫵媚，為詞者，侵曲之輕佻，
徒為作家之所俘虜耳。（〈胡子藏院本序〉）

之所以要辨明「本色」，是為了維護各種文體之間的界限，不使淆
亂，以至喪失了各自的特色。這就是所謂「尊體」。但是也承認某些大
家如杜甫、蘇軾，才識膽略過人，敢於突破「本色」，而自臻佳妙。然
而，在這個意義講「本色」，與「自然」並無多少瓜葛。但我們注意到
在明代的文論中「本色」已不囿於這一含義。

首先要提及的是唐宋派古文家唐順之的本色論。他在《答茅鹿門
知縣二》中說：

至如鹿門所疑於我本是欲工文字之人，而不語人以求工文字者，
此則有說。……其不語人以求工文字者，非謂一切抹殺，以文字絕不
足為也，蓋謂學者先務，有源委本末之別耳。……只就文章家論之。
雖其繩墨佈置，奇正轉折，自有專門師法，至於中一段精神命脈骨
髓，則非洗滌心源，獨立物表，具今古隻眼者，不足以與此。今有兩
人，其一人心地超然，所謂具千古隻眼人也，即使未嘗操紙筆呻吟，
學為文章，但直據胸臆，信手寫出，如寫家書，雖或疏鹵，然絕無煙
火酸餡習氣，便是宇宙間一樣絕好文字；其一人猶然塵中人也，雖其
專專學為文章，其於所謂繩墨佈置，則盡是矣，然番來覆去，不過是
這幾句婆子舌頭語，索其所謂真精神與千古不可磨滅之見，絕無有
也，則文雖工而不免為下格。此文章本色也。即如以詩為喻，陶彭澤
未嘗較聲律，雕句文，但信手寫出，便是宇宙間第一等好詩。何則？
其本色高也。自有詩以來，其較聲律，雕句文，用心最苦而立說最嚴
者，無如沈約，苦卻一生精力，使人讀其詩，只見其捆縛齷齪，滿卷

累牘，竟不曾道出一兩句好話。何則？其本色卑也。本色卑，文不能工也，而況非其本色者哉？

　　且夫兩漢而下，文之不如古者，豈其所謂繩墨轉折之精之不盡如哉？秦、漢以前，儒家者有儒家本色，至如老莊家有老莊本色，縱橫家有縱橫本色，名家、墨家、陰陽家皆有本色，雖其為術也駁，而莫不皆有一段千古不可磨滅之見。是以老家必不肯剿儒家之說，縱橫必不肯借墨家之談，各自其本色而鳴之為言。其所言者，其本色也。是以精光注焉，而其言遂不泯於世。唐、宋而下，文人莫不語性命，談治道，滿紙炫然，一切自托於儒家，然非其涵養蓄聚之素，非真有一段千古不可磨滅之見，而影響剿說，蓋頭竊尾，如貧人借富人之衣，莊農作大賈之飾，極力裝做，醜態盡露。是以精光枵焉，而其言遂不久湮廢。……

　　然則吾之不語人以求工文字者，乃其語人以求工文字者也。……

　　唐順之所說的「本色」不是指文體的特色，而是指作者的真面目。他的本色論的中心主旨是要求文章顯示作者的本色。唐順之作為唐宋派的主要代表是十分注重「法」的，他在〈董中峰侍郎文集序〉中曾鼓吹推行其「開闔首尾經緯錯綜之法」，然而在這封書信中卻一改此種論調，認為「法」不是文章的根本。他指出，先秦諸子之文之所以不泯於世，是因其各有本色；兩漢而下的文人，繩墨轉折之法非不精熟，但缺少了獨具的本色，因而文不如古；唐宋而下的文人，依傍古人，剿說雷同，完全喪失了本色，文章即不久湮沒。而本色亦有高卑之別，重要的是要有「一段千古不可磨滅之見」，即獨到的精深的經得起歷史檢驗的卓越見解，這才是文章的根本。本色高者，如陶潛，不必「較聲律，雕句文」，講求繩墨佈置，只須「直據胸臆，信手寫出，

如寫家書」，便是「宇宙間一樣絕好文字」。本色卑者，如沈約，即使用心甚苦，卻「不曾道出一兩句好話」。而歸根到底，「本色」是決定于作者的修養，「非洗滌心源，獨立物表，具今古隻眼者，不足以與此」，即要有高潔的心胸、獨立的人格、非凡的識見，才能有這「一段精光不可磨滅之見」。唐順之的這段議論是對「七子」派模擬古人、尺寸古法的批判，其觀點也並不新鮮，「自得」、「貴真」以及無意於文而能成天下之至文、道勝者文不難而自至、不求工而自工等等，前人早已言之。但像他這樣講「本色」確實是前所未有的。他給「本色」賦予了新義。他的本色論的核心內容，一是「真」，二是「自然」，詩文要表現作者的真面目，要出於自然。他在《又答洪方州書》中又扼要地說明了「本色」的這兩層含義：「近來覺得詩文一事，只是直寫胸臆，如諺語所謂開口見喉嚨者，使後人讀之，如真見其面目，瑜瑕俱不容掩。所謂本色，此為上乘文字。」這樣的本色論便與自然論接軌，或者可以說融入了自然論。雖然，唐順之將本色論運用於批評，顯出其文學鑒賞的眼力並不高明。他推重曾鞏之文和邵雍之詩，以為「三代以下之文，未有如南豐；三代以下之詩，未有如康節者」（《與遵嚴參政》）。曾鞏之文，平直嚴謹而乏文采；邵雍之詩，直白乾枯，不過是經義語錄之押韻者，以此為楷模，未免令人失望。然而，我們又要看到他的賦以新義的本色論在理論上的開拓意義。

其次，值得重視的是徐渭的本色論。在明代戲曲界發生了一場本色派和文詞派的大論爭。爭論的焦點是在戲曲的語言。文詞派（或稱駢綺派、藻繪派）追求語言的典雅藻麗，不顧是否切合劇中人物的身份，是否能為觀眾所接受。本色派則主張戲曲語言應有自身的特點，不同於其他文學體裁。本色派的理論家對於本色的理解也不完全一致，但一般都認為戲曲語言應該自然樸素，表現生活氣息，可以不避

俚俗，不宜堆垛學問或濃豔晦澀，而要表現劇中人物的身份、性格特徵，並使觀眾能夠聽懂。徐渭是本色論的有力宣導者。但他關於本色的論述，雖然集中於曲論，卻並不侷限於戲曲語言特徵的探討，從以下幾段引文中可以瞭解他的基本觀點：

> 凡語入緊要處，略著文采，自謂動人，不知減卻多少悲歡。此是本色不足者乃有此病。……點鐵成金者，越俗越雅，越淡薄越滋味，越不扭捏動人越自動人。（《題昆侖奴雜劇後》）

> 語入要緊處，不可著一毫脂粉，越俗，越家常，越警醒，此才是好水碓，不雜一毫糠衣，真本色。若於此惡縮打扮，便涉分該婆婆，猶作新婦少年，哄趨所在，正不入老眼也。至散白，與整白不同，尤宜俗、宜真，不可著一文字，與扭捏一典故事，及截多補少，促作整句。錦糊燈籠，玉鑲刀口，非不好看，討一毫明快，不知落在何處矣！此皆本色不足，使此小做作以媚人，而不知誤入野狐作嬌冶也。（《題昆侖奴雜劇後》）

> 世事莫不有本色，有相色。本色，猶言正身也；相色，替身也。替身者，即書評中「婢作夫人終覺羞澀」之謂也。婢作夫人者，欲塗抹成主母而多插帶，反掩其素之謂也。故余於此本中賤相色、貴本色，眾人嘖嘖者我呴呴也。（《西廂序》）

徐渭所謂的「本色」大約包含了淺、俗、淡、真、自然、明快這樣一些特徵，都是針對戲曲語言來說的。但他的議論已涉及文藝創作的根本規律和文藝美學的基本要求。文藝是反映生活的，就應該作真

實的反映，本色不僅是文體的本色，而且是生活的本色，而「相色」
則是塗抹插帶，以過多的外加裝飾掩蓋了事物的本來面目，那就是虛
假造作了。因此，應該賤相色而貴本色。這一原則對於各種藝術門類
都是普遍適用的。從美學要求來看，扭捏作態，「惡縮打扮」，分該婆
婆，強作新婦少年，或如錦糊燈籠，玉鑲刀口，只求好看，不管明
快，諸如此類的「小做作」，本意求美，結果卻是損害了自然之美，以
至令人生厭。可見徐渭的本色論也是貫串著尚真、尚自然的精神。

在明代文學家中以真或自然稱「本色」者已甚眾。如李開先說：

> 畫宗馬（遠）、夏（圭），詩宗李、杜，人有恆言，而非通論也。
> 兩家總是一格，長於雄渾跌宕而已。山水、歌行，宗之可也，他畫他
> 詩，宜別有宗，乃亦止宗馬、夏、李、杜可乎？本木強之人，乃效李
> 之賞花酣酒；生太平之世，乃效杜之憂亂愁窮，其亦非本色、非真情
> 甚矣！（魏守忠《跋田間四時行樂詩》引，見《李開先集》）

袁宏道說：

> 第小修詩……大都獨抒性靈，不拘格套，非從自己胸臆流出，不
> 肯下筆。……其間有佳處，亦有疵處。佳處自不必言，即疵處亦多本
> 色獨造語。（《序小修詩》）

袁宗道說：

> 弇州（王世貞）才卻大，第不奈頭領牽制，不容不入他行市，然
> 自家本色時時流露，畢竟不是歷下（李攀龍）一流人。（《答陶石簣》）

陸時雍說：

劉夢得七言絕，柳子厚五言古，俱深於哀怨，謂騷之餘派可。劉婉多風，柳直損致，世稱韋柳，則以本色見長耳。（《詩鏡總論》）

屠隆說：

古人多本色，今人多贋物。（《務真》）

賦材既定，骨格已成，即終身力事，而卒莫改其本色，越其故步。（范太僕集序》）

陶明濬說：

本色者，所以保全天趣也。故夷光之姿，必不肯汙以脂粉；藍田之玉，又何須飾以丹漆。此本色所以可貴也。（《詩說雜記》）

從以上這些「本色」的用例中，可以發現明人論「本色」已日益側重於強調作者的個性本色。李開先明確地反對專宗一種「格調」，而認為「格調」應因人因時而異，「本木強之人，乃效李（白）之賞花酣酒」，便不是本色。公安派提倡「獨抒性靈，不拘格套」，就更重視個性本色。袁宏道稱讚其弟的詩作，「即疵處亦多本色獨造語」，因而「極喜其疵處」。袁宗道以為王世貞之所以高於李攀龍，是因他有「自家本色」。即使是「七子」後學、名列末「五子」之一的屠隆，也已揚棄「格調」而推舉「本色」。這一共同的趨向，實即意味著「格調」說的瓦

解。明代本色論的演變，擴展了「本色」範疇的原有含義，而與自然
論相匯合。陶明濬的界說或許道出了「本色」的實質，「保全天趣」，
不加矯飾，猶如《莊子》說的「鵠不日浴而白，烏不日黔而黑」（〈天
運〉），這就是本色，就是自然，就是美。

　　清人論「本色」，大體上繼承了明人的觀點。如賀貽孫《詩筏》多
言「本色」。他說：

　　嚴滄浪云：「唐人與宋人詩，未論工拙，直是氣象不同。」此語切
中竅要。但余謂作詩未論氣象，先看本色，若貲郎效士大夫舉止，暴
富兒效貴公子衣冠，縱氣象有一二相似，然村鄙本色自在。宋人雖無
唐人氣象，猶不失宋人本色，若近時人，氣象非甚似唐人，而本色
相去遠矣。

　　他不同意嚴羽的標舉盛唐氣象，認為「本色」比「氣象」更重要，
唐人「氣象」如是模擬得來，不過是仿製的贗品，還不如宋人之保持
自家本色。可見，他的崇尚「本色」貫徹了「貴真」的精神。因此，
他又從詩品連繫到人品：

　　凡感遇詠懷，須直說胸臆，巧思套語無所用之。正字（陳師道）
（《感遇》）篇中屢用「仲尼」「老聃」「西方」「金仙」「日月」「昆侖」
等語者，非本色也。若張曲江（九齡）《感遇》則語語本色，絕無門面
矣，而一種孤勁秀澹之致，對之令人意消。蓋詩品也，而人品系之。
「草木有本心，何求美人折」，三復此語，為之浮白。

　　陳師道的《感遇》詩用了許多套話，就不是本色，而張九齡的《感

遇》詩沒有門面話，語語本色，透出「一種孤勁秀澹之致」，表現了其
人的人品。詩品反映了人品，一有造作，便非本色。所以他特別稱賞
斛律金的《敕勒歌》為「天然豪邁」，由此得出了「作詩貴在本色」的
結論。他為解釋「本色」設了一個生動的比喻，這是對一位妓女說的：
「但將汝脂黛蘭麝及汝腔調習氣，和身拋向水中，洗濯淨盡，露出天然
本色，方稱佳人。」他認為，「今日學詩者，亦須拋向水中洗濯，露出
天然本色，方可言詩人」。那麼，「貴在本色」，就要洗盡鉛華，還之以
天然素樸的本來面目。貴本色與尚真、尚自然是密不可分的。

　　此外，較有創意的是近代劉熙載的本色論。他在《藝概》中廣泛
地應用了本色的概念。如：

　　賈長沙（誼）、太史公、《淮南子》三家文，皆有先秦遺意；若董
江都（仲舒）、劉中壘（向），乃漢文本色也。(《藝概》〈文概〉)

　　這裡的「本色」是指時代的特色，他認為董仲舒和劉向的文章已
明顯有別於先秦，表現了漢代的特色。又如：

　　賦長於擬效，不如高在本色。屈子之《騷》，不沾沾求似《風》
《雅》，故能得《風》《雅》之精；長卿《大人賦》於屈子《遠遊》，未
免落擬效之跡。(《藝概》〈賦概〉)

　　這裡的「本色」則是指作者的個性特色。從賦體來講，長於擬效
是其特色，但仍以具有個性特色者為高。因此，相如之模擬就不及屈
原之獨創。劉熙載之言本色，又突出了個性本色，而與繼承和創新的
問題相連繫。他還從哲學理論上說明了何以本色居上：

白賁占於「賁」之上爻，乃知品居極上之文，只是本色。(《藝概》〈文概〉)

此論肇自劉勰。《文心雕龍》〈情采〉：「賁象窮白，貴乎反本。」《周易》中的「賁」卦，離下艮上，山下有火，是華美文飾之象，而其上爻的爻辭是「白賁無咎」，王弼注：「處飾之終，飾終反素，故任其質素，不勞文飾，而無咎也。」劉勰利用賁卦爻變所顯示的文飾的終結回歸素樸，來說明文章辭采不宜過分華麗。劉熙載則用以論證素樸自然的本色才是文章的上品。這又同清代詩論家毛先舒的論述相吻合，毛先舒在《詩辯坻》〈總論〉中說：

《記》云：「白受采。」故知淡者詩之本色，華壯不獲已而有之耳。然淡非學詣閎邃，不可襲致，世有強托為淡者，寒瘠之形立見，要與浮華客氣厥病等耳。

他把「白」等同於「淡」，稱「淡」為詩之「本色」。「白受采」，近似於袁宏道所說的「惟淡也無不可造」。而「淡」並不是「寒瘠」，恰恰是「華壯」達到極致後的昇華。這種說法也有「飾終反素」之意。因此，「本色」與「淡」也是相互貫通的。劉熙載還提出了「真色」和「借色」的概念：

詩有借色而無真色，雖藻繪實死灰耳。李義山卻是絢中有素。……(《藝概》〈詩概〉)

詞之為物，色香味宜無所不具。以色論之，有借色，有真色。借

色每為俗情所豔，不知必先將借色洗盡，而後真色見也。(《藝概》〈詞曲概〉)

　　「真色」一詞也已見於明代文論，如湯顯祖《焚香記總評》:「其填詞皆尚真色，所以入人最深。」「真色」的含義與「本色」略同，而突出了「真」的一面。劉熙載所謂的「真色」，看來也就是「本色」，而「借色」則是外加的塗飾，如脂粉鉛華。他認為，詩歌不能「有借色而無真色」，李商隱的詩固然藻麗，也是「絢中有素」。詞曲的寫作為了迎合俗情之所好，不免要有借色，但不能只欣賞其借色，而且須洗盡借色，方見真色。這與賀貽孫的見解頗相似。真色、借色與徐渭所說的「本色」「相色」不盡相同，但其「貴真」的精神則是一致的。

　　從明、清兩代的本色論看，「本色」這一範疇與「真」，與「淡」，與「自然」都存在著相互溝通、相互補充的有機連繫。

# 結　語

　　自然論，是中國古代哲人的傑出思想。過去我們曾誇大了道家的消極面，把崇尚自然解釋為聽天任命、無所作為，抹殺了人的主觀能動性，這是一種誤解或曲解。老、莊將自然的原則應用於治國、修身，「無為而無不為」，就不是無所作為。後來經過《淮南子》的闡發，其實質意義便更加顯豁了，自然無為就是合乎自然規律的有為。在貶抑老、莊的同時，又過分頌揚了荀子主張的「制天命而用之」，其實「人定勝天」如果不與「順應自然」互為補充，就會陷入唯意志論，結果必然遭到自然的懲罰，這是為人類的無數歷史教訓所證實了的。恩格斯的名著《勞動在從猿到人轉變過程中的作用》一文，在肯定了人「通過他所作出的改變來使自然界為自己的目的服務，來支配自然界」是「人同其他動物的最後的本質的區別」之後，又指出：

　　但是我們不要過分陶醉於我們對自然界的勝利。對於每一次這樣的勝利，自然界都報復了我們。每一次勝利，在第一步都確實取得了

我們預期的結果，但是在第二步和第三步卻有了完全不同的、出乎預料的影響，常常把第一個結果又取消了。美索不達米亞、希臘、小亞細亞以及其他各地的居民，為了想得到耕地，把森林都砍完了，但是他們夢想不到，這些地方今天竟因此成為荒蕪不毛之地，因為他們使這些地方失去了森林，也失去了積聚和貯存水分的中心。阿爾卑斯山的義大利人，在山南坡砍光了在北坡被十分細心地保護的松林，他們沒有預料到，這樣一來，他們把他們區域裡的高山畜牧業的基礎給摧毀了；他們更沒有預料到，他們這樣做，竟使山泉在一年中的大部分時間內枯竭了，而在雨季又使更加兇猛的洪水傾瀉到平原上。在歐洲傳播栽種馬鈴薯的人，並不知道他們也把瘰癧症和多粉的塊根一起傳播過來了。因此我們必須時時記住：我們統治自然界絕不像征服者統治異民族一樣，絕不像站在自然界以外的人一樣，——相反地，我們連同我們的肉、血和頭腦都是屬於自然界，存在於自然界的；我們對自然界的整個統治，是在於我們比其他一切動物強，能夠認識和正確運用自然規律。[1]

惜乎我們在相當長的一段時間裡把恩格斯的告誡置於腦後，而陶醉於「征服」自然界的一時的局部的「勝利」，最終付出了慘重的代價。於深沉的反思中，我們愈加感到道家自然論的彌足珍貴。人類的進步、科學的發展不僅表現為改造自然、支配自然，更重要的是掌握自然規律從而利用自然。

自然論運用於文藝領域也產生了深遠的影響。以自然為美，在傳統審美意識中是根深蒂固的。在中國古代沒有出現過自然美和藝術美

---

[1]　《馬克思恩格斯選集》第3卷，人民出版社1972年版，第517-518頁。

孰高孰低的爭論，自然界的美（「天地之文」）是「自然」的，因此理所當然是文藝創作的範本，「自然」被奉為最高的審美理想。文藝自然論於魏晉南北朝時代發端，逐漸從涓涓細流彙聚成滔滔洪波，內容越來越深廣，支脈越來越繁衍，所探討的範圍已不限於審美判斷的標準，而且涉及美和審美的本質、文藝創作的規律。例如不久前曾成為理論熱點的文藝創作中的無意識、自發性現象，便是古代自然論的一個重要論題。古人用辯證思維的方法，解決了意識與無意識、自覺與自發、必然與偶然的矛盾，頗能給人有益的啟示。文藝創作是複雜的精神勞動，其中心靈活動的精微奧妙，古人雖然還不能作出科學的說明，但他們把親身的經驗揭示出來，至少可以引起今人的注意，我們不應簡單地匆忙地斥之為「唯心主義」或「神秘主義」而不屑一顧，因為這是歷代作家、藝術家的共同體驗，應該深入探索，力求應用現代科學知識，揭開此中的奧秘。關於美和審美的本質，是學術界聚訟紛紜的美學基本問題。如果說，儒家提倡「中和」之美，傾向於「美是和諧」的觀點，那麼道家的崇尚「自然」之美，就接近於把審美看作自由和超越，古人以「體道」（與道同體，天人合一）為審美的最高境界，其實質就是精神上的自由和超越。「自然」和「中和」是中國古典美學的兩大理論支柱，古代的文藝自然論對於美和審美的本質的研究具有重要的參考價值。

「自然」作為美學範疇，一方面是哲學範疇的延伸，保留了「無為」這一核心含義；另一方面又結合了文藝的特殊性，其美學內涵是較為複雜的。本書歸結為「無意」「無法」「無工」三個方面，是根據古人的論述所作的粗略的整合，但已可顯示，對「自然」的美學內涵的開掘是相當深入的，凝聚了千百年文學家、藝術家創作實踐的經驗，經過了反覆的辯難駁詰，才達到這樣的深度。雖然不存在統一的

共識，但正是各抒己見的多元格局促進了理論認識的深化。「無法之法」「不工而工」這類玄妙的説法，也許不易為現代人所接受，但傳統的辯證思維方法，用來闡明文藝創作的深層次問題，確實有其獨到之處。

古人並沒有停留在經驗、現象的層面，對於決定文藝創作臻於自然化境的制約因素也曾加以探究。本書擇其大端，列舉了「興會」、「情性」、「修養」、「學力」四項。弄清了這些制約因素，「自然」就不是不可捉摸的不知其所以然而然了。當然，像「興會」（靈感）那樣的藝術思維中的微妙現象，即使在今天也還不能作出完滿的科學解釋，不應苛求古人，但古人對於「興會」發生的原理機制，還是有所發明的。只有興到神會，藝術思維才會如行雲流水一樣自然運行。情性，主要是情感，是文藝創作的內在驅動力，情感從鬱結蓄積到噴湧傾瀉，勢不可遏，使創作成為不得不發，也就是自然。古人對於人格修養的重視是很值得我們注意的。作者內心的充實、道德的完善是自然地發為「天下之至文」的前提。自然也並非依賴天賦，與造化同工的自然境界恰恰來自藝術功力的高度純熟。古人這些論述實際上表明了文藝創作之發於自然沒有神力相助，而是多種因素綜合作用的結果。

「自然」是中國古典美學範疇體系中的基本範疇或「元範疇」，由此派生衍化出多種範疇，構成一個範疇系列。本書選列了「真」、「生拙」、「淡」、「本色」四種相關範疇，都與「自然」有著密切的連繫。「貴真」是道家自然思想中的重要組成部分，真也是文藝創作的靈魂，唯有真的才是自然的，才有感人的力量，而為文造情，無病呻吟，則是違背自然的，也不能動人。「尚樸」是道家自然論的題中之義。中國古典美學中推崇「素樸」之美的觀點是佔優勢的。由「素樸」引申出「生」「拙」兩個範疇，生、拙是對熟、巧的超越和綜合，熟後求生、巧中見拙，即「雕琢復樸」之意，精工琢磨要復歸於自然。「淡」是道

本體的特徵，也是道家的理想人格的特徵，與之相應的美學思想便是以平淡為美，平淡美亦即自然美。「淡」不是淡而無味，而是深厚雋永的味。淡是濃後之淡，是絢爛之極而歸於平淡。所謂「本色」，指作家的本色、生活的本色，也指文體的本色。提倡本色就是要求保持事物的本來面目，不加作偽，不加粉飾，其含義與自然、與真、與淡是相通的。與「自然」相關的範疇極多，由此可見自然論對中國文藝美學影響之巨大，這些範疇的建立又反過來豐富了自然論。

昌明文庫·悅讀美學 A0606001

# 美在自然

| | |
|---|---|
| 作　　　者 | 蔡鍾翔 |
| 責任編輯 | 楊家瑜 |
| 發 行 人 | 陳滿銘 |
| 總 經 理 | 梁錦興 |
| 總 編 輯 | 陳滿銘 |
| 副總編輯 | 張晏瑞 |
| 編 輯 所 | 萬卷樓圖書股份有限公司 |
| 排　　　版 | 菩薩蠻數位文化有限公司 |
| 印　　　刷 | 百通科技股份有限公司 |
| 封面設計 | 菩薩蠻數位文化有限公司 |

出　　　版　昌明文化有限公司

桃園市龜山區中原街 32 號

電話 (02)23216565

發　　　行　萬卷樓圖書股份有限公司

臺北市羅斯福路二段 41 號 6 樓之 3

電話 (02)23216565

傳真 (02)23218698

電郵 SERVICE@WANJUAN.COM.TW

大陸經銷

廈門外圖臺灣書店有限公司

　　電郵 JKB188@188.COM

**ISBN 978-986-496-324-9**

2019 年 7 月初版二刷

2018 年 2 月初版一刷

定價：新臺幣 380 元

如何購買本書：

1. 轉帳購書，請透過以下帳戶

　　合作金庫銀行　古亭分行

　　戶名：萬卷樓圖書股份有限公司

　　帳號：0877717092596

2. 網路購書，請透過萬卷樓網站

　　網址 WWW.WANJUAN.COM.TW

大量購書，請直接聯繫我們，將有專人為您

服務。客服：(02)23216565 分機 610

如有缺頁、破損或裝訂錯誤，請寄回更換

國家圖書館出版品預行編目資料

美在自然 / 蔡鍾翔作.-- 初版.-- 桃園市：

昌明文化出版；臺北市：萬卷樓發行，

2018.02

　　面；　　公分.--(昌明文庫. 悅讀美學)

ISBN 978-986-496-324-9(平裝)

1.中國美學史

180.92　　　　　　　　　　107002683